Grundformen des Fremderlebens

Gabriel Layes

Grundformen des Fremderlebens

Eine Analyse von Handlungsorientierungen in der interkulturellen Interaktion

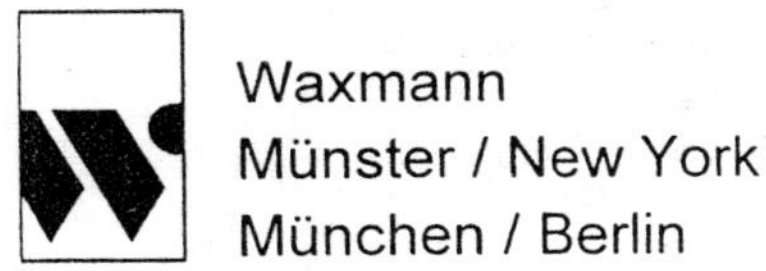
Waxmann
Münster / New York
München / Berlin

Die Deutsche Bibliothek – CIP-Einheitsaufnahme

Layes, Gabriel:
Grundformen des Fremderlebens : eine
Analyse von Handlungsorientierungen in der
interkulturellen Interaktion / Gabriel Layes. –
Münster ; New York ; München ; Berlin : Waxmann, 2000
(Internationale Hochschulschriften ; 345)
Zugl.: Regensburg, Univ., Diss., 1999
ISBN 3-89325-934-1

Die Arbeit wurde im Jahr 2000 von der Philosophischen
Fakultät II – Psychologie und Pädagogik – der Universität
Regensburg als Dissertation angenommen.

D355

Internationale Hochschulschriften, Bd. 345

Die Reihe für Habilitationen und sehr
gute und ausgezeichnete Dissertationen

ISSN 0932-4763
ISBN 3-89325-934-1

Postfach 8603, D-48046 Münster

http://www.waxmann.com
E-mail: info@waxmann.com

Umschlaggestaltung: Ursula Stern, Münster
Druck: Zeitdruck GmbH, Münster
Gedruckt auf alterungsbeständigem Papier, DIN 6738

Vorwort

Die vorliegende Arbeit steht für mich am Ende einer Zeit, während der ich in verschiedene interkulturelle Forschungsprojekte eingebunden war. Im Rahmen dieser Forschungsprojekte habe ich mit vielen Personen Interviews über ihre Interaktionserfahrungen mit Menschen geführt, die in anderen kulturellen Kontexten sozialisiert worden sind als sie selbst. Ich habe im Laufe der Zeit den Eindruck gewonnen, daß die Art, wie die dabei gemachten Fremdheitserfahrungen erlebt und verarbeit werden, bestimmten Mustern folgt. Im Rahmen des Forschungsprojektes, dessen Ergebnis die vorliegende Arbeit darstellt, bin ich deshalb der Frage nachgegangen, ob sich theoretische und empirische Hinweise für die Existenz solcher Muster auffinden lassen. Wie an den theoretischen Ausführungen deutlich werden wird, habe ich dabei in den unterschiedlichsten Bereichen der Psychologie gesucht und an einigen Stellen auch die Fachgrenzen verlassen. Dabei bin ich zu dem Ergebnis gelangt, daß die von mir beobachteten Muster in der allgemeinen Struktur sozialer Interaktionen begründet sind, von denen interkulturelle Interaktionen lediglich Spezialfälle darstellen. Da soziale bzw. interkulturelle Interaktionen als soziale Handlungen aufgefaßt werden können, ist für mich somit das Handlungskonzept in den Mittelpunkt des Interesses gerückt. Allerdings wurde mir ebenfalls klar, daß besonders das klassische psychologische Handlungskonzept wesentlich erweitert und ausdifferenziert werden muß, um für die Behandlung interkultureller Interaktionsproblematiken fruchtbar gemacht werden zu können. Die Entwicklung eines in dieser Hinsicht erweiterten und ausdifferenzierten Handlungsmodells liefert nicht nur Antworten auf die eingangs gestellte Frage, sondern zeigt m.E. auch psychologische Kategorien auf, die von kulturübergreifender Bedeutung sind. Ich hoffe, es ist mir dadurch gelungen, einen Beitrag zu einer theoretischen Grundlegung der Interkulturellen Psychologie zu liefern, ohne die fundierte Empfehlungen für die Bewältigung praktischer interkultureller Interaktionsprobleme nicht gegeben werden können.

Auch die Niederschrift einer Dissertation stellt eine (sehr komplexe) Handlung dar, die in einen sozialen Kontext eingebettet ist, der auf die Art und den Verlauf der Handlung entscheidenden Einfluß nimmt. Ich hatte das Glück, in der Zeit, in der ich an dieser Dissertation gearbeitet habe, in einen sehr unterstützenden sozialen Kontext eingebunden gewesen zu sein. Mit anderen Worten: Es gibt viele Personen, die an der erfolgreichen Fertigstellung dieser Arbeit unmittel- oder mittelbaren Anteil haben. Ihnen möchte ich an dieser Stelle danken. Zunächst Herrn Prof. Dr. Alexander Thomas, der diese Arbeit betreut und mich über Jahre hinweg gefördert hat und mir dadurch mehrere Studien- und Forschungsaufenthalte in Asien und den USA ermöglichte. Im Rahmen dieser Auslandsaufenthalte hatte ich Gelegenheit, mit weiteren Wissenschaftlern zusammenzutreffen, von denen ich viel gelernt habe und denen ich daher ebenfalls meinen Dank aussprechen möchte: Prof. Dr. Dharm P.S. Bhawuk, Prof. Dr. Richard W. Brislin, sowie Prof. Dr. Joachim Matthes. Mein Dank gilt auch der Volkswagen Stiftung, die mir durch ein Doktorandenstipendium die Erstellung der vorliegenden Arbeit ermöglicht hat, sowie meinen Kollegen in der Doktorandengruppe, in die ich eingebunden war. Aus dieser Gruppe möchte ich Herrn Dr. Stefan Kammhuber herausheben: Ihn schätze ich nicht nur als außerordentlich hochqualifizierten und kreativen Fachkollegen, sondern auch als persönlichen Freund, mit dem ich über Jahre auf äußerst angenehme und produktive Art zusammengearbeitet habe. Einen besonderen Dank möchte ich auch Frau Dipl.-Psych. Grete Kelbetz und Herrn Dipl.-Psych. Stefan Dobiasch aussprechen, die mich bei der Durchführung der empirischen Untersuchungen ganz wesentlich unterstützt haben.

Ein ganz besonderes Anliegen ist es mir schließlich noch, an dieser Stelle meinen Eltern einen herzlichen Dank dafür auszusprechen, daß sie meine Interessen immer in sehr selbstloser Weise unterstützt und gefördert haben.

Daneben gibt es natürlich noch jenen Kreis mir nahestehender Personen, die ich hier nicht alle namentlich aufzählen kann, die aber wissen, daß ich an sie denke, wenn ich von Freundschaft und Unterstützung spreche. Ihnen möchte ich diese Arbeit widmen.

Regensburg, am 3. November 1999 *Gabriel Layes*

INHALTSVERZEICHNIS

1 EINFÜHRUNG

1.1 *Die „Kultur" des Menschen als Gegenstand psychologischer Forschungen*

Am Übergang zum 21. Jahrhundert erlebt der Kulturbegriff im Rahmen psychologischer Forschungsarbeiten eine „Renaissance" (Straub, 1999, S.167). Damit gerät nach einigen Jahrzehnten des Schattendaseins wieder eine Forschungsperspektive in den Mittelpunkt, deren Wurzeln mindestens bis zum Beginn unseres Jahrhunderts zurückreichen (Jahoda & Krewer, 1997). Zu den meistzitierten Arbeiten aus dieser Zeit zählt zweifellos Wilhelm Wundts ehrgeiziger Versuch einer zehnbändigen „Völkerpsychologie" (1900-1920), sowie diverse Arbeiten von Sigmund Freud, vor allem dessen Abhandlung über „Einige Übereinstimmungen im Seelenleben der Wilden und der Neurotiker", die 1913 unter dem Titel „Totem und Tabu" publiziert wurde und in der Freud versucht, „Gesichtspunkte und Ergebnisse der Psychoanalyse auf ungeklärte Probleme der Völkerpsychologie anzuwenden" (S.3). Die positivistische Wissenschaftsauffassung, die etwa ab den 20er Jahren dieses Jahrhunderts von den USA aus ihren Siegeszug auch innerhalb der europäischen Psychologie antrat, ließ allerdings wenig Platz für den Kulturbegriff, so daß er für mehrere Jahrzehnte aus dem Repertoire gängiger psychologischer Fachtermini verschwand.

Das wiederaufkeimende Interesse an der Frage des Verhältnisses zwischen kulturellen und psychischen Prozessen, das sich vor allem seit den 60er Jahren wieder beobachten läßt, scheint vor allem zwei wesentliche Gründe zu haben: Zum einen zeigte sich auf einer grundlagenwissenschaftlichen Ebene, daß die in der Regel in Nordamerika oder Europa gewonnenen traditionellen Ergebnisse psychologischer Forschung außerhalb dieser Kulturräume kaum zu replizieren sind (z.B. Amir & Sharon, 1987; Cole & Means, 1981). Die Frage, wie dies zu interpretieren sei und was daraus folgt, hat eine Diskussion ausgelöst, die im Grunde bis heute andauert und hier nur grob skizziert werden kann: Im Kern geht es dabei um die Frage, ob durch die Kulturabhängigkeit psychologischer Befunde der universalistische Anspruch der Psychologie, die „Grundlagen menschlichen Erlebens und Verhaltens" (Thomas, 1996b, S.15) zu ergründen, in Frage gestellt wird. Vertreter einer traditionellen „kulturvergleichenden Psychologie" (z.B. Poortinga & Malpass, 1986; Poortinga, van de Vijver, Joe & van de Koppel, 1987; Segall, 1984) verneinen dies. Für sie deutet der dargestellte Befund im wesentlichen nur darauf hin, daß

„Kultur“ als unabhängige Variable in Untersuchungspläne mit aufgenommen werden muß, um so die Ausprägung einer Kultur in bezug auf bestimmte, interessierende Parameter erfassen zu können. Insofern kann man sagen, daß die kulturvergleichende Psychologie vor allem über ihr methodisches Vorgehen definiert ist (Berry, 1980; Eckensberger, 1990), das darin besteht, „universelle Hypothesen und Theorien über psychische Strukturen, Prozesse und Funktionen *unter verschiedenen Kulturbedingungen*“ (Straub, 1999, S.177) zu testen. Einem solchen Vorgehen stehen die Vertreter einer „Kulturpsychologie“ (z.B. Boesch, 1991; Eckensberger, 1990; Krewer, 1992; Straub, 1999) äußerst skeptisch gegenüber. Sie sehen in der Kultur eine Grundbedingung menschlicher Existenz, die sich auf die gesamte Wahrnehmung und Interpretation der materiellen und sozialen Umwelt auswirkt und dadurch spezifische, potentiell reflektierbare Formen der Weltinterpretation ausbildet, die an nachfolgende Generationen tradiert werden. Gegenstand einer so konzipierten Kulturpsychologie muß daher nach Auffassung ihrer Vertreter die Erforschung eben jener Formen der Weltinterpretation sein. Findet sie nicht statt, dann gerät Kulturvergleich nach Auffassung von Kulturpsychologen zu einer „kulturellen und sozialen Projektion“ (Straub, 1999, S.338), die jene Maßstäbe an andere Kulturen anlegt, die aus der eigenkulturellen Perspektive relevant sind. Dabei kann dann zum einen das Artefakt entstehen, daß diese Maßstäbe universell gültig erscheinen, ohne daß dies sachlich gerechtfertigt ist, und zum anderen droht die Gefahr, daß die „anderen“ Kulturen im Zuge eines solchen Vorgehens gewissermaßen zwangsläufig defizitär erscheinen. Schon diese kurze Skizzierung zeigt, daß Kulturpsychologen einer kulturrelativistischen Position in der Regel näher stehen als kulturvergleichende Forscher. Allerdings sind diese Positionen nicht zwingend miteinander verknüpft: Eckensberger (1996a) beispielsweise, der explizit einen kulturpsychologischen Standpunkt vertritt, hält die „Suche nach den (verlorenen?) Universalien" (S.165-197) keineswegs für aussichtslos. Wie im weiteren Verlauf der vorliegenden Arbeit gezeigt wird, macht er sie allerdings auf anderen Ebenen aus als die traditionelle kulturvergleichende Psychologie.

Der zweite Grund für ein Wiederaufleben des Kulturbegriffs in der Psychologie ist eher ein pragmatischer und hat entscheidend zur Entstehung der im Rahmen dieser Arbeit interessierenden „Interkulturellen Psychologie" beigetragen: Es geht dabei um das Phänomen, daß in den letzten Jahrzehnten immer mehr Menschen freiwillig oder unfreiwillig in sozialen Kontakt mit solchen Personen kommen, die in einer anderen Kultur sozialisiert worden sind als sie selbst. Wie Danckwortt (1996) feststellt, ist dies allein noch kein exklusives Phänomen des ausgehenden 20. Jahrhunderts, da es „soziale Kontakte“ im weitesten Sinne des Wortes zwischen Menschen unterschiedlicher kultureller Herkunft im Laufe der Geschichte immer gegeben hat. Neu ist allerdings, daß diese Kontakte in der heutigen Zeit häufig *länger* andauern, *intensiver* erlebt werden und von den Beteiligten ein höheres Maß an *Kooperation* verlangen, als dies zu früheren Zeiten der Fall war. Man denke in diesem Zusammenhang beispielsweise an den Studenten, der einige Semester an einer Universität im Ausland studiert, an den Soldaten, der sich als Mitglied einer internationalen Friedenstruppe mehrere Monate in einer fremdkulturellen Region befindet, oder an den Wirtschaftsmanager, der für einige Jahre im Ausland beruflich tätig ist. Für die letztgenannte Personengruppe, die im Rahmen interkultureller Studien gleichzeitig auch die am besten untersuchte darstellt, illustriert Thomas (1996b) die Ausgangssituation: „Die Internationalisierung des Wirtschaftslebens führt immer Menschen aus unterschiedlichen Kulturen zusammen und zwingt sie, durch gemeinsames, kooperatives Handeln ihre beruflichen Ziele zu erreichen und wirtschaftlich erfolgreich zu sein“ (S.15). Die Erfahrung zeigt nun, daß diese neue Art des sozialen Umgangs mit Menschen aus einer anderen Kultur den betroffenen Personen offenbar nicht leicht fällt: Wirtschaftsunternehmen klagen über unbefriedigende Arbeitsergebnisse ihrer ins Ausland entsandten Mitarbeiter bzw. über deren vorzeitige Rückkehr (Kealey & Protheroe, 1996, Stahl, 1998), beim Einsatz internationaler Friedenstruppen kommt es zu schwerwiegenden Zwischenfällen beim Umgang der Soldaten mit der einheimischen Bevölkerung (Kealey & Protheroe, 1996; Meyer, 1996), und einige Studenten im Ausland entwickeln psychische Probleme (Geuer, 1984), um nur die genannten Beispiele noch einmal aufzugreifen. Straub (1999) bemerkt dazu treffend:

> „In einer Zeit, in der *kulturelle* Differenzen innerhalb einzelner und im Verkehr zwischen Gesellschaften zu einer permanenten Quelle psychosozialer und politischer Konflikte und Debatten geworden sind, liegt eine kulturtheoretische Korrektur gesellschaftstheoretischen Denkens nahe“ (S.170f.).

Bei solchen psychosozialen und politischen Problemen handelt es sich freilich um äußerst komplexe soziale Phänomene, für die sich keine einzelne Ursache angeben läßt. Trotzdem zeigen sozialwissenschaftliche Studien immer wieder, daß es Menschen offenbar schwerfällt, „sich mit neuen Denk- und Lebensweisen, anderen Wertvorstellungen und fremden

Verhaltensmustern in vielen sozialen Situationen auseinanderzusetzen" (z.B. Geuer, 1984, S.155).

An dieser Stelle setzt die Interkulturelle Psychologie an. Hier wird die soziale Interaktion zwischen Menschen unterschiedlicher kultureller Herkunft zu einem zentralen Forschungsgegenstand gemacht, wodurch Gründe für Interaktionsschwierigkeiten und Möglichkeiten zu deren Überwindung aufgezeigt werden sollen. Aus dieser Zielsetzung ergeben sich auch gleichzeitig die Forschungsfelder, die aus einer interkulturellen Perspektive relevant erscheinen: Dazu zählen Fragen zur Entstehung und Bewältigung der Phänomene „Kulturschock" (Furnham & Bochner, 1986; Oberg, 1960; Pedersen, 1995) und „Reintegrationsschock" (Martin, 1986; Winter, 1996), Fragen der Akkulturation (Berry, 1997; Berry & Sam, 1997) und des Anpassungsprozesses in einer fremden Kultur (Anderson, 1994; Grove & Torbiörn, 1985), Fragen nach der Dimensionalität und Diagnostizierbarkeit sogenannter „interkultureller Handlungskompetenz" (Deller, 1996; Dinges & Baldwin, 1996; Eder, 1996), sowie der weite Bereich von Fragen zur Vorbereitung, Betreuung und Nachbereitung ausgedehnter interkultureller Interaktionserfahrungen mit Hilfe von interkulturellen Trainings (Brislin & Horvath, 1997; Landis & Bhagat, 1996). Untersucht werden diese Fragen anhand der interkulturellen Lebenspraxis von Wirtschaftsmanagern (Black, Mendenhall & Oddou, 1991; Kühlmann, 1995a; Stahl, 1998), Schülern und Studenten (Shachar & Amir, 1996; Wong-Rieger, 1984; Zeutschel, 1994), Soldaten (Dansby & Landis, 1996; Thomas, Kammhuber & Layes, 1997), und Flüchtlingen (Emminghaus & Haupert, 1996), um nur einige Bereiche zu nennen. Nach Brislin (1981) lassen sich mindestens vierzehn solcher Forschungsfelder unterscheiden, in denen es zu sozialen Interaktionen zwischen Menschen unterschiedlicher kultureller Herkunft kommt, und Danckwortt (1996) stellt fest, daß mindestens sieben Lebensbereiche existieren, in denen es regelmäßig zu interkulturellem Personenaustausch kommt.

1.2 Anliegen und Programm der vorliegenden Arbeit

An den soeben skizzierten Forschungsaktivitäten der Interkulturellen Psychologie läßt sich erkennen, daß diese wesentlich mehr als ihre „älteren Schwestern", die oben umrissene kulturvergleichende Psychologie und die Kulturpsychologie, einem „problemlöseorientierten" (Eckensberger, 1996a, S.169) Forschungsanliegen entspringt, das darauf abzielt, Menschen bei der sozialen Interaktion mit fremdkulturellen Personen zu unterstützen. Dabei stehen, wie sich oben bereits andeutete, soziale Interaktionen in sehr spezifischen sozialen Kontexten im Mittelpunkt des Forschungsinteresses. Eckensberger (1996a) weist nun darauf hin, daß eine solchermaßen „kontextualisierte Psychologie allerdings in der Gefahr steht, nur noch den im einzelnen ausgehandelten Einzelfall in den Blick zu nehmen, also mögliche situations- und zeitübergreifende (universelle) psychologische Kategorien aus dem Blick zu verlieren“ (S.170). Dies mag auch ein Grund dafür sein, warum Thomas im Jahr 1985 ein „Theoriedefizit“ (S.207) in den problemlöseorientierten Sozialwissenschaften diagnostizierte, das von „immer mehr Forschungsergebnissen über immer enger umgrenzte Problemfelder“ (ebd.) herrührt. Obwohl hier zwischenzeitlich äußerst bemerkenswerte Fortschritte erzielt worden sind (z.B. Boesch, 1991; Bruner, 1990; Straub, 1999) ist die Psychologie von einer kohärenten Theorie interkulturellen Erlebens und Handelns noch relativ weit entfernt. Ein wesentlicher Grund dafür ist m.E. darin zu sehen, daß die vor allem in der Soziologie entstandenen Theorien sozialen Handelns selbst in der Interkulturellen Psychologie bisher kaum beachtet werden, obwohl interkulturelle Handlungen ganz offensichtlich spezifische soziale Handlungen darstellen.

Die vorliegende Arbeit möchte einen Beitrag zur Entwicklung einer Theorie interkulturellen Erlebens und Handelns leisten, indem sie versucht, eben solche situations- und zeitübergreifenden psychologischen Kategorien aufzudecken, deren Erforschung von Eckensberger (1996a) angemahnt wird. Zu diesem Zweck wird es nötig sein, von den spezifischen Lebenswelten interkulturell handelnder Personen ein Stück weit zu abstrahieren, um so zu Analyseeinheiten vorzustoßen, die den Kern jeder interkulturellen Erfahrung ausmachen. Wie oben im Zusammenhang mit der traditionellen kulturvergleichenden Forschung bereits dargestellt worden ist, muß bei einem solchen Vorgehen darauf geachtet werden, daß keine „unbemerkte universalisierende Projektion des Eigenen und Vertrauten in fremde Wirklichkeiten“ (Straub, 1999, S.334) stattfindet. Inwieweit dies gelingt, wird sich schließlich auch daran messen lassen müssen, ob aus der vorliegenden Analyse Erkenntnisse hervorgehen, die sich auf das oben genannte praktische Anliegen der Interkulturellen Psychologie anwenden lassen, den beteiligten Personen kooperatives Handeln in interkulturellen Interaktionssituationen zu ermöglichen bzw. zu erleichtern. Das Anliegen der vorliegenden Arbeit ist somit zweigeteilt: Auf einer theoretischen Ebene sollen kontextübergreifende psychologische Analyseeinheiten aufgedeckt werden, mit deren Hilfe unterschiedliche Formen interkulturellen Erlebens und Handelns systematisch beschreibbar sind. Auf einer praktischen Ebene soll dann geprüft werden, inwieweit diese Erkenntnisse einen Beitrag zur Förderung kooperativen Handelns zwischen Personen unterschiedlicher kultureller Herkunft leisten können, und hier vor allem in der dafür institutionalisierten Form des interkulturellen Trainings.

Zu diesem Zweck werden im folgenden zunächst einige Grundphänomene der Interkulturellen Psychologie analysiert. Dabei wird deutlich werden, daß die *soziale Interaktion* als grundlegendste Analyseeinheit in interkulturellen Handlungsfeldern gelten kann. Diese wird daher im Anschluß unter ganz unterschiedlichen Blickwinkeln betrachtet. Wir werden sehen, daß diese Perspektiven in bestimmten Punkten konvergieren, aus denen sich ein Modell von Handlungsorientierungen in der interkulturellen Interaktion entwickeln läßt. Anschließend wird dargestellt, daß sich dieses Modell auch auf sprachliche Handlungen übertragen läßt, weswegen sich sprachanalytische Verfahren in besonderer Weise für die empirische Überprüfung dieses Modells eignen. Entsprechend wird dann eine Serie empirischer Untersuchungen vorgestellt, innerhalb derer die Gültigkeit des vorgestellten Modells überprüft wird. Abschließend werden zunächst die theoretischen Konsequenzen diskutiert, die sich aus den gewonnenen Erkenntnissen ergeben, um schließlich die praktischen Konsequenzen diskutieren zu können, die sich daraus für die Konzeption, Durchführung und Evaluation von Interventionen zur Förderung interkultureller Interaktionsfähigkeit ergeben.

2 Theoretische Grundlagen

2.1 Grundbegriffe interkultureller Psychologie

2.1.1 Definition des Kulturbegriffs

2.1.1.1 Kultur als Bedeutungssystem

Die Bedeutungsgeschichte des Wortes „Kultur“ ist äußerst lang und facettenreich. Sie reicht von einer ursprünglich recht konkreten und umgrenzten Bedeutung im Lateinischen (Fisch, 1992) bis hin zu den sehr abstrakten und komplexen Definitionsversuchen in den modernen Sozialwissenschaften. Um die dabei entstandene Definitionsvielfalt zu illustrieren, wird häufig auf eine Publikation von Kroeber und Kluckhohn verwiesen, die bereits 1952 weit mehr als hundert Definitionen von „Kultur“ vergleichend zusammenstellten. Diese Vielfalt kann hier nicht aufgerollt werden, zumal aus psychologischer Sicht nur ein Teil davon interessant erscheint. Wie Jahoda (1996) ausführt, lassen sich aus dieser spezifischen Perspektive vor allem zwei „Typen“ (S.35) von Kulturdefinitionen unterscheiden, wobei man wieder auf die Unterscheidung zwischen traditioneller „kulturvergleichender Psychologie“ und „Kulturpsychologie“ stößt, deren Positionen oben bereits kurz skizziert worden sind (vgl. Kap. 1.1). Wie ich im weiteren Verlauf begründen werde, eignet sich m.E. eine kulturpsychologische Sichtweise des Menschen am ehesten für die Analyse interkultureller Prozesse. Ich werde daher im folgenden die zentralen Bestimmungsstücke kulturpsychologischer Definitionen des Kulturbegriffs aufzeigen, ohne dabei eine einzelne zu favorisieren, zumal diese Definitionen von ihren Grundüberlegungen her sehr ähnlich sind und sich meist nur in ihren Akzentsetzungen unterscheiden.

Das Menschenbild, das kulturpsychologischen Definitionen des Kulturbegriffs zugrunde liegt, wird von Krewer (1992) prägnant charakterisiert:

> „Der Mensch wird dementsprechend konzipiert als ein Lebewesen, das durch seine Fähigkeit zu Reflexivität, Selbstreflexivität und Intersubjektivität in der Lage ist, seine naturgegebene Ausstattung durch die Schaffung materieller, sozialer und ideeller Strukturen seines externen Handlungsfeldes nicht nur zu realisieren, sondern auch selbst zu erweitern und diese kulturellen Errungenschaften an nachfolgende Generationen zu übermitteln“ (S.264).

Wie das Zitat zeigt, geht die Kulturpsychologie davon aus, daß der Mensch dazu in der Lage ist, die Welt und seine Position in der Welt mit spezifischen Bedeutungen zu belegen und dadurch sinnhafte Strukturen zu schaffen. Dieses Sinn- und Bedeutungssystem ist gegenüber anderen Menschen potentiell kommunizierbar und somit auch an nachfolgende Generationen tradierbar, wobei diese die tradierten Sinn- und Bedeutungssysteme ihrerseits reflektieren und verändern können. Somit ist es vor allem der Begriff der „Bedeutung", der im Zentrum kulturpsychologischer Definitionen des Kulturbegriffes steht. So definiert etwa Geertz (1983; S.9) Kultur als ein „selbstgesponnenes Bedeutungsgewebe", in das der Mensch verstrickt ist, und Bruner (1990) sieht in der Kultur ein „interpretive system ... that shapes human life and the human mind, that gives meaning to action by situating its underlying intentional states" (S.34). Derselbe Autor ist darüber hinaus sogar der Auffassung, daß der Prozeß der „Bedeutungsgebung" das zentralste Konzept der Psychologie überhaupt darstellt (Bruner, 1990, S.33). Eine bemerkenswerte Ergänzung zu dieser Konzeption stammt von Shweder (1990), der schreibt: „The principle of *existential uncertainty* [Hervorhebung v. Verf.] asserts that human beings ... are highly motivated to seize meanings and resources out of a sociocultural environment that has been arranged to provide them with meanings and resources to seize and to use" (S.1). Shweder (1990) identifiziert hier eine Art „existentielle Unsicherheit" des Menschen als Bedingung für dessen Bedeutungsgebungen. Dieses Element ist deshalb so bemerkenswert, weil gerade auch bei *interkulturellen* Forschern Begriffe wie „Unsicherheit" (Gudykunst, 1995) oder „Orientierung" (Dadder, 1987; Thomas, 1996c) mit ins Zentrum rücken. So definiert etwa Thomas (1996c) die Kultur als „ein universelles, für eine Gesellschaft, Organisation und Gruppe aber sehr typisches *Orientierungssystem* [Hervorhebung v. Verf.]", das für die sich ihm zugehörig fühlenden Individuen ein „spezifisches Handlungsfeld" schafft und ihnen damit „eigenständige Formen der Umweltbewältigung" ermöglicht (S.112). Nach kulturpsychologischer Auffassung ist Kultur somit ein potentiell reflektierbares, kommunizierbares und somit tradierbares Bedeutungssystem, das die vielfältigen Aspekte der Welt in eine sinnhafte Anordnung bringt. Diese Sinnstiftung bietet dem Menschen Orientierung bei seiner Lebensbewältigung; eine Funktion von Kultur, die besonders von interkulturellen Forschern betont wird.

Die Tatsache, daß gerade interkulturelle Forscher die orientierungsstiftende Funktion von kulturellen Bedeutungssystemen betonen, ist sicher kein Zufall. Vielmehr darf man vermuten, daß gerade sie die Phänomene der Verunsicherung und Desorientierung vor Augen haben, die entstehen können, wenn Angehörige unterschiedlicher kultureller Bedeutungssysteme in einer konkreten Situation miteinander interagieren. Die Rede von „unterschiedlichen kulturellen Bedeutungssystemen“ wirft allerdings gleichzeitig auch die Frage auf, wie groß die Reichweite solcher Systeme ist und in welcher Beziehung sie zueinander stehen. Dies gehört zu den schwierigsten Fragen der Kulturpsychologie und der Interkulturellen Psychologie, da Kulturen zum einen ganz unterschiedliche Reichweiten haben können und zusätzlich auch noch miteinander interagieren (Demorgon & Molz, 1996; Krewer, 1996). Wie etwa Demorgon und Molz (1996) zurecht bemerken, ist es durchaus sinnvoll, von „Familienkulturen, Organisationskulturen, Regionalkulturen, Nationalkulturen etc.“ (S.62) zu sprechen. Straub (1999) ergänzt in anschaulicher Weise, daß es aus einer kulturpsychologischen Perspektive durchaus interessant und gerechtfertigt ist, „die Selbst- und Weltauffassungen, das Denken, Fühlen, Wollen und Handeln von Adligen und Clochards, Prostituierten, Homosexuellen, Angehörigen der Sado-Maso-Szene oder von Studierenden“ (S.187) zum Gegenstand der wissenschaftlichen Analyse zu machen. Wie derselbe Autor weiter schreibt, machen diese Beispiele auch deutlich, „daß Personen gleichzeitig an verschiedenen Kulturen oder Subkulturen partizipieren können“ (Straub, 1999, S.187). Dies zeigt, daß Kulturen insofern miteinander interagieren, als dieselbe Person ihre Identität in verschiedenen Situationen ganz unterschiedlich definieren kann und sich in Abhängigkeit vom aktivierten Identitätsanteil auch durchaus unterschiedlich verhält bzw. sogar unterschiedliche Einstellungen vertritt. Insofern ist es auf einer theoretischen Ebene sogar zu rechtfertigen, von „Interkulturalität“ innerhalb einer einzelnen Person zu sprechen, nämlich genau dann, wenn die verschiedenen Identitätsanteile einer Person als unterschiedliche „Kulturen“ angesehen werden, zwischen denen das Selbst permanent vermitteln muß (Demorgon & Molz, 1996; Gergen, 1990; Graumann, 1983; Keupp, 1989). Bei diesem intrapersonalen Vermittlungsprozeß können auch Anteile auftauchen, die der jeweiligen Person an sich selbst fremd erscheinen (Boesch, 1996; Graumann, 1997). Somit wird deutlich, daß sich das Selbst sowohl inter- als auch intrapersonal permanent in „kulturellen Zwischenwelten“ (Hettlage-Varjas & Hettlage, 1984) befindet, in denen zwischen verschiedenen Interessen, Rollen und Einstellungen vermittelt werden muß. Entsprechend ist Lewins (1963) Begriff der „Überschneidungssituation“, während der sich eine Person „zur gleichen Zeit in mehr als einer Situation“ befindet (S.301), von der interkulturellen Forschung in Form des Begriffes der „kulturellen Überschneidungssituation“ (z.B. Breitenbach, 1983; Dadder, 1987; Winter, 1994a) adaptiert worden.

2.1.1.2 Kultur als Bedingung von Fremderleben

Das soeben angedeutete Phänomen, daß wir sogar bei der „interkulturellen“ Auseinandersetzung mit uns selbst auf Bereiche des „inneren Fremden“ (Boesch, 1996, S.90) stoßen können, deutet auf eine weitere Facette des Kulturbegriffs hin: Dadurch, daß „Kultur“ immer die Bedeutungssysteme spezifischer Personen bzw. Personengruppen beschreibt, verweist „Kultur“ gleichzeitig auch auf die Möglichkeit, die Kategorie des „Fremden“ auszubilden als dasjenige, was aus der eigenkulturellen Perspektive (zunächst) nicht oder nur inadäquat verstanden werden kann. Insofern läßt sich sagen, daß „Kultur“ eine Bedingung für das Erleben von Fremdheit ist.

Thomas (1993a) und Graumann (1997) stellen fest, daß Begriffe wie „Fremde“ oder „Fremdheit“ keine sehr etablierten psychologischen Termini darstellen. Da der Begriff des „Fremden“ darüber hinaus gerade in der deutschen Sprache auch unterschiedliche Bedeutungen haben kann, muß seine Verwendung im Kontext der vorliegenden Arbeit kurz erläutert werden: Wie Graumann (1997) ausführt, können in der deutschen Sprache mit dem Begriff „Fremde“ folgende drei Sachverhalte gemeint sein:

„der Fremde = der fremde Mensch (dessen weibliche Form die Fremde ist); ...
die Fremde = das Land fern der Heimat, das weiter entfernte Ausland; ...
das Fremde = Dinge, Ereignisse, Sachverhalte, die uns fremd erscheinen“ (S.43).

Der in diesem Sinne „fremde Mensch“ berührt die Psychologie dann, wenn gefragt wird, unter welchen Bedingungen bestimmte Personen als „Fremde“ kategorisiert werden und wie es in der Folge zu Phänomenen wie „Fremdenfeindlichkeit“ in den unterschiedlichsten Ausprägungen kommen kann. Erklärungskonzepte zur Beantwortung solcher Fragen versuchen vor allem die Theorie der sozialen Identität (Tajfel, 1982) und jüngere theoretische Ansätze (z.B. Graumann, 1997; Thomas, 1994a) zu liefern. Im Rahmen der vorliegenden Arbeit interessiert allerdings vor allem die hier an dritter Stelle genannte Bedeutung des Fremdheitsbegriffs, nämlich „das Fremde“ als diejenigen „Dinge, Ereignisse und Sachverhalte, die uns fremd erscheinen“, da es insbesondere *fremd erscheinende Handlungsweisen* sind, die im Mittelpunkt des Interesses der Interkulturellen Psychologie stehen. Nur der Vollständigkeit halber sei bemerkt, daß sich dadurch auch eine lose Verbindung zu der hier zweitgenannten Wortbedeutung („die Fremde") insofern ergibt, als solche fremd erscheinenden Handlungsweisen in „Ländern fern der Heimat" eher zu erwarten sind als im heimatlichen Umfeld, womit allerdings keine Korrelation zwischen geographischer und kultureller Distanz unterstellt werden soll.

Was „fremd" erscheint, ist immer perspektivenabhängig (Boesch, 1996; Graumann, 1997; Krewer, 1992). Es gibt nichts „an sich" Fremdes, sondern der Eindruck der Fremdheit kann immer erst aus der Perspektive eines spezifischen Betrachters entstehen, dem ein bestimmter Erlebnisinhalt nicht vertraut ist. Insofern sagt die Feststellung, etwas sei „fremd", immer auch etwas über den Erfahrungshorizont desjenigen aus, der diese Feststellung trifft. Die Begriffe des „Fremden" und des „Eigenen" sind auf diese Weise unlösbar aufeinander bezogen, weshalb Graumann (1997) bemerkt, „daß Fremdsein keine Eigenschaft ist, sondern ein Verhältnis bezeichnet" (S.47), und daß „die Fremdheit, die wir an anderen erfahren, immer ein interaktionales Phänomen" (S.53) ist.

Fremdheitserfahrungen dieser Art werden im Zuge der oben angesprochenen Internationalisierung vieler Gesellschaften immer häufiger. Gerade im freiwilligen oder unfreiwilligen Kontakt mit Personen aus anderen Kulturen werden Menschen fast täglich mit „fremden" Arten des Denkens, Fühlens und Handelns konfrontiert. Diese Konfrontation mit Fremdem ist nicht zwangsläufig eine negative Erfahrung. Das Fremde kann „ängstigen wie anziehen" (Boesch, 1996, S.90), es ist „Lockung und Bedrohung" (Graumann, 1997, S.39) zugleich, so daß wir „von der Ambivalenz des Fremden ausgehen müssen" (ebd., S.46). Genau diese Ambivalenz ist es, durch die das Fremde eine „Lernproblematik" (Holzkamp, 1993, S.182) bietet, aus der sich Entwicklungsmöglichkeiten ergeben können. Entsprechend stellt Krewer (1992) fest, daß die „wechselseitige Interaktion zwischen Eigenem und Fremdem als wesentliche Entwicklungsbedingung" (S.8) anzusehen ist, ein Gedanke, der in der Entwicklungspsychologie bereits in Piagets „Konzept der Äquilibration" (Montada, 1998, S.553) angelegt ist, und der auch in modernen Konzeptionen der Entwicklung als „Austauschprozeß zwischen kultureller Umwelt und Individuum" (Oerter, 1998, S.98) zum Ausdruck kommt. Im Rahmen solcher Entwicklungsprozesse kann ehemals Fremdes seinen beängstigenden, bedrohlichen oder verwirrenden Charakter verlieren und unter Umständen sogar Teil des Eigenen werden. Diese Parallele zwischen entwicklungs- und kulturpsychologischer Perspektive bringt Krewer (1992) deutlich zum Ausdruck:

„Ähnlich wie bei der Ontogenese des Individuums die Differenzierung zwischen Selbst und Anderen, zwischen Innen- und Außenwelt und der dadurch mögliche Perspektivenwechsel als zentraler Ausgangspunkt psychischer Entwicklung angesehen werden kann, erscheint die Anerkennung anderer Lebensformen und die Auseinandersetzung mit anderen Völkern als entscheidende Anregungsbedingung für die Entwicklung der eigenen Kultur" (S.8).

Es läßt sich somit festhalten, daß durch die Existenz kultureller Bedeutungssysteme gleichzeitig auch systemexterne Bereiche des Denkens, Fühlens und Handelns entstehen, die aus einer eigenkulturellen Perspektive „fremd" erscheinen. Diese Bereiche des „Fremden" stellen ambivalente Lernproblematiken dar, anhand derer eine Entwicklung stattfinden und sogar Fremdes in Eigenes überführt werden kann.

Gerade auf die Konfrontation mit Lernproblematiken in sehr komplexen Handlungsfeldern reagiert allerdings nicht jedes Individuum gleich (Holzkamp, 1993). Statt dessen sind die Prozesse, die durch die Übernahme einer Lernproblematik in Gang kommen, individuelle Antworten auf die Frage „wo es hier in welcher Weise etwas für mich zu lernen geben könnte" (ebd., S.184). Aus diesem Grund läßt sich vermuten, daß auch die Konfrontation mit etwas Fremdem auf ganz unterschiedliche, subjektabhängige Weisen zur Lernproblematik werden kann und entsprechend unterschiedliche Verarbeitungsprozesse auslöst. In der vorliegenden Arbeit möchte ich diese Hypothese stützen. Es läßt sich nämlich m.E. zeigen, daß sich verschiedene Formen des Erlebens und Verarbeitens von Fremdheitserfahrungen systematisch unterscheiden lassen, die als *Grundformen des Fremderlebens* bezeichnet werden können. Dadurch wird zum einen ein Beitrag zu einer Theorie interkulturellen Erlebens und Handelns geleistet. Da die Identifikation solcher Erlebensformen zum anderen Rückschlüsse auf interkulturelle Lernprozesse zuläßt, werden auf praktischer Ebene auch Aussagen darüber möglich, wie Maßnahmen zur Förderung interkulturellen Lernens gestaltet sein sollten.

2.1.1.3 Kultur als Symbolsystem

Im folgenden wird noch ein dritter Aspekt des Kulturbegriffs beleuchtet, der uns später den Weg zu einer empirischen Überprüfung der theoretischen Überlegungen ebnen wird. Es geht dabei um das Phänomen, daß Kultur „aus spezifischen Symbolen gebildet" (Thomas, 1996, S.112) wird. Das bedeutet, daß sich ein kulturelles Bedeutungssystem anhand bestimmter Zeichen und Symbole manifestiert bzw. mit ihrer Hilfe vermittelt wird, wodurch kulturell geteilte Wissensbestände entstehen. Eines der wichtigsten Symbolsysteme ist hierbei die Sprache. Mit ihrer Hilfe gelangt das kulturelle Bedeutungssystem „zum Ausdruck" und kann so vermittelt, verhandelt, tradiert und reflektiert werden. Einige Vertreter von sogenannten „kognitiven Kulturtheorien" sind sogar der Auffassung, in den linguistischen Strukturen einer Sprache sei das kulturelle Bedeutungssystem vollständig abgebildet (z.B. D'Andrade, 1990; Goodenough, 1981). Unabhängig davon, ob man eine so extreme Einschätzung der Bedeutsamkeit von Sprache teilt, wird man einräumen können, daß die Sprache ein sehr wichtiger Träger kultureller Bedeutungen ist.

Eine sehr junge Kulturdefinition, deren Akzent sehr stark auf dem Symbolcharakter der Kultur liegt, stammt von Straub (1999), der schreibt:

> „Kultur als ein handlungsrelevantes, transindividuelles Wissens-, Zeichen- oder Symbolsystem besteht aus
> (1) kollektiven Zielen, die Individuen situationsspezifisch konkretisieren und als Akteure übernehmen und verfolgen können;
> (2) kulturspezifischen Handlungsregeln, insbesondere bestimmten sozialen Normen ...
> (3) einem kulturspezifischen Reservoir an Geschichten, durch die die Angehörigen einer Kultur ihre Identität, ihr kollektives und individuelles Selbst- und Weltverständnis bilden, artikulieren und tradieren" (S.185).

Obwohl auch bei dieser Definition eine sehr wichtige Rolle der Sprache durchblickt, betont der Autor gleichzeitig, daß die genannten Kulturelemente nicht zwingend „eine sprachsymbolische oder diskursive Gestalt" (Straub, 1999, S.185) annehmen müssen, da sie „im Handeln häufig implizit und allenfalls in der Form von Spuren oder Anzeichen präsent" (ebd., S.185) sind. Ich werde auf diese Diskussion um das Verhältnis von Kultur und Sprache in Kapitel 3 noch einmal zurückkommen und dort auch dazu Stellung beziehen.

Wir können zusammenfassen: Kultur ist ein Bedeutungs- und Symbolsystem, das einen sinnhaft strukturierten Bereich des „Eigenen" ausbildet, der Orientierung bietet. Gleichzeitig bildet sich dadurch aber auch ein Bereich des „Fremden", der Desorientierung auslösen kann. An der Schnittstelle zwischen Eigenem und Fremdem können jene Schwierigkeiten in der Interaktion zwischen Menschen unterschiedlicher Kulturzugehörigkeit entstehen, die die Interkulturelle Psychologie ins Zentrum des Interesses rückt, und anhand derer interkulturelle Lern- und Entwicklungsprozesse initiiert werden können. An dieser Zusammenfassung wird

Kultur psych.

nun auch deutlich, warum sich m.E. kulturpsychologische Ansätze am besten für die Analyse interkultureller Prozesse eignen: Mit ihrer Hilfe können Interaktionsschwierigkeiten zwischen Menschen unterschiedlicher Kulturzugehörigkeit nicht nur theoretisch klar lokalisiert werden, sondern sie ermöglichen auch Erklärungs- und Interventionskonzepte, die „innerhalb des Kopfes" (Jahoda, 1996, S.35) ansetzen und somit dem Wesen psychologischer Phänomene am ehesten gerecht werden können. Der nächste Schritt muß nun darin bestehen, sich eben jenen beiden Phänomenen zuzuwenden, die an der Schnittstelle zwischen Eigenem und Fremdem stattfinden (können): interkulturelle Interaktion und interkulturelles Lernen.

2.1.2 Interkulturelle Interaktion

Eine „interkulturelle Interaktion" läßt sich in erster Annäherung als ein Spezialfall einer „sozialen Interaktion" auffassen. Diese wiederum läßt sich in der allgemeinsten Form als das „sich zueinander verhalten" (Graumann, 1972, S.1109) von zwei oder mehr Individuen definieren. Somit stellt die soziale Interaktion eine spezifische Form der Handlung dar. Bisweilen wird die soziale Interaktion allerdings auch als „Situation" definiert, wie z.B. von Adamopoulos und Bontempo (1986) im Rahmen einer kulturvergleichenden Studie: „Social interaction was defined as a *situation* [Hervorhebung v. Verf.] in which an individual (actor) performed something to or with another person (target)" (S.178). Der Grund hierfür ist wohl darin zu sehen, daß eine Handlung immer eine Situation impliziert, in der sie vollzogen wird. Insofern stellt eine Situation eine notwendige strukturelle Voraussetzung für den Vollzug von Handlungen dar, ist allerdings nicht mit den darin vollzogenen Handlungen identisch.

In der Interkulturellen Psychologie interessiert man sich in der Regel zunächst für interkulturelle Interaktionssituationen. Diese könnten in Analogie zur obigen Definition als solche Situationen definiert werden, in denen sich zwei oder mehr Individuen zueinander verhalten, die unterschiedlichen Kulturen angehören. Dies wirft allerdings sofort die Frage auf, ab wann Interaktionspartner unterschiedlichen Kulturen zuzurechnen sind. Wie bereits gezeigt wurde (vgl. Kap. 2.1.1.1), hängt die Antwort auf diese Frage davon ab, wie eng oder weit der Kulturbegriff gefaßt wird. Faßt man ihn weit, dann ist jede soziale Interaktion zugleich auch als interkulturelle Interaktion zu bezeichnen. Einige Autoren (Gudykunst, 1995; Smith & Bond, 1998) schlagen allerdings vor, erst dann von einer „interkulturellen Interaktion" zu sprechen, wenn sich die beteiligten Personen als „Fremde" wahrnehmen, was dann verständlich wird, wenn man sich noch einmal vor

Augen hält, daß das Erleben von Fremdheit immer auf die Existenz spezifischer kultureller Bedeutungssysteme verweist (vgl. Kap. 2.1.1.2). Aus pragmatischen Gründen wird bei der Abgrenzung von Kulturen allerdings in der Regel auf politische oder geographische Einheiten zurückgegriffen, wodurch besonders häufig die Interaktionen zwischen Angehörigen unterschiedlicher *Nationalkulturen* ins Zentrum des Interesses rücken. Die Sinnhaftigkeit dieses Abgrenzungskriteriums ist im Rahmen interkultureller Studien immer wieder neu zu prüfen und kann nicht generell vorausgesetzt werden, da ansonsten die Gefahr groß ist, „unangemessene Homogenisierungen" (Straub, 1999, S.188) vorzunehmen, durch die „binnenkulturelle Differenzierungen kurzerhand glattgebügelt" (ebd.) werden.

Eine interkulturelle Interaktionssituation kann zum einen als empirische Untersuchungseinheit und zum anderen als theoretische Analyseeinheit zum Thema gemacht werden. Letzteres ist in der Interkulturellen Psychologie aber bislang kaum der Fall. Statt dessen interessiert man sich hier vorwiegend für die empirische Erfassung eines ganz bestimten Typs von interkulturellen Interaktionssituationen, der als „critical incident" (Fiedler, Mitchell & Triandis, 1971, S.97) oder „kritische Interaktionssituation" (Thomas, 1996c, S.116) bezeichnet wird. Dieser Ausdruck wurde von Flanagan (1954) eingeführt, dessen darauf basierende „critical incident technique" (ebd., S.327) ursprünglich dazu diente, bestimmte Arbeitsvorgänge zu optimieren. Fiedler et al. (1971) übernahmen den Begriff zur Konzeption einer interkulturellen Trainingsmaßnahme für Amerikaner und definierten ihn in diesem Zusammenhang als

„(a) a common occurrence in which an American [!] and a host national interact; (b) a situation which the American [!] finds conflictful, puzzling, or which he is likely to misinterpret; and (c) a situation which can be interpreted in a fairly unequivocal manner, given sufficient knowledge about the culture" (S.97).

In einer ähnlichen, aber nicht auf die rein amerikanische Perspektive zugeschnittenen Fassung definiert Thomas (1993b) diesen Begriff als interkulturelle Interaktionssituation, „die von den beteiligten Partnern als ungewöhnlich, unverständlich, konfliktträchtig" (S.415) erlebt wird. An die Überlegungen zum Fremderleben in Kap. 2.1.1.2 anknüpfend könnte man auch sagen, daß es sich bei critical incidents um solche interkulturellen Interaktionssituationen handelt, in denen den beteiligten Personen bestimmte Arten des Denkens, Fühlens und Handelns des jeweils anderen so fremd erscheinen, daß dadurch der für beide Seiten befriedigende Ablauf der Interaktion gefährdet ist. Fremdheit ist somit ein potentielles „Interaktionselement" (Thomas, 1993b, S.415), durch das eine interkulturelle Interaktionssituation zu einem critical incident werden kann. Ein critical incident stellt somit den Spezialfall einer interkulturellen Interaktionssituation dar, die ihrerseits als Spezialfall einer sozialen Interaktionssituation angesehen werden kann (sofern man diese beiden Begriffe überhaupt trennen will). Diese wiederum zeichnet sich dadurch aus, daß darin spezifische Formen der Handlung, nämlich soziale Interaktionen, vollzogen werden. Da die soziale Interaktion ein theoretisch vergleichsweise gut durchdrungenes Phänomen darstellt (z.B. Fischer, 1981; Geulen, 1982; Graumann, 1972), erscheint es daher sinnvoll, den für die Interkulturelle Psychologie so zentralen Begriff des critical incident als Situation aufzufassen, in der soziale Interaktionen vollzogen werden, um ihn so einer theoretischen Analyse zugänglich zu machen (vgl. Kap. 2.2). Auf diese Weise wird es möglich sein, die Spezifika eines critical incident zu lokalisieren, woraus sich theoretische und praktische Konsequenzen für die Erklärung und Beeinflussung interkultureller Interaktionen ziehen lassen.

Wie oben bereits angedeutet wurde, ist es im Rahmen der Interkulturellen Psychologie durchaus ungewöhnlich, die soziale Interaktion als theoretische Analyseeinheit in den Blick zu nehmen. Zwar werden critical incidents besonders im Rahmen von Trainingsmaßnahmen häufig genutzt, um das Aufeinanderprallen unterschiedlicher kultureller Bedeutungssysteme in konkreten Interaktionssituationen transparent zu machen und auf diese Weise interkulturelle Lernprozesse auszulösen (z.B. Cushner & Brislin, 1996; Thomas, 1993b). Dabei geraten jedoch fast zwangsläufig die spezifischen Inhalte bestimmter kultureller Bedeutungssysteme in den Vordergrund. Die kontextübergreifende Struktur der in diesen Situationen vollzogenen Handlungen wird dagegen selten thematisiert. Diesbezüglich existieren lediglich einige Studien, die der Frage nachgehen, ob sich beim Kulturvergleich sozialer Interaktionen universelle Formen sozialer Beziehungsverhältnisse zeigen (z.B. Adamopoulos & Bontempo, 1986; Fiske, 1992; Triandis, 1978). Die vorliegende Arbeit konzentriert sich allerdings nicht nur auf den Beziehungsaspekt sozialer Interaktionen, sondern will alle Aspekte theoretisch fassen, die unter einer interkulturellen Perspektive relevant werden.

2.1.3 Interkulturelles Lernen

Ihre zentrale Bedeutung verdanken critical incidents der Tatsache, daß in ihnen genau jene Reibungsflächen zwischen eigenen und fremden

Bedeutungssystemen auftreten, die interkulturelle Lern und Entwicklungsprozesse auslösen können (vgl. Kap. 2.1.1.2). Sie stehen daher mit im Zentrum von Überlegungen zum interkulturellen Lernen. Dem sehr komplexen Prozeß des interkulturellen Lernens hat sich die Forschung bisher von zwei Seiten genähert: Zum einen wurde versucht, die Lernprozesse zu beschreiben, die ablaufen, wenn Menschen wiederkehrende interkulturelle Kontakte haben, ohne darauf gezielt vorbereitet worden zu sein oder dabei betreut zu werden. Zum anderen wurde versucht, interkulturelle Lernprozesse im Rahmen formeller Trainingsmaßnahmen gezielt zu initiieren. Im folgenden werden diese beiden Zugangsarten näher dargestellt und erläutert, in welcher Weise critical incidents jeweils eine Rolle spielen.

2.1.3.1 Informelles interkulturelles Lernen: Akkulturationsprozesse

Es ist bereits deutlich gemacht worden, daß eine zunehmende Internationalisierung ein Merkmal vieler Gesellschaften zu Beginn des 21. Jahrhunderts darstellt. Als Folge dieser Entwicklung geraten immer mehr Personen in sozialen Kontakt mit Menschen, die in anderen kulturellen Kontexten sozialisiert worden sind als sie selbst (vgl. Kap. 1.1). Die dabei stattfindenden Kontakte können höchst unterschiedlicher Art sein (Brislin, 1981; Danckwortt, 1996): Sie reichen vom freiwilligen, zeitlich eng umgrenzten Kontakt eines Touristen mit Gastlandbewohnern bis hin zum unfreiwilligen, zeitlich unbefristeten Aufenthalt heimatvertriebener Flüchtlinge in einer ihnen fremden Region. Wenn solche interkulturellen Kontakte außerhalb des eigenkulturellen Umfeldes stattfinden, länger andauern und somit auch eine gewisse Intensität erreichen, so ist das jeweilige Individuum gezwungen, sich mit seiner fremdkulturellen Umgebung in irgendeiner Form auseinanderzusetzen. Auf diese Auseinandersetzung werden die meisten Menschen nicht vorbereitet und auch nicht dabei betreut, so daß die dabei stattfindenden Lernprozesse *informell* ablaufen. Solche Lernprozesse bezeichnen Kruger und Tomasello (1996) auch als „expected learning“ (S.377), da erwartet wird, daß der Lernende das für ihn notwendige Wissen ohne fremde Hilfe erwirbt.

Der Prozeß der informellen Auseinandersetzung mit einer fremdkulturellen Umgebung wird nicht immer einheitlich benannt. Im englischen Sprachgebrauch dominieren die Begriffe „adjustment“, „adaptation“ und „acculturation“, wie Hannigan (1990) ausführt, der auch einen Versuch unternimmt, diese Begriffe definitorisch voneinander abzugrenzen. Da die Begriffe „adjustment“ und „adaptation“ in der deutschen Sprache nicht klar zu trennen sind, spricht man hier in der Regel nur von „Anpassung“ oder

„Akkulturation". Im folgenden wird vor allem der Begriff der „Akkulturation" (Berry, 1997; Berry & Sam, 1997; Ward, 1996) benutzt, da dieser definitorisch am klarsten gefaßt werden kann. Die klassische und auch heute noch anerkannte Definition dieses Begriffes stammt von Redfield, Linton und Herskovits (1936): „Acculturation comprehends those phenomena which result when groups of individuals having different cultures come into continuous first-hand contact with subsequent changes in the original culture patterns of either or both groups" (S.149). Da sich diese Definition allerdings auf die Gruppenebene beschränkt, wurde von Graves (1967) ergänzt, daß Akkulturation selbstverständlich auch auf der Ebene des Individuums stattfindet, wofür er den Begriff „psychologische Akkulturation" (*psychological acculturation*, S.337) vorschlägt. Besonders diese psychologische Akkulturation ist es, die im folgenden näher betrachtet wird.

Berry (1988) unterscheidet fünf Typen von akkulturierenden Personengruppen im Hinblick auf ihre Mobilität und die Freiwilligkeit ihres Kontaktes mit der Fremdkultur. Einer dieser fünf Typen, der sogenannte „sojourner" (auf deutsch am ehesten: „Besucher"), ist dadurch gekennzeichnet, daß er freiwillig in die Fremdkultur eintritt und dort nicht seßhaft wird. Dieser Akkulturationstyp, zu dem z.B. Manager oder Austauschstudenten zu zählen sind, stellt die bei weitem am besten untersuchte Personengruppe dar. Vor allem auf sie beziehen sich daher die folgenden Ausführungen.

Allen von Berry (1988) unterschiedenen Akkulturationstypen ist folgendes gemeinsam: Ihre interkulturellen Kontakte finden auf dem Territorium der Fremdkultur statt und dort gehören sie einer Minderheit an. Wenn Menschen in einer solchen Situation auch in unterschiedlichem Ausmaß offen für die ihnen fremde Kultur sind – was seinen Niederschlag in der Unterscheidung verschiedener „Akkulturationsstrategien" (*acculturation strategies*; Berry, 1990) findet – so ist doch davon auszugehen, daß alle mehr oder weniger häufig mit Angehörigen der Fremdkultur interagieren. Ebenso ist zu erwarten, daß viele dieser interkulturellen Interaktionssituationen für die beteiligten Personen zum critical incident (vgl. Kap. 2.1.2) werden. Das damit verbundene, anhaltende Erleben von Fremdheit führt oftmals zu psychischen Belastungen, die sich in Begriffen wie „Akkulturationsstreß" (*acculturative stress*; Berry, Kim, Minde & Mok, 1987) niederschlagen. Die Frage, wie akkulturierende Personen mit diesen Erfahrungen umgehen, hat zur Entwicklung verschiedener theoretischer Modelle geführt, die sich grob in Stufen- und Phasenmodelle einteilen lassen. Während Stufenmodelle (z.B. Adler, 1975; Bennett, 1986; Winter, 1986) besonders auf die Lern- und Entwicklungschancen fokussieren, die eine Akkulturationserfahrung bietet, und dadurch ein starkes präskriptives Element besitzen, bemühen sich Phasenmodelle (z.B. Jacobson, 1963; Lesser & Peter, 1957) vor allem um die deskriptive Erfassung psychologisch unterscheidbarer Phasen während der Akkulturation. Dabei wird insbesondere der Frage nachgegangen, ob sich regelhafte „Akkulturationsverläufe“ (Thomas, 1993b, S.386) im Hinblick auf die „Anpassungsleistung“ (ebd., S.386) zeigen. Die dabei intuitiv naheliegende Hypothese, daß solche Akkulturationsverläufe U-förmig (Lysgaard, 1955) oder W-förmig (Berry, 1985; Gullahorn & Gullahorn, 1963) verlaufen, konnte empirisch allerdings nicht überzeugend gestützt werden, wie Church (1982) oder in jüngster Zeit wieder Ward, Okura, Kennedy und Kojima (1998) feststellen. Church (1982) zeichnet in seinem klassischen Review ein generell eher düsteres Bild von der Qualität der Forschungsergebnisse zum Thema „sojourner adjustment“ (ebd., S.540) zu Beginn der achtziger Jahre. Er kommt beispielsweise zu folgendem Schluß: „there has been a minimal attempt to apply theoretical concepts already existing in the sociopsychological literature to the dynamics of sojourner adjustment“ (ebd., S.563). Diese Kritik bezieht er explizit auch auf die Vernachlässigung des Konzepts der sozialen Interaktion, das er als „key to sojourner adjustment“ (ebd., S.563) ansieht. Wie dargestellt worden ist, kann m.E. dieser Kritikpunkt auch heute noch als stichhaltig angesehen werden (vgl. Kap. 2.1.2).

Speziell zum Thema „Akkulturationsverlauf“ ist Church (1982) der Auffassung, daß dieser zu eindimensional gesehen wird, wenn man versucht, ihn an einem einzelnen, globalen Kriterium wie „Anpassungsleistung“ festzumachen: „The development of theories of sojourner adjustment has probably been inhibited by the frequent emphasis ... on identification of adjustment problems and sojourn outcomes rather than on the dynamics or process of adjustment“ (S.562). An dieser Grundsituation scheint sich auch 13 Jahre später nichts Entscheidendes geändert zu haben, sofern man die Einschätzung von Kühlmann (1995b) teilt: „Mangels differenzierter theoretischer Konzepte des Anpassungsgeschehens besteht weder auf der Begriffs- noch auf der Meßebene Einigkeit über das, was einen ‘erfolgreichen’ bzw. ‘mißglückten’ Auslandsaufenthalt ausmacht“ (S.12). Allerdings muß man einräumen, daß zwischenzeitlich durchaus vielversprechende Versuche vorgelegt worden sind, die vielschichtige Dynamik von Akkulturationsprozessen theoretisch zu fassen (z.B. Anderson, 1994; Black, Mendenhall & Oddou, 1991; Grove & Torbiörn, 1985). Das prominenteste und gleichzeitig für die vorliegende

Arbeit relevanteste dieser Modelle ist dasjenige von Grove und Torbiörn (1985). Es wird daher im folgenden etwas näher dargestellt.

Die Autoren entwickeln ein Modell des Akkulturations- bzw. „adjustment"-Prozesses (ebd., S.206) einer Person in einem fremdkulturellen Umfeld. Sie nehmen dabei explizit bezug auf die erwähnte Kritik von Church (1982) und versuchen „to address these concerns by going beyond the symptom level to look for consistent explanations regarding the adjusting person's 'inner world' of basic cognitive and emotional processes, and by applying those explanations to the practice of training" (ebd., S.206). Das Neue ist nun, daß Grove und Torbiörn (1985) den „adjustment"-Prozeß nicht als eindimensionalen, globalen Verlauf konzeptualisieren, sondern daß dieser bei ihnen in drei Komponenten zerfällt: „[1] applicability of behavior, [2] clarity of the mental frame of reference, and [3] level of mere adequacy" (ebd., S.208). Kühlmann (1995b) übersetzt diese Begriffe mit [1] Verhaltensangemessenheit, [2] Orientierungsklarheit und [3] Mindestanspruchsniveau (S.8). „Verhaltensangemessenheit" kann als Grad der Übereinstimmung zwischen eigenem Verhalten und den üblichen Verhaltensweisen in der fremdkulturellen Umgebung aufgefaßt werden; „Orientierungsklarheit" läßt sich als Grad der Eindeutigkeit bezeichnen, mit der sich bestimmte Verhaltensweisen aus dem sozialen Wissen einer Person folgern lassen, und das „Mindestanspruchsniveau" bezeichnet das individuelle Anspruchsniveau einer Person, ab dem sie ihre eigene Verhaltensangemessenheit und Orientierungsklarheit als ausreichend oder zufriedenstellend empfindet. Bemerkenswert ist nun, daß eine solche Unterscheidung erstaunliche Parallelen zu jenen drei Dimensionen aufweist, die in einer ganzen Reihe von Studien und Reviews (z.B. Brislin, 1981; Hammer, Gudykunst & Wiseman, 1978; Kealey & Ruben, 1983; Kealey, 1996; Mendenhall & Oddou, 1985) als entscheidend für interkulturellen Handlungserfolg auf der Ebene des Individuums identifiziert werden. Kühlmann (1995b) benennt sie folgendermaßen:

- „Subjektive Zufriedenheit mit den Arbeits- und Lebensbedingungen im Ausland,
- Güte der sozialen Beziehungen zu den Vertretern des Gastlandes,
- Grad der Aufgabenerfüllung" (S.12).

Entsprechend schreibt etwa Brislin (1981): „Success refers to psychological feelings of well-being, the establishment of cordial relations with host-country people, and the completion of one's task" (S.70). Alle diese

Autoren scheinen drei Bereiche zu unterscheiden: Einen *„objektiven"* Bereich der Aufgaben und des beobachtbaren Verhaltens, einen *„sozialen"* Bereich des Wissens über soziale Regeln und der Interaktion mit anderen, und einen *„subjektiven"* Bereich des inneren Anspruchs, verbunden mit Gefühlen der inneren Zufriedenheit. Wie in anderen Studien festgestellt wird, erfordert erfolgreiches interkulturelles Handeln somit kognitive, emotionale und behaviorale Veränderungen vom Individuum (z.B. Anderson, 1994; Cui & van den Berg, 1991; Gertsen, 1990). Dies ist wohl auch der Grund dafür, weswegen Brislin (1989) diese drei Komponenten an anderer Stelle als „the three aspects of the cross-cultural experience" (S.444) bezeichnet.

Grove und Torbiörn (1985) stellen sich das Zusammenwirken der drei Komponenten in ihrem Modell folgendermaßen vor:

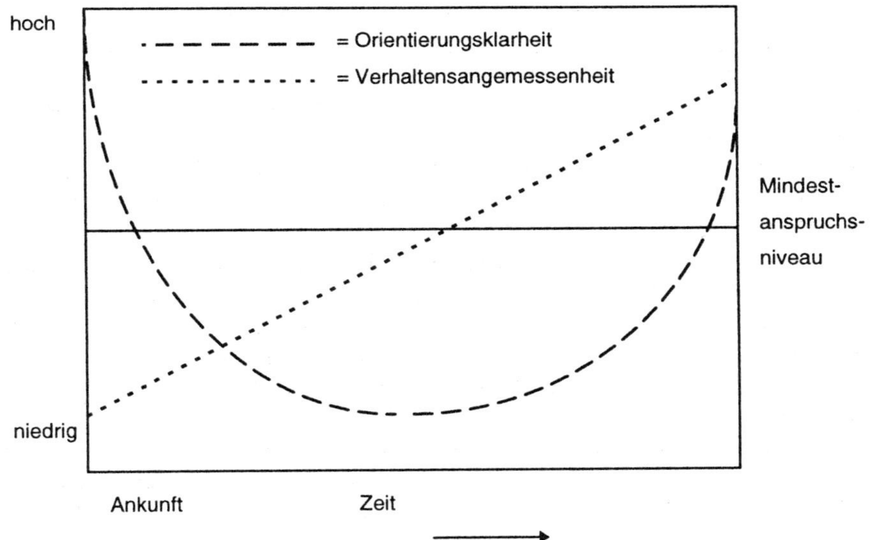

Abbildung 1: Prototypischer „adjustment"-Prozeß nach Grove und Torbiörn (1985; S.212)

Wie deutlich wird, gehen Grove und Torbiörn (1985) davon aus, daß sich die Verhaltensangemessenheit und die Orientierungsklarheit sehr unterschiedlich, teilweise sogar gegenläufig, entwickeln. Ihrer Meinung nach erkennen Neuankömmlinge in einer fremden Kultur zwar recht schnell, daß viele ihrer gewohnten Verhaltensweisen in der fremden Kultur unüblich sind, zweifeln deshalb aber nicht sofort an der prinzipiellen Richtigkeit ihrer eigenkulturellen Normen. Solche Zweifel setzen erst langsam ein, führen dann allerdings zu abnehmender Orientierungsklarheit, die ihre Talsohle zu einem Zeitpunkt erreicht, zu dem die Verhaltensangemessenheit bereits wieder in einen zufriedenstellenden Bereich gerät.

Aus diesem theoretischen Modell ergeben sich einige bemerkenswerte praktische Implikationen für die Konzeption interkultureller Trainings (vgl. Kap. 2.1.3.2), die von den Autoren ebenfalls diskutiert werden. So kann ein interkulturelles Training, das einer Person ihren „adjustment"-Prozeß erleichtern will, potentiell an genau drei Stellen ansetzen: Es kann (a) die Verhaltensangemessenheit eines Trainees im fremdkulturellen Umfeld erhöhen, so daß dieser schneller über sein Mindestanspruchsniveau gelangt; oder es kann (b) den Prozeß von Orientierungsverlust und -wiedergewinnung simulieren, infolge dessen die Phase der Desorientierung flacher verläuft; und es kann schließlich (c) das Mindestanspruchsniveau des Trainees senken, wodurch dieser sich weniger stark unter dem Druck sieht, sich angemessen verhalten und alles verstehen zu müssen. Entsprechend unterscheiden Grove und Torbiörn (1985) die existierenden Formen interkulturellen Trainings danach, welche dieser drei Wirkfaktoren jeweils dominieren. Darauf aufbauend führen sie aus, daß ein optimales interkulturelles Trainingsprogramm versuchen müßte, „to bring about the theoretically desirable changes in all three psychological constructs" (S.221). Sie wissen allerdings auch, daß dieser hohe Anspruch zumindest von den klassischen Formen interkulturellen Trainings nicht eingelöst werden kann, da diese in den drei genannten Bereichen ihre Stärken und Schwächen haben. Welche Formen interkulturellen Trainings hierbei unterscheidbar sind und wo deren Stärken und Schwächen liegen, wird im folgenden Kapitel diskutiert.

Am Ende dieses Kapitels können wir festhalten, daß Menschen, die häufig wiederkehrend interkulturelle Kontakte haben und in der Folge auch critical incidents erleben, in einen interkulturellen Lern- und Entwicklungsprozeß eintreten. Findet dieser Prozeß in einem fremdkulturellen Umfeld statt, so kann man ihn als „Akkulturation" bezeichnen. Dieser Lernprozeß läuft in der Regel informell ab, d.h. die Personen, die ihn durchlaufen, werden darauf in der Regel nicht vorbereitet oder dabei begleitet. Die Frage, wie solche informellen Lernprozesse ablaufen, hat zur Entwicklung verschiedener Stufen- und Phasenmodelle geführt. Besonders bemerkenswert ist dabei eines von Grove und Torbiörn (1985), da es Komponenten enthält, die nach allgemeiner Auffassung auch als Bedingungsfaktoren interkulturellen Handlungserfolges gelten können

(Kealey, 1996). Eine solche Konzeption hat weitreichende Implikationen für die Gestaltung interkultureller Trainings.

2.1.3.2 Formelles interkulturelles Lernen: Trainingskonzepte

Die unvorbereitete bzw. unbetreute Auseinandersetzung mit fremden Formen des Denkens, Fühlens und Handelns verläuft keineswegs immer unproblematisch und führt auch keineswegs automatisch zu jenen „hochentwickelten" Zuständen der interkulturellen Sensibilität und Reflexivität, die in Stufenmodellen der Akkulturation beschrieben werden (z.B. Adler, 1975; Bennett, 1986; Winter, 1986). Besonders deutlich spiegelt sich dies in den Forschungen zur sogenannten „Kontakthypothese" (Amir, 1969) wider: Sie zeigen, daß entgegen intuitiv naheliegenden Vermutungen der bloße Kontakt zwischen Menschen unterschiedlicher Kulturzugehörigkeit nicht automatisch zum Abbau von Vorurteilen führt, sondern daß dieser Effekt nur unter sehr spezifischen Bedingungen zu erzielen ist. Wo diese nicht gegeben sind, können interkulturelle Begegnungen Vorurteile sogar verstärken (Jonas, 1998; Thomas, 1994b). Um solchen Tendenzen vorzubeugen, wird versucht, mit Hilfe systematisch geplanter, formeller Trainingsmaßnahmen die interkulturellen Lernprozesse von Menschen so zu beeinflussen, daß sie ihre interkulturellen Interaktionen möglichst konfliktarm und produktiv gestalten können. Somit besteht das „ultimate goal" (Bhawuk, 1990, S.327) interkultureller Trainings darin, „to make the interaction a success" (ebd.). Die Frage, was in diesem Zusammenhang unter „success" zu verstehen ist, läßt sich allerdings sehr unterschiedlich beantworten. Entsprechend vielfältig stellen sich auch die existierenden interkulturellen Trainingsmodelle dar. In einer klassischen, aber noch immer häufig zitierten Aufteilung unterscheiden Brislin, Landis und Brandt (1983) folgende sechs Trainingsmodelle: (a) „information, or fact-oriented training", (b) „attribution training", (c) „cultural awareness", (d) „cognitive-behavior modification", (e) „experiential learning" und (f) „interaction approach" (S.9).

Solche Trainingsmodelle unterscheiden sich sowohl im Hinblick auf ihre Zielsetzungen als auch in bezug auf ihre bevorzugten Methoden. Entsprechend existiert inzwischen eine ganze Reihe von Versuchen, die Vielfalt interkultureller Trainingsmodelle mit Hilfe bestimmter Grunddimensionen systematisch zu ordnen (z.B. Bennett, 1986; Bhawuk, 1990; Brislin, 1989; Gudykunst, Guzley & Hammer, 1996; Kealey & Protheroe, 1996). Die am häufigsten verwendeten Grunddimensionen sind dabei (a) Spezifität, (b) Methode und (c) Zielsetzung. Die Dimension *Spezifität* betrifft die Frage, ob ein interkulturelles Training „kulturallgemein" oder

„kulturspezifisch" ausgerichtet ist. Während kulturspezifische Trainings auf das interkulturelle Handeln in ganz bestimmten Kulturen vorbereiten wollen, versuchen kulturallgemeine Trainings eine grundlegende Sensibilität für kulturelle Phänomene und Orientierung angesichts ihrer Variationsbreite zu vermitteln (Brislin & Pedersen, 1976). Die Vor- und Nachteile beider Trainingsformen stellt Bhawuk (1990, S.338) gegenüber. Hinsichtlich der *Methode* werden interkulturelle Trainings häufig danach unterschieden, ob ein „didactic approach" oder ein „experiential approach" (Gudykunst, Guzley & Hammer, 1996, S.65) gewählt wird. Von „didactic approach" wird dann gesprochen, wenn methodisch gesehen Vorträge, Diskussionen und die Bearbeitung schriftlicher Materialien im Mittelpunkt stehen und dadurch eine eher distanziert-analytische Auseinandersetzung mit der Kulturthematik stattfindet. Demgegenüber spricht man vom „experiential approach", wenn vor allem solche Methoden eingesetzt werden, durch die die Teilnehmer die Kulturthematik an sich selbst „erfahren" (z.B. Simulationen, Rollenspiele) und somit eine unmittelbarere und emotionalere Auseinandersetzung mit der Kulturthematik stattfindet. Im Kontext der vorliegenden Arbeit erscheinen vor allem solche Unterscheidungen beachtenswert, die hinsichtlich der *Zielsetzungen* von Trainings getroffen werden. Hier begegnet uns nämlich jene Dreiteilung wieder, die bereits bei der Darstellung von Akkulturationsprozessen aufgetaucht ist (vgl. Kap. 2.1.3.1). Auch interkulturelle Trainings werden häufig danach unterschieden, ob sie vor allem auf eine behaviorale (z.B. David, 1972), eine affektiv/relationale (z.B. Stewart, 1995) oder eine kognitiv-konzeptuelle (z.B. Albert, 1986) Ebene abzielen. Entsprechend weist Hughes-Wiener (1986) explizit auf die Parallelität zwischen Zielen interkultureller Trainings und den Grunddimensionen interkulturellen Handlungserfolgs hin. Ähnliches machen im Grunde genommen auch Grove und Torbiörn (1985), wenn sie in ihrem Modell aus den drei Komponenten des adjustment-Prozesses drei Wirkfaktoren interkultureller Trainings ableiten (vgl. Kap. 2.1.3.1).

Während vor allem in den 60er und 70er Jahren noch heftige Auseinandersetzungen darüber stattfanden, welche dieser Trainingsformen überlegen sind, hat sich mittlerweile die Einsicht durchgesetzt, daß diese Trainingsmodelle einander ergänzen können und müssen. Auch dieses Fazit wird bereits von Grove und Torbiörn (1985) als Ergebnis ihrer Überlegungen gezogen. Erst in den 90er Jahren wurden allerdings solche integrativen Trainingskonzeptionen vorgelegt (Bhawuk & Triandis, 1996; Brislin & Yoshida, 1994; Gudykunst, 1998). Wie Kammhuber (1999) darlegt, können diese „integrativen" Trainingsmodelle aus theoretischer

Sicht jedoch noch nicht überzeugen. Seiner Meinung nach handelt es sich dabei eher um pragmatische Kompromißbildungen, bei denen schwerwiegende konzeptionelle Unterschiede auf fragwürdige Weise homogenisiert werden. Als alternativen, theoretisch konsistenten Entwurf präsentiert er daher ein Modell interkulturellen Lernens auf der Basis einer „situative perspective" (Greeno, 1998).

Auch bei der Analyse unterschiedlicher Formen interkulturellen Trainings zeigt sich die zentrale Bedeutung von critical incidents. Am deutlichsten wird sie in einer bestimmten Form des Attributionstrainings, dem sogenannten „culture assimilator" (Fiedler et al., 1971), heute etwas präziser als „intercultural sensitizer" bezeichnet (vgl. dazu auch Winter, 1994b). Diese Trainingsform, von den genannten Autoren ursprünglich als „self-administered programmed culture training manual" (ebd., S.95) konzipiert, hat seither zahlreiche Weiterentwicklungen erfahren (z.B. Bhawuk, 1998; Brislin, Cushner, Cherrie & Yong, 1986; Triandis, 1984) und kann heute als die am häufigsten angewandte und evaluierte interkulturelle Trainingsform gelten (z.B. Albert, 1983; Cushner & Landis, 1996; Lange, 1994; Winter, 1994b). Dem „intercultural sensitizer"-Training liegt die Annahme zugrunde, daß die meisten critical incidents dadurch entstehen, daß die beteiligten Personen fremdkulturelles Verhalten aus der eigenkulturellen Perspektive attribuieren. Mit anderen Worten gelingt es den beteiligten Personen nicht, einen Perspektivenwechsel und somit eine sogenannte „isomorphe Attribution" (*isomorphic attribution*, Triandis, 1975, S.41) vorzunehmen, d.h. eine kontextsensible und somit kulturadäquate Attribution des Geschehens. Um genau diese Fähigkeit zu fördern, werden den Trainees bei dieser Trainingsform eine Vielzahl von critical incidents präsentiert, in denen sich eine fremdkulturelle Person auf eine Art und Weise verhält, die aus der eigenkulturellen Perspektive zunächst fremdartig erscheint. Im Laufe der Bearbeitung eines solchen critical incidents lernen die Trainees allerdings die Erklärung für dieses Verhalten aus der fremdkulturellen Perspektive kennen, wodurch es zum einen aus dieser Perspektive verständlich wird und wodurch zum anderen die Perspektivenabhängigkeit der initialen eigenkulturellen Attribution deutlich wird. Im Rahmen des „intercultural sensitizer"-Trainings wird nun davon ausgegangen, daß durch die Bearbeitung einer Vielzahl solcher critical incidents ein Lernprozeß in Gang kommt, in dessen Verlauf die eigenkulturellen Attributionsgewohnheiten bewußt werden, aufbrechen, und durch die Suche nach kulturadäquaten Attributionen flexibilisiert werden. Das „intercultural sensitizer"-Training versucht somit, das Lernpotential, das in der Auseinandersetzung mit critical incidents enthalten ist, in systematischer Weise zu nutzen, um dadurch interkulturelle Lernprozesse zu initiieren, die bei informellen Akkulturationsprozessen (vgl. Kap. 2.1.3.1) nicht oder nur langsam ablaufen.

Eine unübersehbare Schwäche des „intercultural sensitizer"-Trainings besteht darin, daß es sich dabei um eine sehr „kognitivistische" Trainingsform handelt, die auf der emotionalen und behavioralen Ebene nur wenige oder allenfalls mittelbare Wirkungen erzielt (z.B. Bittner & Reisch, 1992; Lange, 1994). Dieser Vorwurf trifft besonders auf die klassische Form dieses Trainings zu, bei der die schriftlich dargebotenen critical incidents ein relativ abstraktes Geschehen darstellen, das auf die Trainees wenig „involvierend" wirkt. Aus diesem Grund werden in jüngerer Zeit häufig Arten des Umgangs mit critical incidents vorgeschlagen, bei denen das „trainee involvement" (Bhawuk, 1990; Brislin, 1989) höher ist. Dazu gehört die Nutzung von critical incidents als Gegenstand von Gruppendiskussionen oder Rollenspielen (Wight, 1995) bzw. die Verwendung selbsterlebter critical incidents der Teilnehmer (Dant, 1995). Immer häufiger werden critical incidents auch videographiert dargeboten (Bhawuk, Copeland, Yoshida & Lim, 1999), wodurch sich auch die Möglichkeit eröffnet, sie in multimediale Lernumgebungen einzubinden (Kammhuber, 1999). Kritik am klassischen „intercultural sensitizer"-Training richtet sich somit nicht gegen die Verwendung von critical incidents – ganz im Gegenteil: Die vielfältigen Weiterentwicklungen dieser Trainingsform sowie die vielfältige Nutzung von critical incidents auch in anderen Trainingsformen (Batchelder, 1993) zeigen im Grunde genommen das enorme Lernpotential auf, das critical incidents zugeschrieben wird.

2.1.4 Zwischenbilanz: Die soziale Interaktion als Grundphänomen der Interkulturellen Psychologie

An dieser Stelle kann eine erste Zwischenbilanz gezogen werden: Wir haben gesehen, daß der Kulturbegriff etwa seit den 60er Jahren des vergangenen Jahrhunderts wieder verstärkt Forschungsinteresse auf sich zieht, nachdem er infolge eines positivistischen Psychologieverständnisses für einige Jahrzehnte aus dem Kanon gängiger psychologischer Termini verschwunden war. Als einer der Gründe für diese Renaissance wurde die zunehmende Internationalisierung vieler Gesellschaftsbereiche am Ende dieses Jahrhunderts ausgemacht, durch die immer größere Überschneidungsbereiche zwischen verschiedenen Kulturen entstehen. Speziell zur Untersuchung dieser Überschneidungsbereiche hat sich ein eigener Forschungszweig gebildet, die sogenannte „Interkulturelle

Psychologie“, die als eine Art „jüngere Schwester“ der kulturvergleichenden Psychologie und der Kulturpsychologie angesehen werden kann, deren Unterschiede skizziert worden sind.

Es wurde dargelegt, warum interkulturelle Fragen am ehesten durch einen Rückgriff auf kulturpsychologische Konzeptionen dieses Begriffes untersucht werden können. Diese fassen „Kultur“ als ein Bedeutungs- und Symbolsystem auf, das Bereiche des Eigenen und des Fremden ausbildet und dadurch Orientierung bietet. An der Schnittstelle zwischen Eigenem und Fremdem kommt es zu einer spezifischen Form der sozialen Interaktion, zur sogenannten „interkulturellen Interaktion“. Kommt es im Verlauf interkultureller Interaktionen zu kulturell bedingten Mißverständnissen, dann werden die entsprechenden Situationen als critical incidents bezeichnet. Diese critical incidents sind aus zwei Gründen für die Interkulturelle Psychologie interessant: Zum einen zeigen sich darin Reibungsflächen zwischen Eigenem und Fremdem, und zum anderen sind sie dadurch in der Lage, interkulturelle Lernprozesse auszulösen. Interkulturelle Lernprozesse wurden daher im Anschluß näher betrachtet. Dabei zeigte sich, daß diese zum einen informell verlaufen können, wenn Personen unvorbereitet und unbetreut in einen Akkulturationsprozeß eintreten. Sie können aber auch im Rahmen von formellen Trainingsmaßnahmen systematisch initiiert werden. Es wurde deutlich, daß in Untersuchungen über informelle oder formell initiierte interkulturelle Lernprozesse immer wieder drei Bereiche unterschieden werden, die in erster Näherung folgendermaßen beschrieben werden können: Ein „objektiver“ Bereich umweltlicher Anforderungen, ein „sozialer“ Bereich normativer Regulierung und ein „subjektiver“ Bereich inneren Erlebens.

Wie wir im folgenden sehen werden, tauchen diese drei Bereiche nicht nur bei der Betrachtung interkultureller Interaktions- und Lernprozesse auf, sondern generell dann, wenn soziale Interaktionen einer eingehenden Analyse unterzogen werden. Dies ist dann nicht erstaunlich, wenn man sich vor Augen führt, daß interkulturelle Interaktionen als spezifische Formen sozialen Handelns aufgefaßt werden können, wie besonders unter einer handlungspsychologischen Perspektive deutlich werden wird (vgl. Kap. 2.2.6). Die soziale Interaktion stellt somit eine grundlegende Analyseeinheit dar, wenn man sich interkulturellen Prozessen auf einer theoretischen Ebene annähern will. Aus diesem Grund betrachten wird den „höchst komplexen sozialen Sachverhalt“ (Graumann, 1972, S.1124) der sozialen Interaktion im folgenden aus verschiedenen psychologischen Perspektiven, um auf diese Weise einige grundlegende Erkenntnisse über die soziale Interaktion zu gewinnen. Diese werden im Anschluß durch ein integratives Modell in ein kohärentes Bild gebracht, wodurch zum einen bestimmte grundlegende interkultureller Phänomene theoretisch verortet werden können und woraus sich zum anderen theoretisch fundierte Konsequenzen für die Gestaltung praktischer Maßnahmen ableiten lassen.

2.2 Unterschiedliche psychologische Betrachtungsweisen der sozialen Interaktion

Den im folgenden eingenommenen Perspektiven liegen zum Teil sehr unterschiedliche Forschungsgegenstände und Forschungsstrategien zugrunde. Daher stellt sich aus jeder dieser Perspektiven die soziale Interaktion in etwas anderer Weise dar. Im folgenden möchte ich zeigen, daß diese unterschiedlichen Betrachtungsweisen in bestimmten Punkten konvergieren, die sich innerhalb einer handlungs- und kulturpsychologischen Konzeption zu einem kohärenten Modell der interkulturellen Interaktion integrieren lassen.

2.2.1 Persönlichkeitspsychologische Perspektiven

Auf den ersten Blick mag es etwas seltsam erscheinen, eine Betrachtung der sozialen Interaktion ausgerechnet aus einem persönlichkeitspsychologischen Blickwinkel zu beginnen. Denn, so könnte man etwa mit Müller (1985) argumentieren, es liegt im Wesen der sozialen Interaktion, „daß eine am Einzelindividuum orientierte Betrachtungsweise dazu tendiert, die *zwischen* Individuen be- und entstehenden Beziehungsgefüge zu vernachlässigen oder aus einer unangemessenen Perspektive heraus zu analysieren" (S.395). In aller Schärfe kann man diesen Vorwurf allerdings nur gegen die klassischen Eigenschaftstheorien der Persönlichkeit erheben und selbst gegen diese nur mit Einschränkungen. So weist etwa Heckhausen (1989) darauf hin, daß bereits Murray (1938) zielgerichtetes Verhalten „aus der ständigen Interaktion von Person- und Situationsfaktoren" (Heckhausen, 1989, S.66) erklärt und damit „die 'moderne' Position des Interaktionismus" (ebd., S.66) vorgezeichnet hat. Wie damit bereits angedeutet ist, stellt ein Grundproblem, mit dem sich jede Persönlichkeitstheorie auseinandersetzen muß, das sogenannte „Konsistenzparadox" (Heckhausen, 1989, S.7) dar. Es besteht darin, daß der intuitive Beobachter davon überzeugt ist, „daß er selbst und andere Personen sich in hohem Maße konsistent verhalten" (ebd., S.7), während genaue empirische Analysen zeigen, daß dies keineswegs so ist (Mischel, 1968). Das Verhalten einer Person ist bestenfalls im Rahmen einer sogenannten „Äquivalenzklasse" (Heckhausen, 1989, S.7) von Situationen konsistent, die von der jeweiligen Person als gleich angesehen werden. Diese für die klassischen Eigenschaftstheorien etwas ernüchternde Erkenntnis, die zwischenzeitlich sogar zu einer „Krise“ der Persönlichkeitspsychologie führte (Asendorpf, 1993), hat bewirkt, daß menschliches Verhalten heute von der großen Mehrheit der Forscher als Person-Situation-Interaktion begriffen wird (z.B. Pettigrew, 1997; Snow, 1995) und Persönlichkeit entsprechend als „einzigartiges System“, das diese Interaktionen herstellt (Fisseni, 1991). Im Zuge dieser Entwicklung erfreuen sich systemtheoretische Modelle der Persönlichkeit (z.B. Becker, 1995; Grawe, 1998) wachsender Beliebtheit.

2.2.1.1 „Living Systems Framework“ nach Ford und Ford

Hält man sich nun vor Augen, daß die meisten Situationen, zu denen sich eine Person verhält, *soziale* Situationen sind, so wird deutlich, daß auch aus einer persönlichkeitspsychologischen Perspektive die soziale Interaktion ins Blickfeld geraten kann. Dies geschieht beispielsweise in einem persönlichkeitstheoretischen Konzept von Ford und Ford (1987), das von den Autoren als „Living Systems Framework“ bezeichnet wird. Auch dieser Ansatz geht davon aus, daß menschliches Verhalten ein permanenter Prozeß der Herstellung von Person-Umwelt-Beziehungen ist. Wie sich eine Person ihrer (sozialen) Umwelt gegenüber verhält, wird nach Auffassung von Ford (1995) im wesentlichen von zwei Faktoren bestimmt: Auf seiten der Person von *Zielen*, die situationsübergreifend verfolgt werden, und auf seiten der Umwelt von den Möglichkeiten und Grenzen, die ein spezifischer *Kontext* setzt. Entsprechend schreibt Ford (1995): „goals and contexts are the anchors that organize and give coherence and meaning to the activities within a behavior episode“ (S.127). Situationen, die eine Person als ähnlich erachtet, d.h. in denen nach ihrer Auffassung ähnliche Ziele verfolgt werden können und die ähnliche Kontextspezifika aufweisen, werden zu einem Situationsschema zusammengestellt. Die Art, wie eine Person Situationen zu Situationsschemata zusammenstellt, macht nach Ford (1995) deren Persönlichkeit aus. Entsprechend definiert er Persönlichkeit als „the person's repertoire of stable, recurring behavior episode schemata“ (Ford, 1995, S.129). Die Frage, wie solche Situationsschemata an neue Umgebungen angepaßt werden, stellt nach Ford (1995) „one of the keys to understanding the role of personality and intelligence in social behavior“ (S.129) dar, und er erwähnt in diesem Zusammenhang auch explizit das Problem des Verhaltens in fremdkulturellen Umgebungen.

Bereits an dieser kurzen Skizzierung werden einige zentrale Merkmale persönlichkeitspsychologischer Konzeptionen deutlich: Menschen werden dabei in der Regel als autonome Individuen konzipiert, die sich in selbstbestimmter Weise Ziele setzen, bei deren Verfolgung sie allenfalls durch bestimmte Grenzen, die ein spezifischer Kontext setzt, behindert werden. Ziele werden somit als etwas genuin Subjektives angesehen, das einer sozialen und natürlichen Umwelt gegenübersteht. Entsprechend wird in der Erforschung von Zielen, Motiven oder Bedürfnissen der Schlüssel zur Erforschung der Persönlichkeit gesehen. Folglich geht Ford (1995) auch der Frage nach, wie menschliche Ziele klassifiziert werden können und greift dabei auf eine Taxonomie menschlicher Ziele von Ford und Nichols (1987) zurück. Diese unterscheiden Ziele zunächst nach dem Ort ihrer Wirkung und gelangen so zur Unterscheidung von Zielen mit „innenweltlichen“ Konsequenzen von solchen mit „zwischenweltlichen“ Konsequenzen. Im vorliegenden Zusammenhang ist besonders interessant, daß die letzteren nach Ford und Nichols (1987) in „Aufgabenziele“ und „Beziehungsziele“ zerfallen, wobei sich die Beziehungsziele wiederum danach unterscheiden lassen, ob sie der Gestaltung der Beziehungen mit anderen Menschen dienen, oder ob sie der eigenen Selbstwerterhaltung bzw. -erhöhung dienen (ebd., S.132). Demnach vollziehen Menschen deshalb soziale Interaktionen, um bestimmte Aufgaben bewältigen zu können, um ihren Selbstwert erhalten bzw. erhöhen zu können oder um der Beziehung zu einer anderen Person willen. Damit scheinen auch Ford und Nichols (1987) bzw. Ford (1995) jene drei Bereiche zu unterscheiden, die uns bereits bei der Analyse interkultureller Lern- und Handlungsprozesse aufgefallen ist (vgl. Kap. 2.1.3.1): Einen „objektiven“ Bereich der Aufgabenbewältigung, einen „sozialen“ Bereich der Beziehungsgestaltung und einen „subjektiven“ Bereich des Selbstwerterhaltung bzw. -erhöhung. Wie einer vergleichenden Analyse von Emmons (1997, S.493) zu entnehmen ist, spiegeln sich diese Bereiche auch in anderen zielklassifikatorischen Persönlichkeitsstudien wider.

2.2.1.2 Cognitive-Experiential Self-Theory nach Epstein

Eine solche Unterscheidung von Zielbereichen menschlichen Handelns, wie wir sie gerade kennengelernt haben, wird auch in der sogenannten „Cognitive-Experiential Self-Theory“ (CEST) von Seymour Epstein (1990, 1991, 1993) vorgenommen. Bei CEST handelt es sich um eine integrative Theorie der Persönlichkeit (Epstein, 1991), die für sich in Anspruch nimmt, psychodynamische, lerntheoretische, phänomenologische und kognitive Sichtweisen der Persönlichkeit zu integrieren. Die Fruchtbarkeit von CEST erkennt man unter anderem an einem Werk von Grawe (1998), der auf CEST aufbauend eine umfangreiche Theorie der Psychotherapie aufbaut, worauf wir im Zusammenhang mit klinischen Perspektiven auf die soziale Interaktion noch zurückkommen werden (vgl. Kap. 2.2.4). Bei Grawe (1998, S.374) findet sich außerdem ein Überblick über die Vielzahl von Forschungsbereichen, in denen sich CEST als fruchtbar erwiesen hat. Auch bei der Übersetzung von Epsteins Begrifflichkeiten ins Deutsche werde ich mich im folgenden an Grawe (1998) anlehnen.

Wie der Name seiner Theorie schon sagt, spricht Epstein nicht von der „Persönlichkeit" sondern vom „Selbst". Dieses Selbst ist nach Epsteins Ansicht kein übergeordneter „Homunculus", der das psychische Geschehen steuert, sondern eine Theorie über die Realität, die Grawe (1998) deswegen „Realitätstheorie" (S.381) nennt. Diese Realitätstheorie besteht nach Epstein aus einer Theorie über das Selbst und einer Theorie über die (Um-)welt, die durch grundlegende „Postulate" (S.381) verbunden sind. Diese Postulate stellen „kondensierte Erfahrungen" (S.381) und darauf aufbauende Überzeugungen bezüglich bestimmter Grundfragen menschlichen Daseins dar. Die vier zentralen Grundfragen sind nach Epstein (1991), (a) ob die Welt eher gut oder eher schlecht ist, (b) ob die Welt eher sinnhaft oder eher chaotisch strukturiert ist, (c) ob man anderen Menschen eher vertrauen oder eher mißtrauen sollte und (d) ob man selbst ein eher wertvoller oder eher wertloser Mensch ist (S.118). Nach Epstein verweisen diese vier Grundfragen auf die vier Grundbedürfnisse des Menschen: Grawe (1998) übersetzt sie mit (a) Bedürfnis nach Lustgewinn und Unlustvermeidung, (b) Bedürfnis nach Orientierung und Kontrolle (c) Bindungsbedürfnis und (d) Bedürfnis nach Selbstwerterhöhung (S.385-420). Sie sind nach Epstein (1993) von gleicher Wichtigkeit, woraus folgt, „that behavior must represent a compromise among them and, relatedly, that they serve as checks and balances against each other, which helps to keep behavior within adaptive limits" (S.405). Dieses Aufrechterhalten einer Balance zwischen der Befriedigung der vier gleichberechtigten Grundbedürfnisse bezeichnet Grawe (1998) als „Konsistenzprinzip", das er als „das am weitesten übergeordnete Prinzip des psychischen Geschehens" (S.421) ansieht. Diese Bedeutung wird daran deutlich, daß sich seiner Meinung nach „seelisch sehr gesunde, glückliche Menschen" von anderen dadurch unterscheiden, „dass sie ihre Bedürfnisse in Übereinstimmung miteinander, also in konsistenter Weise befriedigen können" (Grawe, 1998, S.421). Wie unschwer zu erkennen ist, spiegeln sich auch in diesen von Epstein angenommenen Grundbedürfnissen jene Bereiche wider, die wir auch bei Ford und Ford (vgl. Kap.

2.2.1.1) ausgegliedert haben: Ein „objektiver“ Bereich der Orientierung und Kontrolle, ein „sozialer“ Bereich der zwischenmenschlichen Beziehung und ein „subjektiver“ Bereich der Selbstwerterhöhung. Lediglich das Bedürfnis nach Lustgewinn und Unlustvermeidung scheint sich hier nicht ohne weiteres einordnen zu lassen. Bei Grawe (1998) werden wir auf diese scheinbare Unstimmigkeit allerdings eine Antwort finden (vgl. Kap. 2.2.4.1).

Die Tatsache, daß Epstein nicht von „Zielen“, sondern von „Bedürfnissen“ (*needs*, Epstein, 1993, S.404) spricht, deutet bereits darauf hin, daß seine persönlichkeitspsychologische Theorie weit weniger intentionalistisch ist als die von Ford und Ford (vgl. Kap. 2.2.1.1). Er räumt damit ein, daß Menschen oftmals auch handeln, ohne genau angeben zu können, welche Ziele sie damit verfolgen und erkennt damit die Möglichkeit von nicht-bewußten, regelartig ablaufenden Handlungen. Dies kommt insbesondere in Epsteins Unterscheidung zweier psychischer Informationsverarbeitungssysteme zum Ausdruck: Wie der Name seiner Theorie schon andeutet, unterscheidet Epstein (1990) ein „rationales“ und ein „intuitives“ (*experiential,* S.167) psychisches Informationsverarbeitungssytem und geht davon aus, daß die meisten psychischen Prozesse (zunächst) im intuitiven System verarbeitet werden. Intutitiv ablaufende Prozesse können allerdings einer rationalen Verarbeitung zugeführt werden, was vor allem beim Auftauchen von Problemen relevant wird. Aus diesem Grund sieht Epstein z.B. ein Wirkprinzip psychotherapeutischer Maßnahmen auch darin sieht, bestimmte, intuitiv ablaufende psychische Prozesse „bewußt zu machen“. Wie eine Studie von Epstein, Pacini, Denes-Raj und Heier (1996) zeigt, lassen sich neben diesen allgemeinpsychologischen Prozessen aber auch differentielle Unterschiede im Hinblick darauf feststellen, ob Menschen dazu neigen, Informationen eher im rationalen oder eher im intuitiven System zu verarbeiten.

2.2.1.3 Zusammenfassung und Würdigung

Zunächst können wir über die persönlichkeitspsychologische Perspektive folgendes festhalten: Ihrem Wesen entsprechend trifft die Persönlichkeitspsychologie keine unmittelbaren Aussagen über die soziale Interaktion. Mittelbar trifft sie allerdings insofern Aussagen, als sie menschliches Verhalten als die permanente Herstellung von Person-Umwelt-Bezügen versteht, wobei die *soziale* Umwelt einen wesentlichen Teil dieser Umwelt darstellt. Es wurde deutlich, daß bei dieser Person-Umwelt-Interaktion zwei Faktoren wesentlich sind: Auf seiten der Umwelt die Möglichkeiten und Grenzen, die ein spezifischer Kontext setzt, und auf seiten der Person die Ziele oder Bedürfnisse, die situationsübergreifend verfolgt werden. Innerhalb dieses Gefüges konzentrieren sich Persönlichkeitstheorien auf die Erforschung der Ziele oder Bedürfnisse von Personen und nehmen somit einen individuumszentrierten Blickwinkel ein. Bei der Klassifikation dieser Ziele oder Bedürfnisse sind uns wieder jene drei Bereiche begegnet, die schon bei der Analyse interkultureller Lern- und Handlungsprozesse aufgefallen waren. Daneben ist anhand der Persönlichkeitstheorie von Epstein deutlich geworden, daß Menschen ihre Ziele allerdings keineswegs immer bewußt verfolgen, sondern daß offenbar ein großer Bereich intuitiv ablaufender Handlungen existiert.

In Anbetracht der Tatsache, daß Persönlichkeit immer gleichzeitig als Prozeß *und* Struktur gedacht werden muß (Fisseni, 1991, S.266), mag man in der gerade erfolgten Darstellung persönlichkeitspsychologischer Perspektiven eine Diskussion von Strukturmodellen vermissen, zumal diese die prominenten „Big Five", d.h. die fünf scheinbar grundlegendsten Persönlichkeitseigenschaften hervorgebracht haben (z.B. Goldberg, 1990; Norman, 1963; Wiggins & Trapnell, 1997). Der Grund für diese Vernachlässigung besteht darin, daß Strukturmodelle gerade aus einer kulturellen Perspektive eine Reihe von heiklen Fragen aufwerfen, die beispielsweise Triandis (1997) diskutiert. So kann man sich etwa fragen, ob bestimmte Persönlichkeitseigenschaften in verschiedenen Kulturen Unterschiedliches meinen, ob die Varianzen von bestimmten Eigenschaften bzw. die Korrelationen zwischen ihnen in verschiedenen Kulturen unterschiedlich sind oder ob in verschiedenen Kulturen auf die Meßinstrumente, mit denen Persönlichkeitseigenschaften erfaßt werden, unterschiedlich reagiert wird. So fördert beispielsweise eine Überprüfung des „Big Five-Konstruktes" in China (Yang & Bond, 1990) zwar auch eine fünfgliedrige Struktur zutage, diese enthält allerdings andere Begrifflichkeiten als die „westliche" Variante und korreliert mit dieser auch nur mäßig. Entsprechend stellt Asendorpf (1993) fest, daß der lexikalische Ansatz – eine wichtige Säule von Strukturmodellen – nichts anderes leistet „als eine Rekonstruktion der naiven Persönlichkeitspsychologie in der jeweils untersuchten Sprachgemeinschaft". Auch dies kann selbstverständlich von wissenschaftlichem Interesse sein, und Strukturmodelle sollen damit nicht pauschal abgeurteilt werden. Es wird aber deutlich, daß auf sie in der vorliegenden Arbeit, die auf die Identifikation kulturübergreifender Kategorien abzielt, kaum zurückgegriffen werden kann.

2.2.2 Ökopsychologische Perspektiven

Eine ökopsychologische Perspektive nimmt in gewisser Weise den zu einer persönlichkeitspsychologischen Perspektive entgegengesetzten Standpunkt ein. Auch hier interessiert man sich für die „*Transaktionsprozesse* zwischen Menschen und Umwelten" (Kruse, Graumann & Lantermann, 1990, S.9) bzw. für „persons-in-contexts" (Swindle & Moos, 1992, S.1), wobei hier allerdings nicht im Vordergrund steht, wie der Mensch innerhalb dieses Gefüges auf seine Umwelt einwirkt, sondern vielmehr, wie spezifische Umwelten auf den Menschen einwirken. Im Gegensatz zur Persönlichkeitspsychologie handelt es sich bei der Ökologischen Psychologie aber (noch) nicht um eine fest etablierte Teildisziplin, sondern tatsächlich um eine spezifische „Perspektive", unter der sich ganz unterschiedliche Disziplinen betrachten lassen, die zum Teil auch außerhalb der Psychologie liegen. Wegen dieser Heterogenität wird es im folgenden unmöglich und für die vorliegende Arbeit auch irrelevant sein, alle Themen der Ökologischen Psychologie anzusprechen. Allerdings wird auf einige ökopsychologische Grundüberlegungen eingegangen, die im Rahmen der vorliegenden Arbeit deshalb relevant sind, weil dabei auf solche Aspekte der sozialen Interaktion fokussiert wird, die besonders in persönlichkeitspsychologischen Ansätzen unterbelichtet sind und die insofern eine wertvolle Bereicherung liefern.

2.2.2.1 Theorie der direkten Wahrnehmung nach Gibson und seinen Nachfolgern

Da sich Menschen nie außerhalb von bestimmten Umwelten bzw. Kontexten befinden können, dürfen aus einer ökopsychologischen Perspektive Menschen und Umwelten auch nie als voneinander getrennte Entitäten gedacht werden, sondern müssen als ein gemeinsames, „öko-behaviorales System" (Engemann, 1990, S.106) verstanden werden. Die Unmittelbarkeit, mit der Mensch und Umwelt innerhalb solcher Systeme aufeinander bezogen sind, wird vor allem an James J. Gibsons (1979) Theorie der direkten Wahrnehmung deutlich. Gibson (1979) geht davon aus, daß Objekten in der Umwelt bestimmte, unmittelbar wahrnehmbare „Affordanzen" (*affordances*, ebd., S.67) bzw. „Angebote" (Munz, 1990, S.140) inhärent sind. Gibson selbst nennt das Beispiel, daß ein am Boden liegender, stabiler, kniehoher Gegenstand mit glatter, ebener Oberfläche einem mittelgroßen Menschen unter anderem die „Angebote" macht, sich darauf zu setzen oder zu stellen. An diesem Beispiel wird mehreres deutlich: Zum einen, daß nach Gibsons Auffassung der Mensch sein Wissen aus objektiven physikalischen Eigenschaften der Umwelt bezieht, weshalb die von ihm begründete Sichtweise auch als „ökologischer Realismus" (Munz, 1990, S.138) bezeichnet wird. Allerdings weist Gibson darauf hin, daß die „Angebote" eines Objekts nicht mit dessen physikalischen Eigenschaften gleichgesetzt werden dürfen, da es nur die *für einen Menschen relevanten* Eigenschaften sind, die zu einem „Angebot" werden können. Zum zweiten wird deutlich, daß „Angebote" für den Menschen insofern unmittelbar relevant sind, als sie ihn bei seiner Umweltbewältigung unterstützten und somit eine adaptive Funktion ausüben. Schließlich zeigt das Beispiel auch noch, daß der Wahrnehmende an demselben Objekt in Abhängigkeit von seinen Zielen ganz unterschiedliche „Angebote" wahrnehmen kann.

Wie Gibson (1966) an anderer Stelle deutlich macht, bedeutet „Lernen" unter einer solchen Perspektive im wesentlichen, die Wahrnehmung darin zu schulen, die „Angebote" von Dingen zu erkennen. Da allerdings schon relativ einfach strukturierte Dinge der Wahrnehmung mehr „Angebote" machen, als diese verarbeiten kann, ist der Mensch gezwungen, seine Aufmerksamkeit auf die „wichtigen" Angebote der Umwelt zu richten. Welches die „wichtigen" Angebote der Umwelt sind, läßt sich allerdings nicht a priori angeben, sondern hängt ganz wesentlich auch von den Anforderungen ab, die eine spezifische Umwelt stellt. Insofern ist nach Gibson (1966) die Art, wie ein Individuum wahrnimmt, das Ergebnis seiner lebenslangen Auseinandersetzung mit bestimmten Umweltbedingungen: „The education of the perceptual systems depends mainly on the individual's history of exposure to the environment" (S.268). Damit geraten „wichtige Angebote" im Sinne Gibsons in die Nähe dessen, was Bruner, Goodnow und Austin (1967) als „criterial attributes" (S.30) bezeichnen. Damit sind diejenigen Wahrnehmungsinhalte gemeint, die ein Individuum bei seiner Handlungsregulation als entscheidende Kriterien heranzieht. Im vorliegenden Zusammenhang interessant ist die Tatsache, daß Bruner et al. (1967) davon die sogenannten „defining attributes" (S.30) abgrenzen; dabei handelt es sich um diejenigen Wahrnehmungsinhalte, die von der Gesellschaft normativ als entscheidend festgesetzt werden. Bruner et al. (1967) wählen zur Illustration das Beispiel des „sicheren Autofahrens" (S.30): Eine Gesellschaft kann mit der Festlegung bestimmter zulässiger Höchstgeschwindigkeiten Kriterien für „sicheres Autofahren" aufstellen. Ein Individuum in dieser Gesellschaft kann nun zwar für sich andere Kriterien als gültig erachten und sich somit über die normativen Kriterien hinwegsetzen, es kann sie jedoch nicht einfach ignorieren, sondern muß sich in bezug auf diese Kriterien verhalten, indem es z.B. Bußgelder in Kauf nimmt. Daran wird deutlich, daß die Umweltbedingungen, mit denen sich ein Individuum auseinandersetzt, auch sehr stark soziokulturell mitbedingt sind, so daß davon auszugehen ist, daß die Art der Wahrnehmung nicht nur individuell, sondern auch kulturell variiert. Sikkema und Niyekawa (1987) fassen diese Zusammenhänge folgendermaßen zusammen:

„In other words, perception is selective. In the process of growing up in a culture, the child learns to focus on those attributes important for obtaining essential information in his environment and to screen out the rest. What is attended to in Gibson's terms are the critical or distinctive features or 'criterial attributes' in the theories of Jerome Bruner and others" (S.16).

Eine solche Schlußfolgerung wird auch von einer Reihe sozialpsychologischer Studien gestützt, auf die noch eingegangen wird (vgl. Kap. 2.2.3). Sikkema und Niyekawa (1987) sehen daher im Aufbrechen kulturspezifischer Wahrnehmungsgewohnheiten den zentralen Schlüssel zur Initiierung interkultureller Lernprozesse und entwickeln auf dieser Basis ein interkulturelles Trainingsprogramm, in dem die Fähigkeit trainiert wird, auch solche „Angebote" der Umwelt wahrzunehmen, auf die aufgrund kulturspezifischer Wahrnehmungsgewohnheiten in der Regel nicht fokussiert wird.

Überlegungen, wie sie Sikkema und Niyekawa (1987) anstellen, sind allerdings nur dann gerechtfertigt, wenn es möglich ist, die Wahrnehmungstheorie von Gibson (1979) auf den Bereich der *sozialen* Wahrnehmung zu übertragen, was Gibson selbst nie gemacht hat. Nach Neisser (1997) ist dies allerdings relativ problemlos möglich: „Though Gibson himself did not make this extension, his claim about ecological perception transposes easily to the social case" (S.27). Einen systematischen Versuch dieser Art haben McArthur und Baron (1983) vorgelegt. Sie argumentieren, daß auch in der sozialen Wahrnehmung an verschiedenen Personen unterschiedliche „Angebote" wahrgenommen werden können: „what John affords me may or may not be the same as what John affords you" (S.218). Welche „Angebote" dabei an bestimmten Personen wahrgenommen werden, hängt im wesentlichen von den Zielen und Erwartungen des Wahrnehmenden ab. Diese Ziele und Erwartungen einer Person hängen nach Meinung der Autoren wiederum davon ab, welche umweltlichen Anforderungen sich der Person stellen. Dies ist nach McArthur und Bacon (1983) auch der Grund dafür, warum sich auf allen kulturellen Ebenen bis hin zur Ebene des Individuums Unterschiede bezüglich der Frage zeigen, welche „Angebote" der Umwelt wahrgenommen werden:

„Different information is essential to the behavioral goals of different people ... what people in one culture need to perceive may be different from what those in another culture need to perceive ... Thus, the ecological approach suggests that we may discover much of interest in the domain of individual differences in social perception if we begin our investigations with a careful analysis of what it is that various individuals most need to perceive in order to interact effectively with their social environment" (S.219f.).

Ein solcher Ansatz befindet sich in offensichtlicher Nähe zu dem in der kulturvergleichenden Psychologie entwickelten „öko-kulturellen Modell" von Berry (1976), in dem dieser den Versuch unternimmt, kulturelle Spezifika als Ergebnis der Anpassung an bestimmte natürliche Umwelten zu interpretieren. Der umweltdeterministische Standpunkt, der dabei durchschimmert, deutet allerdings auf die Schwierigkeiten hin, mit denen sich die ökopsychologische Perspektive auseinandersetzen muß: Man gewinnt bisweilen den Eindruck, daß manche ökopsychologisch orientierten Forscher bei dem zweifellos begrüßenswerten Unternehmen, individuumszentrierte Positionen aufzubrechen und für die Bedeutung verschiedenster Umweltfaktoren zu sensibilisieren, an einigen Stellen über das Ziel hinausschießen und somit auf ihre Art einseitig werden. In diesem Zusammenhang weisen etwa Eckensberger und Krewer (1990) zurecht darauf hin, daß „selbst natürliche Umwelt immer erst durch (kulturell mitbedingte) *Sinngebungen* zur Umwelt des Menschen wird" (S.72, Hervorhebung v. Verf.). Umso mehr gilt dies somit für nicht-natürliche Umwelten wie etwa die „behavior settings" im Sinne von Barker (1968). Aus diesem Grund wirkt es letztlich wenig überzeugend, wenn das Zustandekommen bestimmter Umweltbedingungen kaum reflektiert bzw. im Sinne eines „ökologischen Realismus" (s.o.) objektiviert wird, im Zuge dessen dann beispielsweise die Erkenntnistheorie von Kant kurzerhand als „a deep theoretical mess, a genuine quagmire" (Gibson, 1979, S.3) bezeichnet wird. Die Leistungen der genannten ökopsychologisch orientierten Forscher sollen damit nicht geschmälert werden. Wie noch deutlich werden wird, spielen z.B. einige Aspekte von Gibsons (1979) „theory of affordances" auch in der vorliegenden Arbeit eine wichtige Rolle. Ich schließe mich allerdings der Einschätzung von Eckensberger und Krewer (1990) an, daß ökopsychologische Überlegungen in handlungs- und kulturpsychologische Konzeptionen integriert werden müssen, was im weiteren Verlauf noch geschehen wird.

2.2.2.2 Kontextualistische Ansätze

Eine weitere theoretische Perspektive, die als „ökopsychologisch" bezeichnet werden kann, ist der „kontextualistische Ansatz" im Anschluß an das Werk des Sowjetrussen Lev Vygotsky (1997; russisches Original 1926). Auch der kontextualistische Ansatz betont das unauflösbare Eingebundensein des Menschen in bestimmte Umwelten, wobei Kontextualisten vor allem den *sozialen* Charakter dieser Umwelten herausstreichen. Auf diese Weise erlangt die soziale Interaktion auch innerhalb kontextualistischer Ansätze eine herausragenden Stellung. So ist Vygotsky (1997) der Auffassung, daß alle höheren geistigen Funktionen aus einer Internalisierung sozialer Interaktionen resultieren, woran deutlich wird, daß auch für ihn die Bedeutung natürlicher Umwelten letztlich erst durch soziale Vermittlung entsteht:

> „Ultimately, for man the environment is a social environment, because even where it appears to be a natural environment, nevertheless, in relation to man, there are always definite social elements present. In his interaction with the environment, man always makes use of his social experience" (S.53f.).

An einem individuumszentrierten Menschenbild, wie es in vielen persönlichkeitspsychologischen Theorien dominiert, ist aus kontextualistischer Perspektive somit vor allem zu kritisieren, daß dort beispielsweise die Ziele eines Menschen als etwas genuin Subjektives angesehen werden, das in weitgehender Unabhängigkeit von einem sozialen Kontext gebildet wird (vgl. Kap. 2.2.1.1). Statt dessen ist aber davon auszugehen, daß ein spezifischer sozialer Kontext die Verfolgung bestimmter Ziele nahelegt, was dem Individuum möglicherweise erst dann bewußt wird, wenn es in einen neuen sozialen Kontext gerät. So zeigen beispielsweise die Forschungen zur Reintegrationsproblematik, daß ein längerer Aufenthalt in einem neuartigen sozialen Kontext die Ziele, Einstellungen und Werte einer Person zum Teil in sehr dramatischer Weise verändern kann (z.B. Hirsch, 1992). Somit spiegelt nach kontextualistischer Auffassung eine individuumszentrierte Sichtweise des Menschen eine kulturspezifische, „westliche" Vorstellung vom Menschen wider, die sich aufgrund der dort herrschenden gesellschaftlichen Bedingungen gebildet hat:

„In der westlichen Welt haben das demokratische Politikverständnis, die Betonung der Rechte des einzelnen und in den USA auch das traditionelle romantische Ideal des auf sich allein gestellten Mannes, der – von seiner Familie getrennt – auf der Suche nach neuem Land westwärts zieht, die Aufmerksamkeit ... auf das isolierte, autonome Individuum gelenkt“ (Miller, 1993, S.340).

Eine solche Sichtweise wird von kulturvergleichenden Untersuchungen zum Selbstkonzept durchaus unterstützt. So kommen beispielsweise Markus und Kitayama (1991) in ihrem einschlägigen Review zu dem Ergebnis, daß die westliche Konzeptualisierung des Selbst als „an entity containing significant dispositional attributes, and as detached from context“ keine universale Gültigkeit beanspruchen kann. Die Autoren stellen diesem Selbstbild eine Konzeptualisierung gegenüber, die dem Selbstverständnis von Menschen in sogenannten „kollektivistischen“ Kulturen (Triandis, 1995) eher entspricht. Entsprechend unterscheiden sie eine „unabhängige“ (*independent*, S.226) von einer „verflochtenen“ (*interdependent*, S.227) Konzeption des Selbst. Sie unterscheiden sich im Kern darin, wie das Verhältnis zwischen Selbst und sozialem Kontext wahrgenommen wird, wie an folgender Graphik deutlich wird:

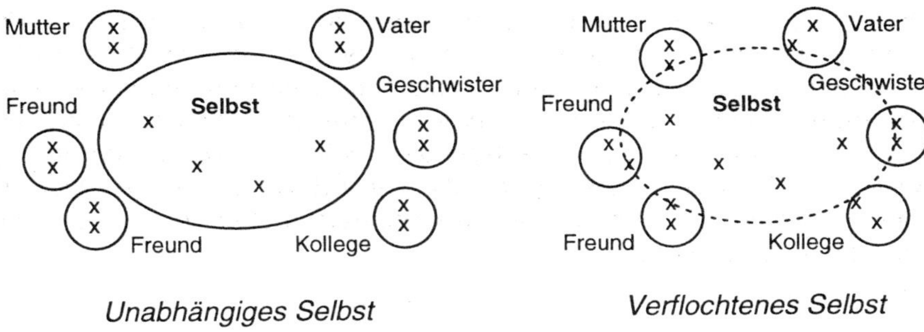

Abbildung 2: Konzeptionen des Selbst nach Markus und Kitayama (1991, S.226)

Wie die Graphiken deutlich machen, nimmt sich das unabhängige Selbst als ein weitgehend autonomes Handlungszentrum wahr, dessen einzelne Identitätsanteile (durch „x“ gekennzeichnet) vom sozialen Kontext klar abgegrenzt sind. Demgegenüber sieht sich das verflochtene Selbst als Teil seines sozialen Kontextes und somit in diesen hineinverwoben. Man mag an dieser Darstellung von Markus und Kitayama (1991) kritisieren, daß ihre Gegenüberstellung etwas schematisch zugespitzt ist, und daß sich in ihrem Modell der „soziale Kontext" auf „nahe Bezugspersonen" zu beschränken scheint. Entscheidend scheint mir im Rahmen der vorliegenden Arbeit allerdings ein anderer Punkt zu sein, der hier zum Ausdruck kommt: Das Selbst ist offensichtlich keine psychische Entität, die „immer schon" vorhanden ist, sondern es ist eine Konzeptualisierung, die aus dem jeweiligen sozialen Kontext in spezifischer Weise ausgegliedert wird. Für eine solche, kontextualistische Sichtweise sprechen auch neuere Forschungsergebnisse zur Entwicklung des Selbstkonzepts, auf die an anderer Stelle noch ausführlich eingegangen wird (vgl. Kap. 2.3.4). Sie zeigen, daß sich jener Teil des Selbst, der als Selbstkonzept bezeichnet werden kann, erst zwischen dem dritten und vierten Lebensjahr entwickelt, und daß die Art, wie sich dieses Selbstkonzept ausformt, starken kulturellen Einflüssen unterliegt.

Das Selbst ist somit aus kontextualistischer Perspektive eine von vielen Konzeptualisierungen, die aus dem sozialen Kontext ausgegliedert werden, wenn auch vielleicht die wichtigste und ausdifferenzierteste. Noch deutlicher als bei Markus und Kitayama (1991) wird dies in einem Modell von Swindle und Moos (1992). Ähnlich wie Barker (1968) gehen Swindle und Moos (1992) davon aus, daß sich das menschliche Leben in einem Mosaik mehr oder weniger eng verwobener „life domains" (S.4) abspielt. Beispiele für solche „life domains" wären etwa der Arbeitsplatz, die Ehe oder der Freundeskreis. In ihnen sind nicht nur bestimmte Personen bzw. die Beziehungen zu diesen Personen repräsentiert, sondern auch eine Reihe von konzeptuellen Überlegungen, wie z.B. Zielvorstellungen. Bestimmte Zielvorstellungen (wie z.B. die Erhaltung der Gesundheit) können so dominant sein, daß sie Lebensbereiche übergreifen und somit eine eigene Domäne bilden:

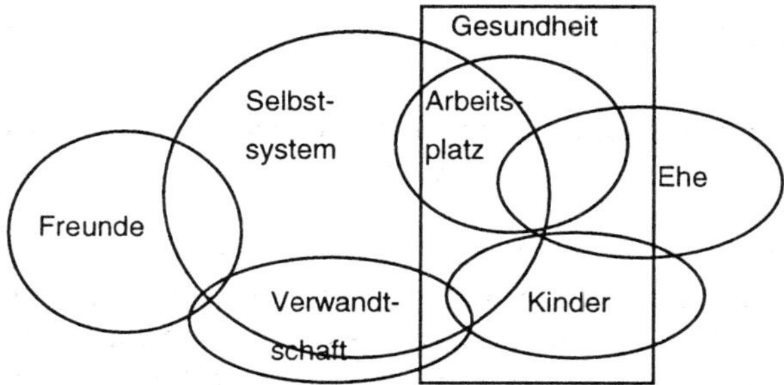

Abbildung 3: Das Selbst in seinen Lebensbereichen nach Swindle und Moos (1992, S.5)

Obwohl auch diese Graphik – ähnlich wie die von Markus und Kitayama (1991) – recht schematisch ist, so deutet sie doch immerhin an, daß nicht nur das Selbst, sondern auch bestimmte Zielvorstellungen aus einem sozialen Kontext ausgegliedert werden. Darüber hinaus illustriert diese Darstellung auch die enge Verwobenheit der verschiedenen Konzeptualisierungen. Allerdings verzichten Swindle und Moos (1992) auf eine Betrachtung ihrer Konzeption aus einer kulturellen Perspektive. Wird diese berücksichtigt, so ist aufgrund der bisherigen Ausführungen zu vermuten, daß die Beantwortung der Frage, welche Lebensbereiche aus dem sozialen Kontext ausgegliedert werden und wie diese mit dem Selbst verwoben sind, von den „Angeboten" abhängt, die ein spezifischer sozialer Kontext bietet.

2.2.2.3 Zusammenfassung und Würdigung

Zusammenfassend können wir feststellen, daß die ökopsychologische Perspektive den Blick vom Individuum weg und hin zu der Umwelt lenkt, in der das Individuum lebt. Dabei wird deutlich, daß nicht nur das Individuum seiner Umwelt Sinn verleiht, sondern daß die Umwelt ihrerseits einen kulturell entstandenen „Bedeutungskosmos" (Laucken, 1996, S.166) an das Individuum heranträgt. Wie vor allem Gibson (1966; 1979) zeigt, macht uns dieser Bedeutungskosmos mehr „Angebote", als wir wahrnehmen können, so daß ein zentrales Element von Lernprozessen darin besteht, die Wahrnehmung im Erkennen von Umweltangeboten zu schulen. Werden solche Überlegungen auf den Bereich der *sozialen* Umwelt übertragen, so zeigen sich auf allen kulturellen Ebenen bis hin zur Ebene des Individuums Unterschiede bezüglich der Frage, welche „Angebote" der Umwelt wahrgenommen werden. Wir wir schließlich von den sogenannten „Kontextualisten" lernen können, resultieren aus der Interaktion mit der sozialen Umwelt einige kontextspezifische Konzeptualisierungen, wie z.B. das eigene Selbst und verschiedene Zielvorstellungen. Die kontextualistische Perspektive betrachtet die soziale Interaktion somit auf einer Makroebene, wodurch Erkenntnisse über das prinzipielle Verhältnis von Personen zu ihren sozialen Umwelten möglich werden. Dabei wird allerdings nichts darüber ausgesagt, wie konkrete soziale Interaktionen zwischen verschiedenen Personen ablaufen. Um auch diese eher mikroanalytische Ebene betrachten zu können, wird im folgenden eine sozialpsychologische Perspektive eingenommen.

2.2.3 Sozialpsychologische Perspektiven

Nachdem nun deutlich geworden ist, daß sowohl die Persönlichkeitspsychologie als auch die ökopsychologische Perspektive nur mittelbaren Zugang zur sozialen Interaktion gewähren, liegt die Vermutung nahe, daß man beim Gang in die Sozialpsychologie gleichsam in die „Heimat" dieses Begriffes gelangt. Auch dies ist allerdings nur teilweise richtig. Wie etwa Graumann (1979) in einem Aufsatz mit dem bedeutungsvollen Titel „Die Scheu des Psychologen vor der Interaktion" (gemeint ist vor allem der Sozialpsychologe) darlegt, ist auch die Geschichte der Sozialpsychologie nicht frei von blinden Flecken und einer damit verbundenen „Krise". Im vorliegenden Zusammenhang erscheint es im übrigen bemerkenswert, daß dabei auch gegen die Sozialpsychologie der Vorwurf des „Provinzialismus" (ebd., S.287) erhoben wird. Damit ist der in Kap. 1.1 bereits angesprochene und meistens gegen die Allgemeine Psychologie vorgebrachte Vorwurf der unreflektierten Generalisierung von Forschungsergebnissen über Kulturgrenzen hinweg gemeint. Graumann (1979) schreibt dazu:

> „Andrerseits sollten aber gerade der Sozialpsychologie, der interkulturelle Variation seit WUNDTs Völkerpsychologie, der Intergruppendifferenzen spätestens seit LEWIN vertraut sind, die Ethnozentrismus spätestens seit der Kalifornischen Schule auf ihrem Forschungsprogramm hat, die Fehler vorschneller bzw. nicht begründeter Verallgemeinerung von Urteilen fremd sein" (S.287).

Wie der Titel dieses Aufsatzes bereits andeutet, macht Graumann (1979) der Sozialpsychologie weiterhin zum Vorwurf, daß sie nicht die eigentliche soziale Interaktion zum Forschungsthema macht, sondern eine Art „Sozialpsychologie vom Individuum" (S.294) betreibt: „Das eigentlich Interaktionale, etwa als Wechselwirkung, wird explizit ausgespart" (ebd.).

Seit etwa dem Beginn der 80er Jahre lassen sich in der Sozialpsychologie allerdings zumindest zwei Ansätze beobachten, die entgegen diesem Vorwurf die soziale Interaktion unmittelbar zum Forschungsthema machen. Es sind dies zum einen die Arbeiten zur mentalen Repräsentation sozialer Situationen von Joseph Forgas (1979; 1982; 1983), deren Ergebnisse auch kulturvergleichend analysiert worden sind (Forgas & Bond, 1985), sowie zum anderen einige Arbeiten, die sich auf phänomenologisches Gedankengut stützen und auf dieser Basis explizit Fragen der Wechselseitigkeit und Intersubjektivität behandeln (z.B. Fischer, 1981; Graumann, 1989). Forgas' Untersuchungen mit australischen Versuchspersonen zeigen im wesentlichen, daß soziale Situationen entlang einer relativ kleinen Zahl (2-5) von Merkmalsdimensionen (z.B. angenehm vs. unangenehm, intim vs. formal) mental repräsentiert sind. Seine Ergebnisse zeigen allerdings auch, daß die Art und die Anzahl der dabei verwendeten Merkmalsdimensionen sehr stark von der jeweils untersuchten Personengruppe abhängt. Die kulturvergleichende Untersuchung von Forgas und Bond (1985) zeigt darüber hinaus, daß die namentlich gleiche mentale Repräsentation von unterschiedlichen Merkmalen der sozialen Situation ausgelöst sein kann: So klassifizierten beispielsweise sowohl chinesische als auch australische Probanden soziale Situationen entlang der Merkmalsdimensionen „involved vs. uninvolved" und „task vs. social", nahmen diese Klassifikationen allerdings aufgrund ganz unterschiedlicher Situationsmerkmale vor. Offenbar sind also auch die Situationsmerkmale, die Forgas im Rahmen seiner Untersuchungen identifiziert, noch zu kontextabhängig, als daß sie als kulturübergreifende Kategorien herangezogen werden könnten.

2.2.3.1 Strukturanalysen der sozialen Interaktion

Weniger um inhaltliche als vielmehr um strukturelle Aspekte sozialer Interaktionen geht es in jenen sozialpsychologischen Studien, die in einer phänomenologischen Tradition stehen. Phänomenologisch orientierte Psychologen sind inspiriert vom umfangreichen Werk des Philosophen Edmund Husserl, das an vielen Stellen weit in die Psychologie hineinragt. So hat sich Husserl beispielsweise ausführlich mit dem Problem der Intersubjektivität auseinandergesetzt (vgl. Kern, 1973), das für jede Form der sozialen und somit auch interkulturellen Interaktion zentral ist. So schreibt etwa Waldenfels (1971) in seinen „sozialphilosophischen Untersuchungen im Anschluss an Edmund Husserl" vom „Zwischenreich des Dialogs", in dem sich zwei verbal interagierende Personen befinden. Dies erinnert an den in der interkulturellen Forschung gebrauchten Begriff der „kulturellen Überschneidungssituation", der bereits erwähnt worden ist (vgl. Kap. 2.1.1.1). Hier ist damit gemeint, daß im Dialog mit anderen zum Selbst der Person zwei weitere Bezugspunkte hinzutreten: der Andere sowie der sachliche Gegenstand der Interaktion. Aus diesem Grund läßt sich Folgendes feststellen:

„Konstitutiv für das dialogische Zusammenwirken ist eine dreifache Verhaltensrichtung: *Sach-* und *Fremdverhältnis* und das darin beschlossene *Selbstverhältnis*. Ich wende mich an jemand wegen etwas, arbeite mit ihm an einem Werk, spreche mit ihm über eine Sache. Diese trinarische Struktur ist rein zu halten von allen Umdeutungen" (Waldenfels, 1971, S.134).

Die einfachste denkbare soziale Interaktion besteht somit aus zwei Personen und einem sachlichen Gegenstand, wodurch drei Beziehungsverhältnisse entstehen: Ein *sachlicher* Bezug zwischen den Personen und dem Gegenstand, ein *interpersonaler* Bezug zwischen den Personen, sowie ein *subjektiver* Bezug der Personen zu sich selbst. Eine solche Strukturanalyse der sozialen Interaktion ist in der Sozialpsychologie keineswegs neu. Sie ist im Grunde bereits in den balancetheoretischen Überlegungen von Heider (1946) angelegt und wird spätestens 1953 im sogenannten „A-B-X System" von Newcomb expliziert. In dessen Aufsatz wird der soeben dargestellte Sachverhalt auch graphisch illustriert, wobei mit A und B die beiden Interaktionspartner bezeichnet werden und mit X der gemeinsame Gegenstand:

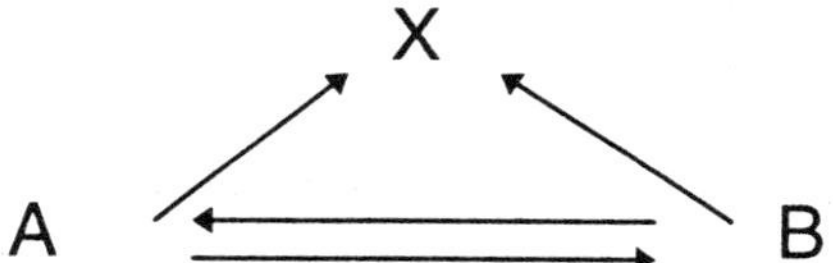

Abbildung 4: Minimales A-B-X System nach Newcomb (1953, S.394)

Es dauerte allerdings 28 Jahre, bis dieses Strukturmodell der sozialen Interaktion von Fischer (1981) aufgegriffen und weiterentwickelt wurde. Wie bereits Newcomb (1953, S.401) ausführt, ergibt sich dieses dreigliedrige System für jeden der beiden Interaktionspartner zweifach, nämlich einmal aus der eigenen (A) und einmal aus der fremden (B) Perspektive. Wie Fischer (1981) nun ergänzt, besteht „der eigentliche Akt der Ko-Orientierung" (S.77) nun darin, Vermutungen darüber anzustellen, wie sich diese drei Elemente aus der Perspektive des Interaktionspartners darstellen. Graphisch läßt sich dies folgendermaßen veranschaulichen:

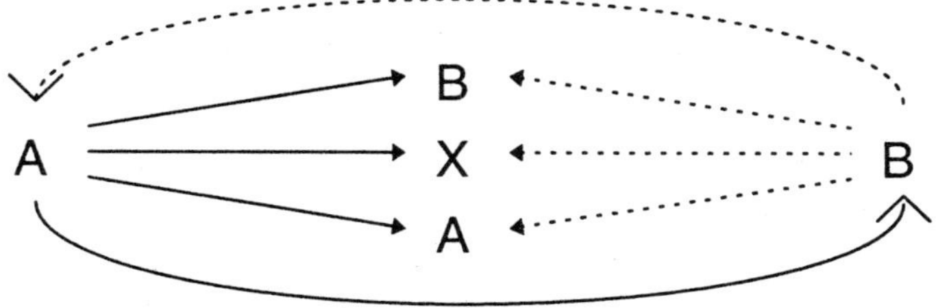

Abbildung 5: Phänomenales A-B-X System aus der Sicht von A (nach Fischer, 1981, S.77)

Die durchgezogenen Pfeile kennzeichnen die unmittelbaren Wahrnehmungen von A, die gestrichelten Pfeile die Vermutungen von A über die Wahrnehmungen von B. Die beiden äußeren Pfeile stellen die von Fischer (1981) ergänzten möglichen Akte der Ko-Orientierung dar.

Ganz im Sinne der Balancetheorie geht Newcomb (1953) davon aus, daß Interaktionsschwierigkeiten dann auftreten, wenn dieses System aus dem Gleichgewicht gerät. Dies ist dann der Fall, wenn die vermuteten Ansichten von A über B nicht mit dessen tatsächlichen Ansichten übereinstimmen. Dies wiederum ist umso wahrscheinlicher, je unterschiedlicher die sozialen Kontexte sind, die die Handlungen der beiden Akteure leiten. Hieran wird die unmittelbare Relevanz dieses Modells für die Interkulturelle Psychologie deutlich. Entsprechend lassen sich Überlegungen dieser Art in Ansätzen auch in der interkulturellen Forschung finden, wenn etwa festgestellt wird, daß Personen im Rahmen interkultureller Interaktionen ein „Selbstbild", ein „Fremdbild" und ein „vermutetes Fremdbild" (Thomas, Kammhuber & Layes, 1997, S.46) ausbilden. Solche Begriffe können mit Hilfe dieses Modells klar verortet werden. Allerdings zeigt das Modell auch, daß damit nicht alle „Bilder" benannt sind, die in eine interkulturelle Interaktion einfließen und dort zur Quelle von Irritationen werden können. So fehlen etwa die eigene und die vermutete Wahrnehmung des Interaktionsgegenstandes, obwohl Beispiele aus der interkulturellen Forschung Anlaß zu der Vermutung geben, daß dies ein häufiges Problem interkultureller Interaktionen darstellt. So schildern etwa Müller und Thomas (1991, S.131) ein critical incident, bei dem eine deutsche Studentin in den USA eine Reihe von Freizeitaktivitäten mit einem amerikanischen Kommilitonen als unverbindliche Zusammenkünfte wahrnimmt, während der amerikanische Kommilitone dieselben Treffen als aufeinander aufbauende Teile eines „datings" mit eindeutiger Beziehungsperspektive interpretiert. Das für beide Seiten irritierende Ende dieser Treffen ist ein Resultat dessen, daß beide Seiten vermuten, daß die jeweils eigene Wahrnehmung des Interaktionsgegenstandes vom Partner geteilt wird.

2.2.3.2 Attributionstheorie

Wenn somit die permanente Hypothesenbildung über das Erleben einer anderen Personen offenbar zum Wesen der sozialen Interaktion gehört, dann erhebt sich die Frage, wie solche Vermutungen über das Innerpsychische einer anderen Person überhaupt zustande kommen. Dies führt in einen weiteren großen Bereich der Sozialpsychologie: die Attributionsforschung, deren Erkenntnisse unter anderem zur Entwicklung der Attributionstrainings in der interkulturellen Trainingsforschung geführt haben, zu denen auch das „intercultural sensitizer"-Training zählt (vgl. Kap. 2.1.3.2). Die ebenfalls auf Heider (1944) zurückgehende Attributionstheorie beschäftigt sich mit der Frage, wie sich Menschen Ereignisse bzw. Verhaltensweisen bei sich selbst und anderen erklären und von welchen Bedingungen die dabei vorgenommenen Attributionen abhängen. Wie Abele (1995) nach einer Durchsicht der Literatur feststellt, kann zunächst festgestellt werden, „daß Kausalattributionen insbesondere dann vorgenommen werden, wenn Ereignisse unerwartet sind und/oder negativ bewertet werden. Darüber hinaus wurde postuliert, daß Kausalattributionen vermehrt dann auftreten, wenn Situationen mehrdeutig sind, wenn sie neu sind und wenn sie subjektiv sehr bedeutsam sind" (S.15). Im Hinblick auf die Frage, *wie* solche Attributionen vorgenommen werden, gilt ein Befund von Ross (1977) als einschlägig, der zeigt, daß Personen dazu tendieren, eigenes Verhalten „external" zu attribuieren, d.h. unter Bezugnahme auf äußere Umstände, während gleichzeitig das Verhalten anderer Personen eher „internal" attribuiert wird, d.h. unter Bezugnahme auf Persönlichkeitsdispositionen. Dieses Phänomen ist unter dem Begriff „fundamentaler Attributionsfehler" (*fundamental attribution error*; Ross, 1977, S.184) in die Literatur eingegangen. Wie Smith und Bond (1998) darlegen, ist allerdings auch die Gültigkeit dieses Phänomens nicht so weitreichend, wie der Begriff „fundamental" vermuten lassen könnte. Die beiden Autoren listen eine ganze Reihe von kulturvergleichenden Untersuchungen auf, die den Schluß nahelegen, daß dieses Phänomen auf „individualistische" Kulturen (Triandis, 1995), „idiozentrische" Individuen (Triandis, Leung, Villareal & Clack, 1985) bzw. Individuen mit einem spezifischen Selbstkonzept (Markus & Kitayama, 1991) beschränkt ist. Smith und Bond (1998) interpretieren dies dahingehend, daß Menschen bei der Erklärung von Verhalten in kulturabhängiger Weise ihre Aufmerksamkeit auf unterschiedliche Aspekte einer Situation richten.

Diese Schlußfolgerung von Smith und Bond (1998) steht in völligem Einklang mit ökopsychologischen Wahrnehmungstheorien (vgl. Kap. 2.2.2), die auch von einigen anderen Studien im Bereich der sozialen Kognition gestützt werden. So zeigt etwa eine Untersuchungsserie von Dworkin und Goldfinger (1985), daß Menschen nicht nur bei der Wahrnehmung, sondern auch bei der Antizipation und Erinnerung sozialer Situationen einen systematischen „processing bias“ (S.480) produzieren, der darin besteht, daß bestimmte Aspekte einer sozialen Situation fokussiert und im gleichen Zug andere Aspekte ausgeblendet werden. Dies führt zu Unterschieden in der Antizipation, Wahrnehmung und Erinnerung sozialer Situationen, die Dworkin und Goldfinger nicht erst auf der Ebene von Kulturen, sondern bereits auf der Ebene von Individuen finden. Auch Dworkin und Goldfinger nehmen bei der Erklärung dieses Phänomen explizit bezug auf die Wahrnehmungstheorie von Gibson (1979) und vermuten dementsprechend, daß eine soziale Situation dem Wahrnehmenden eine so große Anzahl potentieller „Angebote“ macht, daß er diese unmöglich alle zur gleichen Zeit fokussieren kann und somit gezwungen ist, eine bestimmte Auswahl zu treffen.

Es wird deutlich, daß beim Wahrnehmen und Verarbeiten sozialer Situationen offenbar verschiedene Aspekte fokussiert werden können, und daß Individuen und Kulturen sich darin unterscheiden, welche dieser Aspekte sie akzentuieren. Unterschiedliche Akzentuierungen wiederum führen offenbar zu unterschiedlichen Kausalattributionen. Wie Abele (1985; 1995) zurecht bemerkt, erschöpft sich das Nachdenken über soziale Situationen aber nicht im Vornehmen von Kausalattributionen. Statt dessen ist davon auszugehen, daß solche Situationen eine ganze Reihe von sozialen Kognitionen auslösen, von denen nur einige kausaler Natur sind. Ausgehend von dieser Überlegung legt die Autorin als Resultat einer Untersuchungsserie eine Taxonomie sozialer Kognitionen vor, in der „evaluierende“, „kausale“ und „finale“ Kognitionen (Abele, 1995, S.13) unterschieden werden. Wie die Autorin weiter ausführt, erfüllen diese Kognitionsarten in Verbindung mit bestimmten Situationsaspekten, auf die sie gerichtet sind, spezifische Funktionen. So erfüllt beispielsweise eine auf sich selbst gerichtete, evaluierende Kognition eine „Informationsintegrationsfunktion“, während eine auf sich selbst gerichtete, finale Kognition eine „Handlungsplanungsfunktion“ ausübt (Abele, 1985; S.329). Eine dritte Funktion sieht Abele (1995, S.15) in der „Kontrolle negativer Befindlichkeiten“. Wenn man auch darüber diskutieren kann, ob diese konkreten Zuordnungen in jedem Falle nachvollziehbar sind, so besteht Abeles Verdienst zweifellos darin, gezeigt zu haben, daß sich eine Analyse sozialer Kognitionen nicht in der Identifikation von Kognitions*inhalten* erschöpfen darf, sondern auch gleichzeitig verschiedene Kognitions*arten* unterscheiden muß. Mit anderen Worten ist es bei der Analyse sozialer Kognitionen nicht nur von Interesse, auf *welchen* Situationsaspekt eine Person fokussiert, sondern auch, *wie* sie über diesen Aspekt nachdenkt.

2.2.3.3 Zusammenfassung und Würdigung

Wir können festhalten, daß die Sozialpsychologie zum Verständnis sozialer Interaktionen im wesentlichen zwei Beiträge liefert. Zum einen stellt sie Strukturanalysen bereit, die deutlich machen, daß die soziale Interaktion eine dreigliedrige Struktur mit (mindestens) zwei Akteuren und einem Interaktionsgegenstand darstellt, innerhalb derer spezifische Beziehungsverhältnisse bestehen. Gerade unter interkultureller Perspektive darf dabei allerdings nicht vergessen werden, daß es keine „kontextlosen" sozialen Interaktionen gibt, sondern daß jeder der Akteure einen handlungsleitenden sozialen Kontext in die Interaktion hineinträgt. Je stärker sich diese Kontexte unterscheiden, desto höher ist die Wahrscheinlichkeit, daß die Interaktion aus der Balance gerät, d.h. daß es zu Mißverständnissen zwischen den Akteuren kommt.

Der zweite Beitrag der Sozialpsychologie besteht in der Analyse der sozialen Kognitionen und insbesondere der Attributionsprozesse, die durch das Erleben sozialer Episoden ausgelöst werden. Hier zeigt sich, daß die unterschiedlichen Aspekte einer sozialen Situation bei der Antizipation, Wahrnehmung und Erinnerung zu Ankern werden können, auf die sich die Aufmerksamkeit fokussiert, wodurch gleichzeitig andere Situationsaspekte ausgeblendet werden. Im Hinblick auf die Frage, welche Situationsaspekte dabei fokussiert bzw. ausgeblendet werden, zeigen sich individuelle und kulturelle Unterschiede. Wie Abele (1985; 1995) schließlich gezeigt hat, können soziale Kognitionen aber nicht nur danach unterschieden werden, *welche* Situationsaspekte fokussiert werden, sondern auch danach, *wie* darüber nachgedacht wird. Dies ist insofern wichtig, als bestimmte Kombinationen aus Kognitionsart und -inhalt nach Abele (1995) drei grundlegende psychische Funktionen erfüllen.

2.2.4 Klinische Perspektiven

Auch innerhalb der Klinischen Psychologie stellt die soziale Interaktion einen besonders zentralen Analysegegenstand dar. Dies hat seine Gründe darin, daß erstens „psychische Störungen zu einem wesentlichen Teil als

Beziehungsstörungen aufgefasst werden können“ (Grawe, Donati & Bernauer, 1994, S.776), daß zweitens „das zwischenmenschliche Geschehen in der Therapie eines der wichtigsten Mittel ist, um therapeutische Veränderungen herbeizuführen“ (ebd., S.778), und daß drittens „sich Psychotherapie immer in zwischenmenschlichen Beziehungen abspielt“ (ebd., S.781). Die beiden letztgenannten Gründe deuten auch gewisse Parallelen an, die zwischen der Therapeut-Klient-Beziehung im Therapiegeschehen und der Trainer-Trainee-Beziehung in interkulturellen Trainingsmaßnahmen bestehen. Entsprechend ordnen Kealey und Protheroe (1996) interkulturelle Trainings zusammen mit psychotherapeutischen Maßnahmen auf *einem* Kontinuum an (S.146) und stellen fest, daß sich diese Interventionsformen vor allem darin unterscheiden, wie fundamental die angestrebten Veränderungen sind. Zwar zeigen sich bei einer näheren Analyse dieser Interventionsformen noch weitere und auch wesentliche Unterschiede, so daß dieser Vergleich nicht überstrapaziert werden darf. Trotzdem kann m.E. die interkulturelle Trainingsforschung von einem unvoreingenommenen Blick in die psychotherapeutische Wirkungsforschung durchaus profitieren. In diesem Bereich hat sich in den letzten Jahren vor allem Klaus Grawe hervorgetan, auf dessen umfangreiche Arbeiten im folgenden vor allem bezug genommen wird.

2.2.4.1 Theorie der Psychotherapie nach Grawe

Grawe, Donati und Bernauer stellen in einem 1994 in erster Auflage erschienenen Werk die bisher umfangreichste Meta-Analyse von Psychotherapiestudien vor. Darin werden insgesamt 897 kontrollierte Psychotherapiestudien, die zwischen 1936 und 1983 publiziert worden sind, in einer vergleichenden Meta-Analyse gegenübergestellt. Ein zentrales Fazit des voluminösen Werkes von Grawe et al. (1994) ist die Feststellung, daß das Therapiegeschehen immer gleichzeitig aus folgenden drei Perspektiven gesehen werden muß (S.749-787):

- „Problembewältigungsperspektive“
- „Klärungsperspektive“
- „Beziehungsperspektive“

In einem nachfolgenden Werk von 1998 versucht Grawe, auf den Ergebnissen dieser Meta-Analyse aufbauend ein umfassendes psychologisches Therapiemodell zu entwickeln. Ohne auf die Einzelheiten dieses ebenfalls sehr umfangreichen Werkes einzugehen läßt sich festhalten, daß Grawe hier die genannten drei Perspektiven mit drei Wirkprinzipien von

Psychotherapie in Verbindung bringt. In teilweiser Anlehnung an das Rubikon-Modell von Heckhausen (1989, S.212) bezeichnet Grawe (1998) diese Wirkprinzipien als (a) „Intentionsrealisierung", (b) „Intentionsveränderung" und (c) „Ressourcenaktivierung" (S.87-99). Das Prinzip „Intentionsrealisierung" meint, den Patienten dabei zu unterstützen, im Sinne feststehender Intentionen bestimmte Probleme besser bewältigen zu können. Dieses Prinzip befindet sich somit auf der Ebene einer Problembewältigungsperspektive, und entsprechend bezeichnet Grawe solche Therapieformen, in denen dieses Prinzip dominiert, als „bewältigungsorientiert" (ebd., S.48). Demgegenüber soll mit dem Prinzip der „Intentionsveränderung" dem Patienten dabei geholfen werden, „die Aufmerksamkeit auf sich selbst zurückzuwenden, auf das, was man tut, wie man es tut und warum man es tut" (ebd., S.78). Somit befindet sich dieses Prinzip auf der Ebene einer Klärungsperspektive, und entsprechend bezeichnet Grawe solche Therapieformen, in denen dieses Prinzip dominiert, als „klärungsorientiert" (S.48). Das dritte und nach Grawe grundlegendste Prinzip der „Ressourcenaktivierung" meint, auf das Positive (die Ressourcen) im Patienten zu fokussieren, dadurch seinen Selbstwert zu erhöhen, ihm eine positive Beziehungserfahrung zu verschaffen, ihm das Gefühl der Orientierung und Kontrolle zu geben und somit letztlich sein allgemeines Wohlbefinden zu steigern.

Zu dem letztgenannten Prinzip der Ressourcenaktivierung, das sich auf der Ebene der Beziehungsperspektive befindet, sind noch drei Dinge zu ergänzen: Erstens wird deutlich, wie Grawe hier die vier Grundbedürfnisse von Epstein (vgl. Kap. 2.2.1) aufgreift und gewissermaßen auf drei Bereiche reduziert: Seiner Meinung nach führt die gleichzeitige Befriedung der drei Grundbedürfnisse Selbstwerterhöhung, Bindung und Orientierung/Kontrolle im Sinne des „Konsistenzprinzips" (vgl. Kap. 2.2.1.2) zu Lustgewinn bzw. allgemeinem Wohlbefinden. Zweitens erklärt nach Grawe das Prinzip der Ressourcenaktivierung, warum es in sehr vielen Fällen bereits innerhalb der allerersten Therapiestunden zu einer Verbesserung des Wohlbefindens des Patienten kommt (Howard, Kopta, Krause & Orlinsky, 1986): Durch die bloße Etablierung einer positiven Therapeut-Patient-Beziehung werden im Patienten Bedürfnisse befriedigt, die gerade auch infolge seiner Symptomatik durch sein sonstiges soziales Umfeld häufig nicht befriedigt werden. Drittens ist Grawe der Auffassung, daß aufgrund des soeben genannten Phänomens die Etablierung einer positiven Therapeut-Patient-Beziehung und die damit verbundene Ressourcenaktivierung eine notwendige Bedingung für die Wirksamkeit einer psychotherapeutischen Maßnahme darstellt. Damit nimmt das Wirkprinzip der Ressourcenaktivierung in Grawes Konzeption eine Sonderstellung ein, da er es in jeder erfolgreichen Therapie als gegeben ansieht. In bezug auf die beiden anderen Wirkprinzipien – Intentionsrealisierung und Intentionsveränderung – nimmt Grawe dagegen an, daß sie in einer Therapieform auch fehlen bzw. schwach ausgeprägt sein können, ohne daß sich dies negativ auf den Therapieerfolg auswirken muß.

Wie sich hier andeutet, ist Grawe der Auffassung, daß sich unterschiedliche therapeutische Vorgehensweisen danach unterscheiden lassen, aus welcher Perspektive sie das therapeutische Geschehen betrachten und welche Wirkungen dementsprechend angestrebt werden. Hier zeigt sich eine deutliche Parallele zu interkulturellen Trainingskonzeptionen, da auch diese sich danach unterscheiden lassen, auf welcher Ebene sie den Lernbedarf in interkulturellen Trainings verorten und welche Trainingsziele sie dementsprechend anstreben. Die Perspektiven, die dabei eingenommen werden, lassen sich im Grunde genommen mit den gleichen Begriffen bezeichnen, die Grawe et al. (1994) vorschlagen, was besonders an der Taxonomie interkultureller Trainings von Brislin (1989) deutlich wird: Interkulturelle Trainings, die sich darauf konzentrieren, durch die Veränderung von Verhaltensweisen die Trainees beim Erreichen ihrer Ziele zu unterstützen, sind offenbar aus einer Problembewältigungsperspektive konzipiert. Demgegenüber sind interkulturelle Trainings, die den Schwerpunkt darauf legen, durch die Veränderung des emotionalen Erlebens der Trainees deren Beziehungsgestaltung zu erleichtern, eher aus einer Beziehungsperspektive konzipiert. Schließlich sind solche interkulturellen Trainings, die sich darauf konzentrieren, durch die Veränderung von Denkkonzepten ein Verständnis für fremde Sinnsysteme zu schaffen, aus einer Klärungsperspektive konzipiert.

Wie Grawe weiter ausführt, läßt sich die Frage, ob eine bewältigungs- oder klärungsorientierte therapeutische Ausrichtung angezeigt ist, nicht pauschal beantworten, sondern hängt von der Ausgangssituation des Patienten ab. Entsprechend kann auch das, was im Patienten gefördert werden soll, ganz unterschiedlich sein. Grawe (1998, S.48) zitiert in diesem Zusammenhang eine Untersuchung von Jeger (1996), die zeigt, daß erfolgreiche Verhaltenstherapien (bewältigungsorientiert) zu einer Steigerung der „Handlungsorientierung" im Sinne von Kuhl (vgl. Kap. 2.2.6.1) führen, während erfolgreiche Gesprächstherapien (klärungsorientiert) eher eine Steigerung der „Lageorientierung" bewirken. Insofern ist Grawe (1998) der Auffassung, daß eine „differentielle Indikation störungszentrierter und motivationsverändernder therapeutischer Vorgehensweisen“ (S.580) am Beginn einer Psychotherapie stehen muß.

2.2.4.2 Differentielle Aspekte der Psychotherapie

Die letztgenannten Überlegungen Grawes zu einem differentiellen therapeutischen Vorgehen sind nicht völlig neu. Beispielsweise unterscheidet Tscheulin bereits 1983 „Therapeutisches Basisverhalten und Differentielle Psychotherapie“ (S.53). Unter „Therapeutischem Basisverhalten“ versteht Tscheulin (1983) die Etablierung jener positiven Therapeut-Patient-Beziehung, die Grawe et al. (1994) unter der Beziehungsperspektive verorten. Aufbauend auf „Therapeutischem Basisverhalten“, das auch Tscheulin (1983) in jeder Therapieform für zwingend notwendig hält, sollten bei unterschiedlichen Klienten unterschiedliche Vorgehensweisen gewählt werden. Tscheulin (1983) führt in diesem Zusammenhang „eine grundlegende Klientenunterschiedlichkeit“ (S.54) ein: Seiner Erfahrung nach zeigt die therapeutische Praxis, daß zwischen sogenannten „selbstreflexiven“ und „handlungsbezogenen“ Klienten unterschieden werden muß. In seinem „Entwurf einer differentiellen klientenzentrierten Einzeltherapie“ (Tscheulin, 1992, S.99) beschreibt er einen prototypisch selbstreflexiven Klienten folgendermaßen: „ ... neigt dazu, sich als Objekt von außen zu sehen. Er steht in Distanz zu sich und beschreibt seine Probleme in verdinglichender Form. Seine gefühlsmäßigen Erfahrungen berichtet er immer wieder eingekleidet in einzelne Geschichten oder abgepackt und mit Etikett versehen als vergangene Zustände“ (ebd., S.102f.). Nahezu gegensätzlich stellt sich nach Tscheulin (1992) der Fall einer prototypisch handlungsbezogenen Klientin dar, die er folgendermaßen beschreibt: „Sie lebt von Anfang an ihre Gefühle in der Therapiestunde aus. Aber sie findet nur wenig oder kaum Distanz zu ihnen, um sie zu erleben. Sie geht ganz auf in dem, was sie sagt. Häufig werden Probleme in Rede und Widerrede wiederholt“ (ebd., S.103f.).

Tscheulin (1992) erklärt diese Unterschiedlichkeit mit Hilfe der „Theorie der objektiven Selbstaufmerksamkeit“ von Duval und Wicklund (1972). Seiner Ansicht nach fällt es beiden Klientengruppen schwer, zwischen den verschiedenen Arten der Selbstaufmerksamkeit zu oszillieren, so daß sich selbstreflexive Klienten vorwiegend im Zustand objektiver Selbstaufmerksamkeit befinden, während handlungsbezogene Klienten überwiegend im Zustand subjektiver Selbstaufmerksamkeit verharren. Entsprechend, so Tscheulin (1992) weiter, müsse man als Therapeut bei selbstreflexiven Klienten darauf hinwirken, deren Aufmerksamkeit nach außen, auf ihre Umwelt zu richten (z.B. durch Aufgaben-Setzen), um so eine „Aktivitätssteigerung“ (S.109) zu bewirken. Demgegenüber müßten Interventionen bei handlungsbezogenen Klienten darauf abzielen, daß diese ihre Aufmerksamkeit stärker auf sich selbst richten (z.B. durch Konfrontation mit eigenen Verhaltensweisen), was zu einer „Erlebnissteigerung“ (S.110) führen soll. Spätestens hier wird die Parallele zu Grawes (1998) Ausführungen offensichtlich: Auf dessen Terminologie zurückgreifend könnte man sagen, daß selbstreflexive Klienten am meisten von bewältigungsorientierten Interventionen profitieren, während handlungsbezogene Patienten stärker von klärungsorientierten Interventionen profitieren, die Grawe (1998) auch als „bewusstseinsschaffende Interventionen“ (S.568) bezeichnet. Auch dies läßt sich im Sinne des Konsistenzprinzips interpretieren, das Grawe in Anlehnung an die Selbsttheorie von Epstein formuliert hat (vgl. Kap. 2.2.1.2): Psychische Probleme deuten offenbar darauf hin, daß bei den betroffenen Personen spezifische Grundbedürfnisse in nicht ausreichendem Maße befriedigt werden. Dies wiederum kann darauf hindeuten, daß bei diesen Personen bestimmte Partialkompetenzen nur schwach ausgeprägt sind. Diese Partialkompetenzen sollten daher im Rahmen therapeutischer Interventionen gefördert werden, um den entsprechenden Personen die Befriedigung bestimmter Bedürfnisse zu erleichtern.

2.2.4.3 Zusammenfassung und Würdigung

Die Erkenntnisse, die sich aus einer klinischen Perspektive ergeben, lassen sich zusammenfassend folgendermaßen darstellen:

Therapeutische Perspektive	**Dominante Interventionsart**	**Dominantes Wirkprinzip**	**Therapeutische Ausrichtung**	**fördert**
Problembewältigung	bewältigungsorientiert	Intentionsrealisierung	bewältigungsorientiert	Aktivität
Klärung	bewußtseinsschaffend	Intentionsveränderung	klärungsorientiert	Selbstreflexivität
Beziehung	ressourcenaktivierend	Ressourcenaktivierung	generell notwendige Ausrichtung	generell förderliche Grundvoraussetzung

Die erste Spalte verdeutlicht noch einmal, daß sich das therapeutische Geschehen aus drei verschiedenen Perspektiven betrachten läßt. Für jede dieser drei Perspektiven ist eine andere Interventionsart charakteristisch. Diese wiederum stehen im Dienste dreier Wirkprinzipien. Dominiert in einer bestimmten Therapieform das Wirkprinzip der „Intentionsrealisierung" oder das Wirkprinzip der „Intentionsveränderung", so läßt sich die jeweilige Therapieform insgesamt als eher „bewältigungsorientiert" bzw. „klärungsorientiert" bezeichnen. Vom dritten Wirkprinzip „Ressourcenaktivierung" wird angenommen, daß es in jeder erfolgreichen Therapieform realisiert sein muß. Wie die letzte Spalte zeigt, wird schließlich noch davon ausgegangen, daß bestimmte Therapieformen unterschiedliche Partialkompetenzen fördern, so daß sie für verschiedene Klienten unterschiedlich gut geeignet sind.

Wir entdecken somit auch aus einem klinischen Blickwinkel die dreigliedrige Struktur sozialer Interaktionen wieder, die wir uns bislang erarbeitet haben: Die Problembewältigungsperspektive verweist auf die sachlichen Gegenstände der Interaktion, die Beziehungsperspektive auf das interpersonale Verhältnis der Akteure und die Klärungsperspektive auf die handlungsleitenden sozialen Kontexte, die die Akteure in die Interaktion einbringen. Im Rahmen der vorliegenden Arbeit ist dabei besonders bemerkenswert, daß diese drei Perspektiven mit bestimmten Partialkompetenzen gekoppelt werden. Hieraus läßt sich nämlich folgern, daß eine umfassende soziale Interaktionsfähigkeit dann gegeben ist, wenn es dem Akteur gelingt, eine soziale Interaktion gleichzeitig aus einer Problembewältigungs-, Beziehungs- und Klärungsperspektive zu sehen und seine konkreten Handlungen auf jenen Ebenen zu vollziehen, die unter Berücksichtigung der Perspektiven des Interaktionspartners am situationsangemessensten erscheinen.

2.2.5 Kommunikationspsychologische Perspektiven

Wenn im folgenden eine kommunikationspsychologische Perspektive auf die soziale Interaktion eingenommen wird, so ist damit schon angedeutet, daß es m.E. zu analytischen Zwecken sinnvoll ist, die Begriffe „Interaktion" und „Kommunikation" voneinander abzugrenzen, obwohl dies häufig nicht gemacht wird. Watzlawick, Beavin und Jackson (1969) setzen Kommunikation gar mit jeder Form interpersonalen Verhaltens gleich (S.51), womit diesem Begriff nach Fischer (1981) „allerdings – letztlich paradoxe – behavioristische Prämissen" (S.113) zugrunde gelegt werden. In der vorliegenden Arbeit wird unter „Kommunikation" eine bestimmte, wenn auch „die wichtigste Form sozialer Interaktion" (Ries, 1998, S.446) verstanden, bei der Individuen mit Hilfe *sprachlicher Symbolsysteme* (einseitig oder) wechselseitig aufeinander einwirken. Bei einem so verstandenen

Kommunikationsbegriff rückt somit die Sprache in den Mittelpunkt des Interesses. Da der Sprache und ihrem Verhältnis zum menschlichen Denken im weiteren Verlauf noch ein ganzes Kapitel gewidmet wird (vgl. Kap. 3), kann der vorliegende Abschnitt vergleichsweise kurz gehalten werden. Hier werden zunächst erste Hinweise darauf aufgezeigt, daß sich auch in der Sprache – sofern diese als Kommunikationsinstrument angesehen wird – jene dreigliedrige Struktur wiederfinden läßt, die uns nun schon mehrfach begegnet ist.

2.2.5.1 Das Organonmodell von Bühler und seine Folgen

Auf die dreigliedrige Struktur sprachlicher Handlungen weist bereits das klassische „Organonmodell" von Karl Bühler (1934, S.24) hin. Wie an dem Namen dieses Modells bereits deutlich wird, sieht Bühler die Sprache als ein Kommunikationsinstrument an, da er auf die Aussage Platons bezug nimmt, die Sprache sei ein Werkzeug (Organum), mit dessen Hilfe einer dem andern etwas über die Dinge mitteilen könne (ebd.). Die Sprache steht somit gewissermaßen im Mittelpunkt des Dreiecks, das zwischen dem „einen", dem „andern" und den „Dingen", über die gesprochen wird, aufgespannt ist. Der „eine" wird bei Bühler zum „Sender" einer sprachlichen Mitteilung, der „andere" zum „Empfänger", und die „Dinge" werden zu den „Gegenständen und Sachverhalten", über die gesprochen wird. Die Parallelität zwischen diesem Organonmodell von Bühler und der trinarischen Struktur von Waldenfels bzw. dem minimalen A-B-X System von Newcomb (vgl. Kap. 2.2.3.1) ist offenkundig. Bühler geht es im weiteren allerdings nicht um die *unmittelbaren* Beziehungen zwischen diesen drei Elementen einer Interaktions- bzw. Kommunikationssituation, sondern um die *sprachlich vermittelten* Beziehungen derselben. Bühler ist der Auffassung, daß zwischen dem sprachlichen Zeichen (Z) und den drei Elementen einer Kommunikationssituation spezifische Beziehungen bestehen, die er in der berühmten graphischen Darstellung seines Modells veranschaulicht:

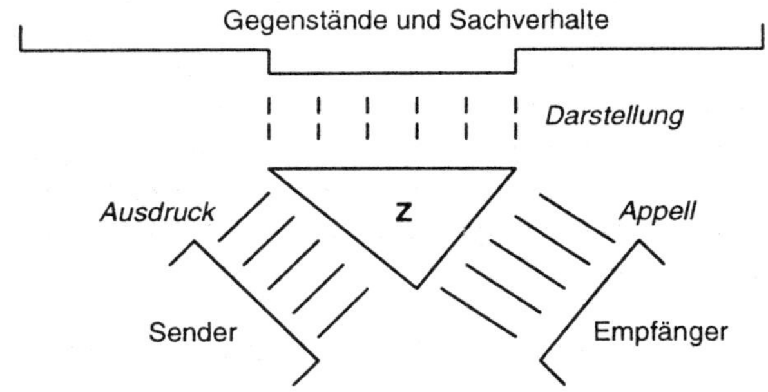

Abbildung 6: Organonmodell nach Bühler (1934, S.28)

Wie deutlich wird, erfüllen die Beziehungen zwischen dem sprachlichen Zeichen und den drei Elementen der Kommunikationssituation spezifische Funktionen, die Bühler als die drei grundlegenden Funktionen der Sprache ansieht: Die Sprache erfüllt (a) eine *Darstellungsfunktion* gegenüber den Gegenständen und Sachverhalten, indem diese geäußert werden; sie erfüllt (b) eine *Ausdrucksfunktion* gegenüber dem Sender, indem dieser in einer sprachlichen Äußerung seine innere Befindlichkeit zum Ausdruck bringen kann; und sie erfüllt (c) eine *Appellfunktion* gegenüber dem Empfänger, indem sie an diesen appelliert, sich in einer bestimmten Weise zu verhalten. Bühler geht davon aus, daß jede sprachliche Äußerung zwar immer alle drei Funktionen zumindest ansatzweise enthält, räumt allerdings ein, daß in unterschiedlichen Äußerungen diese drei Aspekte unterschiedlich dominant sein können. Die Frage, welcher dieser Aspekte dominant ist, ergibt sich in einer konkreten "Sprechsituation" (Bühler, 1934, S.31) allerdings von zwei Seiten, nämlich von seiten des Senders und von seiten des Empfängers: Während der Sender bestimmte Funktionalitäten seiner sprachlichen Äußerung intendiert, werden diese vom Empfänger in bestimmter Weise interpretiert, wobei Intention des Senders und Interpretation des Empfängers durchaus unterschiedlich sein können.

Da Bühlers Analysen eher sprachtheoretisch als kommunikationspsychologisch motiviert waren, weisen sie aus dieser spezifischen Perspektive betrachtet einige Lücken auf, um deren Schließung sich vor allem Jakobson (1960) bemüht hat. Nach dessen Auffassung können die drei von Bühler identifizierten Funktionen der Sprache auch als „referentielle“ (Darstellung), „emotive“ (Ausdruck) und „konative“ (Appell)

Funktion bezeichnet werden, wobei er den emotiven und konativen Aspekt einer sprachlichen Äußerung auf *einer* Ebene ansiedelt, von der er die referentielle (und die metalinguistische) Ebene unterscheidet (S.357). Aus einer kommunikationspsychologischen Perspektive wird daran zweierlei deutlich: Zum einen sagt die Art, *wie* Äußerungen speziell auf der emotiv-konativen Ebene sprachlich kodiert werden, etwas über die *Beziehung* zwischen den kommunizierenden Personen aus; und zum anderen findet Kommunikation auf dieser "Beziehungsebene" häufig nicht sprachlich abstrakt, sondern auch oder gerade mit Hilfe nicht-sprachlicher Vermittlungen statt. Aus diesem Grund bettet Fischer (1981, S.101) Bühlers Organonmodell in das A-B-X System von Newcomb (1953) ein, wodurch unter anderem angedeutet wird, daß zwischen den Elementen einer Interaktion neben sprachsymbolischen auch „präkategoriale" (S.105) Beziehungsverhältnisse bestehen. Wohl aus diesem Grund sprechen Watzlawick et al. (1969) in ihrem Kommunikationsmodell auch von „digitalen" und „analogen" Kommunikationsformen (S.61) und bringen diese mit den „Inhalts- und Beziehungsaspekten" von Kommunikation in Verbindung (S.64). Es darf an dieser Stelle allerdings nicht unerwähnt bleiben, daß die Art, wie Watzlawick et al. (1969) mit aus der Technik entlehnten Begriffen ein Modell menschlicher Kommunikation entwickeln, zum Teil sehr heftig kritisiert wird (neben Fischer, 1981 besonders auch Geißner, 1981).

Einer von mehreren grundlegenden Vorwürfen, die Geißner (1981) gegen das Modell von Watzlawick et al. (1969) erhebt, besteht darin, daß dort „Kommunikation auf input und ouput ahistorischer und asozialer Subjekte" (S.21) reduziert wird. Damit greift Geißner in gewisser Weise kontextualistisches Gedankengut auf und beklagt zurecht die Berücksichtigung der Tatsache, daß Kommunikation als Bestandteil von Interaktion immer in einen (sozialen) Kontext eingebunden ist, der zwar häufig von den Kommunikationspartnern geteilt wird und deshalb nicht sprachlich expliziert werden muß, ohne den sprachliche Äußerungen allerdings nicht verstanden werden könnten. Geißner (1981) bringt dies auf die kurze Formel: „Es gibt kein situationsloses Sprechen" (S.76). Er entwickelt Bühlers Organonmodell in diesem Sinne weiter und greift dabei einen Vorschlag von William Thomas (1965) auf, der eine „äußere" von einer „inneren" Kommunikationssituation unterscheidet. Während die „äußere" Situation die objektiv nachprüfbaren Situationsbedingungen umfaßt, beinhaltet die „innere" Situation die „Vorerwartungen, Vorerfahrungen, Vorurteile und Vorwertungen" (Geißner, 1981, S.71), die die Kommunikationspartner in die Situation einbringen und die zur Basis der gemeinsamen Situationsdefinition werden:

„Die äußere oder objektive Situation ist relativ unveränderlich (invariant). Dagegen ist die innere oder subjektive Situation veränderlich, gerade weil sie nichts einfach 'Vorfindliches' ist. Vielmehr bringt jeder der Miteinandersprechenden 'seine Situation' entschlußhaft als Variable ein. Im Miteinandersprechen machen die Partner daraus (ko-variierend) überhaupt erst eine 'gemeinsame' Situation" (ebd., S.73).

Diese „inneren Situationen" bestätigen erneut die Existenz der handlungsleitenden sozialen Kontexte, die die Akteure in die Interaktion einbringen. Wie bereits erörtert wurde (vgl. Kap. 2.2.3.1), ist deren Beachtung gerade bei der Analyse interkultureller Interaktionen von herausragender Bedeutung, da hier die Wahrscheinlichkeit besonders hoch ist, daß sich die inneren Situationen der Interaktionspartner unterscheiden und es in der Folge zu Mißverständnissen kommt. Wird allerdings die Möglichkeit unterschiedlicher innerer Situationen und somit unterschiedlicher Situationsdefinitionen gesehen, dann bietet gerade die Sprache auch die Möglichkeit an, eine Meta-Ebene zu betreten (Jakobson, 1960), auf der solche Divergenzen thematisiert und verhandelt werden können.

2.2.5.2 Themenzentrierte Interaktion nach Cohn

Das kommunikationspsychologische Modell der „Themenzentrierten Interaktion" von Cohn (1975), das wie dasjenige von Watzlawick et al. (1969) einem klinischen Interesse entspringt, berücksichtigt im Gegensatz zu diesem explizit die kontextuelle Eingebundenheit von Interaktionen und ist ihm insofern überlegen. Ähnlich wie Bühler (1934) bzw. Newcomb (1953) geht Cohn (1975) davon aus, daß sich Gruppeninteraktion in einem Dreieck mit den Polen „Ich" (die einzelnen Teilnehmer), „Wir" (die Gruppe) und „Es" (die besprochenen Themen) vollzieht (S.113). Cohn (1975) ergänzt nun allerdings explizit, daß dieses Dreieck in eine „Kugel" (Globe) von Umgebungsbedingungen eingebettet ist, bestehend aus „Zeit, Ort und deren historischen, sozialen und teleologischen Gegebenheiten" (S.114). Damit bezieht sich Cohn allerdings eher auf den „äußeren" Kontext einer sozialen Interaktion. Das oben dargestellte Phänomen, daß die Interaktionspartner darüber hinaus „innere" Kontexte in die Interaktion einbringen (vgl. Kap. 2.2.5.1), die sich gerade in interkulturellen Interaktionen zum Teil drastisch unterscheiden können, bleibt somit auch bei Cohn unterbelichtet.

Cohn formuliert im weiteren Verlauf einen Gedanken, der erneut an das Konsistenzprinzip bei Grawe erinnert (vgl. Kap. 2.2.1.2): Es ist nämlich nach Cohn (1975) für den therapeutischen Erfolg einer Gruppe wesentlich, daß es gelingt, „die dynamische Balance der drei Beziehungspunkte durch ein Nicht-Zuviel und Nicht-Zuwenig zu erhalten“ (S.115). Dies ist vor allem Aufgabe des Gruppenleiters, der dafür Sorge tragen muß, daß „Störungen“ in Form einer Überakzentuierung eines bestimmten Pols ausbalanciert werden. Wenn, wie Fischer (1981) anmerkt, auch noch im einzelnen zu überprüfen wäre, inwieweit die „Axiome, Postulate und Hilfsregeln“, die Cohn zu diesem Zwecke angibt, dies auch wirklich leisten, so besteht das Verdienst des „themenzentriert-interaktionellen Verfahrens“ doch sicherlich in einer „Kritik an einseitig individualistischen oder auch interpersonalistischen Therapieformen, die den individuellen und gemeinsamen Weltbezug schon programmatisch aus ihren ‘therapeutischen’ Prämissen eliminieren“ (S.86).

2.2.5.3 Zusammenfassung und Würdigung

Wir stellen somit fest, daß wir auch aus einer kommunikationspsychologischen Perspektive auf Modelle stoßen, in denen ein „objektives“, ein „soziales“ und ein „subjektives“ Element (sprachlich vermittelter) sozialer Interaktionen identifiziert wird. Erneut wurde dabei deutlich, daß durch die Subjekte verschiedene Kontexte in eine soziale Interaktion hineingetragen werden. Dabei wurde ergänzend zur ökopsychologischen Perspektive klar, daß Kontexte in einer sozialen Interaktion in gewisser Weise sogar zweimal vorhanden sind: Zum einen in Form relativ unveränderlicher objektiver Gegebenheiten, zum anderen in Form der unter Umständen sehr unterschiedlichen subjektiven Vorbedingungen, die die Akteure in die Interaktion einbringen und die zu unterschiedlichen Situationsdefinitionen führen können. Wie wir gesehen haben, bietet allerdings gerade die Sprache auch die Möglichkeit an, durch das Betreten einer Meta-Ebene unterschiedliche Situationsdefinitionen zu thematisieren und zu verhandeln. Schließlich kommen wir auch aus dieser kommunikationspsychologischen Perspektive zu dem Schluß, daß durch die Überakzentuierung einzelner Interaktionselemente bei gleichzeitiger Vernachlässigung der anderen Interaktionselemente das Gesamtgefüge aus der Balance geraten kann.

2.2.6 Handlungspsychologische Perspektiven

Die Idee, das Konzept der „Handlung“ ins Zentrum des Forschungsinteresses rücken, ist kein genuines Verdienst der Psychologie. In der Philosophie und besonders auch Soziologie wurden bereist Handlungstheorien entwickelt, als in der Psychologie aufgrund der Dominanz behavioristischen Gedankengutes für ein solches Konzept noch kein Platz war. Insofern stellt handlungspsychologisches Denken buchstäblich eine „bewußte" Abkehr von behavioristischem Denken dar, weil dem Menschen ein Bewußtsein unterstellt wird, daß nicht reflexhaft auf Reize reagiert, sondern Handlungen in sinnhafter Weise strukturiert. Damit ist das, was im folgenden unter dem Begriff der „Handlung" verstanden wird, bereits angedeutet: In Anlehnung an Straub (1999) verstehe ich unter einer Handlung bestimmte Formen des Sich-Verhaltens, nämlich jene, die nicht rein reaktiv, reflexhaft oder unwillkürlich ablaufen, sondern in denen sich ein zumindest potentiell bewußtseinsfähiges, willkürlich beeinflußbares und diskursivierbares Selbst-, Fremd- und Weltverhältnis ausdrückt. Entsprechend kann man zwar sein Handeln, nicht aber sein Sich-Verhalten unterbrechen. Somit gilt: „Jedes Handeln ist ein Sich-Verhalten, keineswegs aber kann jedes Sich-Verhalten als Handeln bezeichnet werden" (Straub, 1999, S.12).

Bei der Übernahme des Handlungsbegriffes konzentrierten sich Psychologen zunächst auf vergleichsweise einfache, zweckrationale Handlungen, bei deren Analyse die sozialen Kontexte, in die sie eingebettet sind, weitgehend unthematisiert bleiben können. Ich werde solche handlungspsychologischen Modelle, die sich vor allem auf die Analyse zweckrationaler Handlungen konzentrieren, im folgenden als „traditionell" bezeichnen. Dies geschieht in Abgrenzung zu neueren handlungspsychologischen Theorien, in denen dem Kulturkonzept eine entscheidende Bedeutung zukommt, und die dadurch in ihren Analysen über die zweckrationale Handlung hinausgehen.

2.2.6.1 Traditionelle Handlungspsychologie: Psychologie der zweckrationalen Handlung

Den Übergang von behavioristischem zu handlungspsychologischem Denken markiert das Regelkreismodell von Miller, Galanter und Pribram (1960). Obwohl dieses Modell noch starke behavioristische Züge aufweist, werden darin erste „innere Prozesse" unterstellt, indem angenommen wird, daß eine Verhaltensreaktion nicht reflexhaft auf einen Reiz erfolgt, sondern in Abhängigkeit von einer wahrgenommenen Diskrepanz zwischen einem Ist-Zustand und einem erwünschtem Soll-Zustand. Miller et al. (1960) nehmen weiterhin an, daß dabei solche Verhaltensweisen gewählt werden, die nach Ansicht des Handelnden geeignet sind, diese Diskrepanz zu reduzieren, und daß die Verhaltensreaktion erst dann abgeschlossen wird, wenn die Diskrepanz erfolgreich reduziert ist. Somit sind in diesem Regelkreismodell bereits basale handlungstheoretische Konzepte angelegt, wie z.B. Prozesse des Planens und Auswählens oder die Phasenhaftigkeit einer Handlung. Dieses aus heutiger Sicht relativ simpel anmutende Regelkreismodell ist mittlerweile in Form von zum Teil recht komplexen Handlungstheorien (z.B. Cranach, Kalbermatten, Indermühle & Gugler, 1980; Hacker, 1998; Heckhausen, 1989; Kaminski, 1970) wesentlich ausdifferenziert und weiterentwickelt worden. Besonders zwei dieser Handlungsmodelle können im folgenden als Basis für weiterführende Überlegungen dienen: Zum einen die motivationspsychologisch orientierte Handlungstheorie von Heinz Heckhausen (1989), da sie Forschungen zur Unterscheidung von Handlungsstilen angeregt hat (z.B. Kuhl, 1994a; Frese, Stewart & Hannover, 1987); und zum anderen die Arbeiten von Mario von Cranach und Kollegen, da hier zum einen das soziale Eingebundensein von Handlungen in besonderer Weise beachtet wird (Cranach, 1992; Cranach, Ochsenbein & Valach, 1986), und da von Cranach darüber hinaus einen Vorschlag zur Unterscheidung von Handlungstypen vorgelegt hat (Cranach, 1994).

Betrachten wir zunächst die Handlungstheorie von Heckhausen (1989): Dieser stellt ein Phasenmodell des motivierten Handelns vor, daß vom Abwägen verschiedener Handlungsalternativen bis hin zur Bewertung vollzogener Handlungen reicht. In diesem Zeitraum lassen sich nach Heckhausen vier Phasen unterscheiden, die im folgenden in einem gegenüber dem Original etwas vereinfachten Schema dargestellt sind:

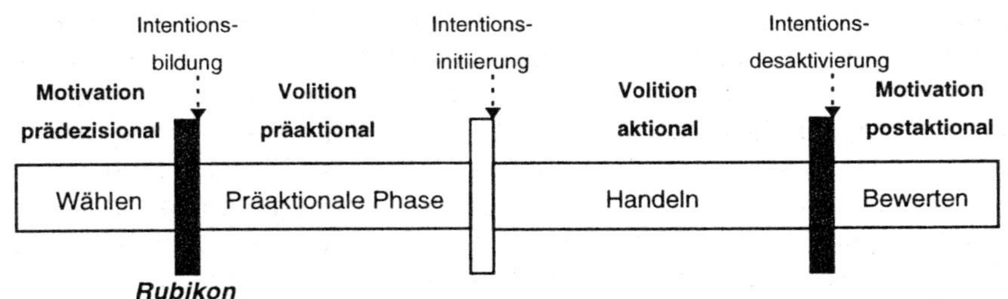

Abbildung 7: Rubikon-Modell nach Heckhausen (1989, S.212)

Wie zu erkennen ist, unterscheidet Heckhausen (1989) zunächst zwei Motivations- von zwei Volitionsphasen. Sie unterscheiden sich vor allem durch die darin vorherrschende „Bewußtseinslage“ (S.203): Während sich die handelnde Person während der Motivationsphasen um eine möglichst unparteiische, „realitätsorientierte“ (S.204) Abwägung bzw. Bewertung von

Handlungen bemüht, herrscht während der Volitionsphasen eine intentionsschützende, „realisierungsorientierte“ (ebd.) Bewußtseinslage vor. Der Wechsel von Bewußtseinslagen findet am sogenannten „Rubikon“ statt, nach dem das Modell auch benannt ist. Eine Intention, die den Rubikon überschritten hat, tritt von der prädezisionalen Motivationsphase in die präaktionale Volitionsphase ein, und wird somit von einer vagen Handlungstendenz zu einer konkreten Absicht. In bezug auf diese Intention geht es von nun an nicht mehr um die Frage, *ob* sie realisiert werden soll, sondern nur noch darum, *wie* dies geschehen kann. Während der volitionalen Phasen wird eine Intention sogar aktiv vor einem „Rückfall“ in die prädezisionale Motivationsphase und einem damit verbundenen erhöhten Reflexionsaufwand geschützt. Erst wenn die Intention realisiert wurde gerät der Handelnde wieder in eine motivationale Bewußtseinslage. Während dieser postaktionalen Motivationsphase wird eine Bewertung der vollzogenen Handlung vorgenommen, deren Ergebnis in die Entscheidung über neue Intentionsbildungen einfließt, womit sich der Kreis schließt.

Dieses Rubikon-Modell bildet bis heute die Grundlage für vielfältige motivations- und handlungspsychologische Forschungsarbeiten, die besonders auch von Schülern Heckhausens vorangetrieben werden. Einer von ihnen ist Julius Kuhl, der auf dem Rubikon-Modell aufbauend eine Theorie der Handlungskontrolle entwickelt hat (Kuhl, 1983; 1994a). Kuhl konzentriert sich vor allem auf die beiden Volitionsphasen und untersucht dort die Prozesse, die notwendig sind, um eine Intention, die bereits die präaktionale Volitionsphase erreicht hat, auch tatsächlich zur Handlung werden zu lassen. Diese Prozesse faßt Kuhl unter dem Begriff der „Handlungskontrolle“ zusammen. Wie oben bereits deutlich wurde, gilt für diese Handlungskontrolle insbesondere, daß „die Handlungstendenz gegen konkurrierende Handlungstendenzen, die ebenfalls auf Realisierung drängen, abgeschirmt werden muß“ (Heckhausen, 1989, S.197). Gelingt dies nicht, so kann eine bereits gebildete Intention in die prädezisionale Motivationsphase zurückfallen, was Kuhl (1983) als „Degeneration einer Handlungsabsicht“ (S.254) bezeichnet, was verschiedene Perseverationssymptome (z.B. Grübeln) zur Folge haben kann. Vor diesem Hintergrund lassen sich nach Kuhl (1983) zwei Arten der Handlungskontrolle unterscheiden: Handlungs- und Lageorientierung (S.251). Die Handlungsorientierung stellt nach Kuhl gewissermaßen die „funktionierende“ Form der Handlungskontrolle dar, bei der es durch den Einsatz verschiedener intentionsschützender Kontrollstrategien tatsächlich zum Vollzug der Intention kommt. Demgegenüber stellt die Lageorientierung in gewisser Weise die "versagende" Form der Handlungskontrolle dar, bei der die Handlungsausführung in der präaktionalen Volitionsphase blockiert, so daß es zu den oben genannten Perseverationssymptomen kommt. Die Frage, ob eine handelnde Person eher in einen handlungs- oder einen lageorientierten Kontrollmodus gerät, hängt nach Kuhl (1983, S.257) neben situativen Faktoren (z.B. das Erlebnis der Unkontrollierbarkeit von Zielen) vor allem auch von bestimmten Persönlichkeitsdispositionen ab. Kuhl geht somit davon aus, daß sich im Hinblick auf die Neigung zu Handlungs- oder Lageorientierung individuelle Unterschiede nachweisen lassen. Zur empirischen Erfassung dieser differentiellen Unterschiede hat Kuhl (1994b) einen Fragebogen entwickelt.

Da Kuhl (1983) seine Theorie mit dem alltagspsychologischen Konzept der „Willensstärke“ in Verbindung bringt, gebührt ihm nach Heckhausen (1989) unter anderem das Verdienst, „den Problembereich einer Willenspsychologie – seit Ach vernachlässigt oder vergessen – wieder zugänglich gemacht zu haben“ (S.203). Darüber hinaus zeugt das von Kuhl und Beckmann (1994) herausgegebene Werk „Volition and Personality“ davon, daß Kuhls Theorie in vielen und zum Teil sehr unterschiedlichen Bereichen fruchtbar geworden ist. Allerdings sind zu dieser Theorie auch kritische Punkte anzumerken: So läßt Kuhl vor allem in seinen älteren Publikationen keinen Zweifel daran aufkommen, daß es sich bei der Handlungsorientierung um die „gute“ Art der Handlungskontrolle handelt und bei der Lageorientierung um die „schlechte“. Dadurch entsteht bisweilen der Eindruck, daß die Fähigkeit, eine Handlung unter allen Umständen „durchziehen“ zu können, zum alleinigen Kriterium von Handlungskompetenz erhoben wird. Die damit verbundene generelle Abwertung von Verhaltensweisen, durch die eine Lageorientierung gekennzeichnet ist, wird zwar in der oben genannten neueren Publikation etwas aufgeweicht, wenn diesem Kontrollmodus auch einige „positive Effekte“ (Beckmann, 1994) zugestanden werden (z.B. Dibbelt & Kuhl, 1994). Trotzdem kommt aber z.B. Beckmann (1994) zu dem letztlich vernichtenden Fazit: „The few positive aspects of state orientation, that is, a better preparedness for possible accidents during an action, more matured coping strategies, and extraordinary performance levels under adverse conditions are unintended by-products rather and appear to be beyond the individual's control“ (S.164). Entsprechend schließt er mit dem Satz: „However, in general state orientation will keep individuals from doing what they actually intended to do“ (Beckmann, 1994, S.165).

Werden solche evaluativen Aussagen unter einer kulturpsychologischen Perspektive betrachtet, so tritt das darin enthaltene kulturspezifische Element deutlich hervor: Schlußfolgerungen dieser Art sind offensichtlich nur vor einem kulturellen Hintergrund gerechtfertigt, in dem das von Miller (1993, vgl. Kap. 2.2.2.2) skizzierte autonome Individuum, das durch die konsequente Verfolgung seiner Ziele permanent vorwärts strebt, als gesellschaftlich geteiltes Idealbild unterstellt werden kann. Ein solches Argument mag man mit dem Hinweis darauf zurückweisen, daß diese und andere traditionelle handlungspsychologischen Theorien ihre Erkenntnisse durch die Analyse sehr basaler, gewissermaßen „sozial unbedenklicher" Handlungen gewinnen (z.B. ein Bild aufhängen, den Fernseher abschalten, ins Kino gehen). Letztlich würde eine solche Entgegnung aber nur deutlich machen, worin der Preis besteht, der gezahlt werden muß, wenn aus einer handlungspsychologischen Konzeption der soziale und kulturelle Kontext ausgeklammert wird: Er besteht darin, daß die Analyse auf solche Handlungen beschränkt werden muß, deren Sinnhaftigkeit sich in einer kulturell geteilten und somit scheinbar „offensichtlichen" Zweckrationalität erschöpft. Entsprechend bemerkt Straub (1999):

> „Psychologische Handlungstheorien beziehen sich dementsprechend auf instrumentelle oder strategische Akte, die zweckrational strukturiert sind ... Handlungspsychologische Analysen fügen sich demgemäß dem intentionalistisch angereicherten Zweck-Mittel-Schema ... Dies gilt für die empirische Forschung sowie die Theorie- und Modellbildung" (S.56).

Insofern kann man sagen, daß die traditionellen psychologischen Handlungstheorien eine „Psychologie der zweckrationalen Handlung" (s.o.) vor einem spezifischen kulturellen Hintergrund betreiben. Damit soll keineswegs bestritten werden, daß innerhalb dieses Rahmens bemerkenswerte Erkenntnisse erzielt worden sind, auf deren Basis manche Einsichten über komplexere oder anders gelagerte Handlungen vielleicht erst möglich werden. So wird beispielsweise Kuhls Vorschlag der Trennung verschiedener Handlungsmodi in der vorliegenden Arbeit explizit aufgegriffen (wenn auch die bei Kuhl daran gekoppelten Wertungen nicht mitvollzogen werden, vgl. Kap. 2.3). Allerdings wird nun zweierlei deutlich: Erstens wird man in komplexen Handlungsdomänen, zu denen sicherlich auch der Bereich der sozialen Interaktion zu zählen ist, häufig auf Handlungen stoßen, zu deren adäquater Erklärung die Grenzen zweckrationaler Zweck-Mittel-Schemata überschritten werden müssen. Zwar läßt sich jede beliebige Handlung zweckrational interpretieren, jedoch wird man dadurch dem „Wesen" vieler Handlungen nicht gerecht. Zweitens wird klar, daß gerade bei der Analyse solcher sozialer Interaktionen, in die die Akteure sehr unterschiedliche „innere Kontexte" (vgl. Kap. 2.2.5) hineintragen, diese Kontexte nicht ausgeblendet werden dürfen, sondern in herausgehobener Weise thematisiert werden müssen.

Eine gegenüber Kuhl (Kuhl, 1983; 1994a). etwas „weichere“ Fassung von Handlungsstilen haben Frese und Kollegen vorgelegt (Frese et al., 1987; Frese et al., 1995). Zwar liegen auch Freses Arbeiten voll auf der Linie einer traditionellen Handlungspsychologie, sie weisen jedoch einige nennenswerte Unterschiede zur Konzeption von Handlungskontrollmodi bei Kuhl auf: Frese et al. (1987) unterscheiden die Handlungsstile der „Plan-“ und der „Zielorientierung“, die sie anders als Kuhl nicht in der Nähe von Persönlichkeitsdispositionen ansiedeln, sondern als Handlungstendenzen in spezifischen Situationen konzeptualisieren: „Action styles are neither traits nor aspects of temperament nor abilities: (a) They are conceptualized as propensities to act, (b) they are teachable to a certain degree, and (c) they are bidirectional“ (S.1183). Wie daran auch deutlich wird, sehen Frese et al. (1987) diese Handlungsstile auch nicht als die entgegengesetzten Pole *einer* Skala an, sondern können auch empirisch Hinweise dafür finden, daß es sich dabei um zwei weitgehend voneinander unabhängige Handlungsstile handelt, die somit in einer spezifischen Situation auch gleichzeitig hoch oder niedrig ausgeprägt sein können. Deshalb machen Frese et al. (1987) auch keine situationsübergreifenden Aussagen darüber, welcher dieser Handlungsstile der „bessere“ ist, da dies nur in Abhängigkeit von der jeweiligen Situation gesagt werden kann: „Thus, action styles are propensities to act, they are heuristics, they are most probably changeable when instructed, and they cannot be called good or bad irrespective of the situation in which they are used“ (S.1183). Schließlich sei noch angemerkt, daß Frese et al. (1987) im Rahmen des Versuchs, die Existenz dieser Handlungsstile faktorenanalytisch nachzuweisen, auch einen Faktor isolieren, den sie als „Sozialorientierung“ bezeichnen, den sie allerdings aus ihren weiteren Überlegungen und somit auch aus der Konstruktion eines entsprechenden Fragebogens explizit ausklammern (S.1186).

Wie oben bereits angedeutet wurde, ist ein solches Ausklammern sozialer Aspekte m.E. geradezu charakteristisch für traditionelle handlungspsychologische Konzeptionen. Allerdings muß dabei die Einschränkung gemacht werden, daß in den Arbeiten von Mario von Cranach und Kollegen dieser Punkt als problematisch erkannt wird und Vorschläge zu einer Weiterentwicklung unterbreitet werden. Entsprechend wurde von Cranachs ursprünglich recht klassisch ausgerichtete Handlungstheorie (Cranach et al., 1980) mittlerweile zu einer „Theorie des mehrstufigen Handelns und Wissens sozialer Systeme“ (Cranach, 1992; Cranach et al.,

1986) weiterentwickelt. Im Zuge dieser Entwicklung sieht offenbar auch von Cranach die Notwendigkeit, die Grenzen des zweckrationalen Handlungsmodells zu überschreiten. In einem 1994 erschienenen Aufsatz bezeichnet er die oben angesprochene Gewohnheit der traditionellen Handlungspsychologie, die Begriffe des „Handelns" und des „zielgerichteten Handelns" gleichzusetzen, als eine „beschränkte Sichtweise" (S.71), der bereits die Alltagserfahrung widerspricht, indem sie uns vor Augen führt, „daß wir vieles tun, das dem Konzept des zielgerichteten Handelns nicht oder nur schlecht entspricht" (ebd.). Auch von Cranach (1994) sieht den Grund für diese Dominanz des zweckrationalen Handlungsmodells in impliziten kulturspezifischen Grundannahmen: „Sicher ist das zielgerichtete Handeln in seiner reinen Form in unserer Kultur, in der hochtechnisierten westlichen Industriegesellschaft, besonders wichtig; wahrscheinlich ist es ein kultureller Prototyp" (S.72). Nichtsdestotrotz stellt das zielgerichtete Handeln selbst in unserer Kultur eben nur *eine* Form des Handelns dar, was somit in der theoretischen und empirischen Forschungsarbeit berücksichtigt werden muß: „Wenn es aber nur eine unter vielen Handlungsformen ist, müssen wir unseren Handlungsbegriff, unsere Theorien und in der Folge auch den Fokus unserer empirischen Forschungsarbeiten erweitern" (Cranach, 1994, S.72). Konsequenterweise unternimmt von Cranach (1994) im Anschluß einen Versuch, verschiedene Handlungstypen zu unterscheiden, von denen das zielgerichtete Handeln nur eine Klasse darstellt.

Wenn auch dieser konkrete Versuch von Cranachs im einzelnen letztlich nicht überzeugen kann (vgl. die ausführliche Diskussion von Straub, 1999, S.77-85), so ist es doch zweifelsfrei sein Verdienst, einen ersten Schritt von der traditionellen, zweckrational fixierten Handlungspsychologie zu einer Psychologie der sozialen Handlung unternommen zu haben, in der die zweckrationale Handlung nur einen spezifischen Typus darstellt. Der von hier aus erst mögliche Schritt zu einer Psychologie der interkulturellen Handlung wird dann in jenen Handlungstheorien vollzogen, die das Kulturkonzept explizit mit aufnehmen und deshalb auch als „handlungs- und kulturpsychologische" Theorien bezeichnet werden können.

2.2.6.2 Kulturpsychologisch orientierte Handlungstheorien

Die erste handlungs- und kulturtheoretische Konzeption, die hier vorgestellt werden soll, wurde im Laufe der letzten zwei Jahrzehnte von Eckensberger (1979; 1990; 1996a; 1996b) entwickelt. Im ersten dieser Aufsätze legt Eckensberger (1979, S.269f.) zunächst seine handlungstheoretischen Grundannahmen offen, mit denen er sich dezidiert gegen lerntheoretische, kognitivistische und sozio-biologische Modelle abgrenzt. Diese Grundannahmen können folgendermaßen zusammengefaßt werden: (a) Der Mensch ist ein (selbst)-reflexives Wesen, das *potentiell* dazu in der Lage ist, über seine Handlungen und sich selbst als Handelnder zu reflektieren; (b) als (selbst)-reflexives Wesen ist der Mensch fähig, sich für die Verfolgung bestimmter Ziele sowie für bestimmte Mittel zur Erreichung dieser Ziele bewußt zu entscheiden; (c) der Mensch kann zwischen intendierten und nicht-intendierten Folgen seines Handelns unterscheiden und ist somit zumindest teilweise für sein Handeln verantwortlich; (d) der Mensch steht in einer dialektischen Beziehung zu seiner Umwelt, indem er handelnd die Umwelt verändert und gleichzeitig von den Ergebnissen seines Handelns verändert wird; (e) somit ist es sinnvoll, die Handlung sowohl als (begriffliche) Analyseeinheit als auch als (empirische) Untersuchungseinheit zu betrachten; (f) als empirische Untersuchungseinheit weist jede Handlung unterscheidbare Phasen (z.B. Anfang, Verlauf, Ende) auf, wobei jede Phase affektiv/evaluative, strukturell/kognitive und energetische Anteile enthält. Die Annahmen (b) und (f) liegen in der Regel auch traditionellen, zweckrational orientierten Handlungstheorien zugrunde und weisen somit noch nicht über diese hinaus. Besonders auf der Basis der potentiellen (Selbst)-Reflexivität des Handelnden und dessen dialektischem Verhältnis zur Umwelt entwickelt Eckensberger (1996a) dann allerdings eine Theorie der „Handlung und Handlungsstruktur als transkultureller (universeller) Analyserahmen" (S.171).

Entsprechend der oben genannten Annahme, daß die Handlung sowohl als (begriffliche) Analyseeinheit als auch als (empirische) Untersuchungseinheit betrachtet werden kann, geht Eckensberger (1990) dabei zunächst davon aus, daß „actions in cultural contexts" (S.170) die basalen Analyseeinheiten bei der Untersuchung kulturpsychologischer Fragestellungen darstellen. Auch Eckensberger begründet dies mit einem expliziten Rückgriff auf kontextualistisches Gedankengut und stellt in diesem Zusammenhang fest, daß die Handlung als „the dynamic interface between the individual and the situational context" (ebd., S.171) angesehen werden kann. Eine Handlung wird somit als eine Wechselwirkung zwischen Innen- und Außenwelt eines Handelnden konzipiert. Im Rahmen der vorliegenden Arbeit ist nun besonders bemerkenswert, daß Eckensberger im weiteren eine Unterscheidung von Handlungstypen vorschlägt, indem er davon ausgeht, daß solche Wechselwirkungen zwischen Innen- und Außenwelt auf drei Ebenen stattfinden können: Auf der ersten Ebene finden „primäre" oder „weltorientierte" (Eckensberger, 1996a, S.177)

Handlungen statt. Das sind solche Handlungen, die auf die Außenwelt angewandt werden und dort konkrete Veränderungen herbeiführen sollen; sie resultieren nach Eckensberger aus basalen Motiven und sind meist nur schwach emotional gefärbt. Wie unschwer zu erkennen ist, kann dies auch als die Ebene der instrumentellen Handlungen bezeichnet werden, die somit auch in dieser Konzeption einen zentralen Platz einnehmen.

Eckensberger bleibt hier allerdings nicht stehen, sondern weist darauf hin, daß beim Vollzug instrumenteller Handlungen bestimmte Barrieren auftreten können, die den erwarteten oder erwünschten Handlungsverlauf stören. Dies führt den Handelnden auf die zweite Ebene, auf der „sekundäre" oder „handlungsorientierte" (Eckensberger, 1996a, S.178) Handlungen stattfinden, da hier die Handlung selbst zum Gegenstand von Reflexionen und entsprechenden Regulationen gemacht wird. Da bereits die Antwort auf die Frage, ab wann ein bestimmter Handlungsverlauf als „gestört" einzustufen ist, von normativen „Standards" (ebd.) abhängt, verweist diese zweite Handlungsebene auf die Existenz von „normativen Regelsystemen" (ebd.), durch die instrumentelle Handlungen reguliert werden. Beispiele für solche normativen Regelsysteme wären etwa die Bereiche der sozialen Konvention, des moralischen Urteils oder der juristischen Regeln. Sekundäre Handlungen wären demnach etwa Reflexionen darüber, „was erlaubt und was verboten ist, welche Rechte einem zustehen und welche Pflichten man zu erfüllen hat, welche Verantwortungen man für sich oder für andere hat" (ebd., S.179) und das Vollziehen der daraus folgenden Konsequenzen. Affektiv sind solche sekundären Handlungen durch „komplexere Emotionen" wie „moralische Schuld und Entrüstung, den Neid etc." (ebd.) gekennzeichnet. Wie unmittelbar klar wird, beziehen sich sekundäre Handlungen somit nicht auf idiosynkratische Sinnsysteme, sondern auf Bereiche, die in hohem Maße der sozialen und kulturellen „Ko-Regulation" (ebd., S.180) unterliegen. Daran wird zweierlei deutlich: Zum einen lassen sich auf dieser Handlungsebene jene kulturellen Orientierungskonstrukte theoretisch verorten, die als „Kulturstandards" (Thomas, 1996c, S.112) oder „Fantasmen" (Eckensberger, 1996a, S.188) bezeichnet werden können. Zum anderen deutet sich hier das Phänomen an, daß normative Regelsysteme aufs Engste mit der Frage der Gestaltung interpersonaler Beziehungsverhältnisse verbunden sind, worauf wir im weiteren Verlauf noch mehrmals stoßen werden: Soziale Normen legen fest, „welche Interaktionen zur Gesamtheit berechtigter interpersonaler Beziehungen gehören" (Habermas, 1981, S.132) bzw. „was auf der Grundlage geteilter Werturteile begrüßt und getan und was lieber gelassen werden sollte" (Straub, 1999, S.138).

Auch bei der „Anwendung“ normativer Regelsysteme auf instrumentelle Handlungen können Barrieren auftreten. Diese führen den Handelnden auf die dritte Ebene, auf der „tertiäre“ oder „selbstorientierte“ (Eckensberger, 1996b, S.90) Handlungen vollzogen werden. Hier werden auf der Basis subjektiver Überzeugungen und existentieller Lebenskonzepte die normativen Regelsysteme selbst zum Gegenstand der Reflexion und entsprechender Regulationen gemacht. Tertiäre Handlungen wären demnach etwa „Fragen, welche Ziele man wirklich erreichen will, aber auch, wer man selbst ist, welchen Sinn die eigene Existenz hat etc.“ (Eckensberger, 1996a, S.181) und das Vollziehen der daraus folgenden Konsequenzen. Affektiv können solche tertiären Handlungen etwa durch existentielle Angst oder Unsicherheit gekennzeichnet sein. Diese Handlungsebene spiegelt somit die Fähigkeit des Selbst wider, sich selbst als ein vielfältig kontextuell eingebundenes Wesen zu reflektieren und sich in der Folge sozial und existentiell zu positionieren. Dabei macht Eckensberger (1996a) deutlich, daß der Begriff des „Selbst“ nicht auf ein einzelnes Individuum beschränkt sein muß, womit er die Kulturabhängigkeit der Selbstkonzeption (vgl. Kap. 2.2.2.2; Kap. 2.3.4) berücksichtigt. Er führt daher den Begriff des „Agency“ (S.174) ein, womit diejenige Person bzw. die Gruppe von Personen bezeichnet wird, die sich als Handlungszentrum wahrnimmt.

Wir können somit zunächst festhalten, daß Eckensberger Handlungen danach unterscheidet, ob sie sich dominanterweise auf (a) die Außenwelt, (b) die Handlung oder (c) das Selbst beziehen, wobei sich nur der erstgenannte Typ unproblematisch als instrumentelle, zweckrationale Handlung interpretieren läßt. Wie Eckensberger weiter ausführt, handelt es sich dabei zunächst um eine analytische Trennung, da eine konkrete, empirisch faßbare Handlung immer Anteile aller drei Handlungsebenen beinhaltet. Das bedeutet, daß selbst eine instrumentelle Handlung erst vor dem Hintergrund spezifischer subjektiver und kultureller Bedeutungssysteme „sinnvoll“ wird. Solange davon ausgegangen werden kann, daß solche Bedeutungssysteme geteilt werden, mag es überflüssig erscheinen, diese eigens zu thematisieren. Letztlich können aber auch instrumentelle Handlungen nur dann *vollständig* beschrieben bzw. erklärt werden, wenn alle drei Handlungsebenen berücksichtigt werden:

„In attempting to reconstruct human activities, it is not only essential to analyse the subjective rule and meaning systems applied to a certain context, but it is also necessary to know the collective meaning and rule systems the agency is part of and makes reference to“ (Eckensberger, 1996b, S.94).

Wie das Modell weiter zeigt, muß das zentrale Moment einer Handlung aber keineswegs auf der instrumentellen Ebene liegen. Wie deutlich wurde, kann es infolge des Auftretens von Handlungsbarrieren auch auf der Ebene normativer oder subjektiver Bedeutungssyteme liegen. Eckensberger (1996b) sieht die Auseinandersetzung mit Handlungsbarrieren sogar als den wichtigsten Motor menschlicher Entwicklung an: „From a developmental point of view, action barriers are of utmost importance because they are assumed to instigate developmental processes" (S.90). So lokalisiert Eckensberger beispielsweise am Übergang zwischen primärer und sekundärer Ebene solche Entwicklungen, wie sie in Stufenmodellen der moralischen Entwicklung (z.B. Kohlberg, 1984) beschrieben werden, während er am Übergang zwischen sekundärer und tertiärer Ebene z.B. Identitätsentwicklungen (z.B. Kegan, 1986) verortet.

Für die weiteren Ausführungen ist nun Eckensbergers Hinweis wesentlich, daß die genaue Art, mit der sich ein Handelnder mit einer Barriere auseinandersetzt, davon abhängt, *als welche Art von Problem der Handelnde eine Barriere interpretiert.* Wird eine Barriere beispielsweise als Problem im Bereich der technischen Kompetenz interpretiert, dann wird sie andere Denkprozesse, Emotionen und Regulationen hervorrufen, als wenn sie als ein Problem im Bereich des moralischen Urteils oder des Glaubens interpretiert wird. Eckensberger (1996a) unterscheidet ohne Anspruch auf Vollständigkeit insgesamt zehn solcher Bereiche oder „Interpretationsschemata" (S.184), von denen einer auch den Bereich der sozialen Kompetenzen darstellt. Somit lassen sich innerhalb der Konzeption Eckensbergers auch interpersonale Mißverständnisse, die ja oft den Kern von critical incidents bilden, als Handlungsbarrieren auffassen. Wir entdecken somit hier einen erneuten Hinweis darauf, daß die Auseinandersetzung mit den Fremdheitserfahrungen, die im Rahmen von critical incidents gemacht werden, als Ausgangspunkt interkultureller Lern- und Entwicklungsprozesse angesehen werden kann (vgl. Kap. 2.1.1.2). Wir sehen aber auch gleichzeitig, daß sich solche Prozesse gerade *nicht* auf der Ebene instrumenteller Handlungen lokalisieren lassen.

Eckensberger führt in dieses Modell dreier Handlungsebenen nun noch eine weitere Differenzierung ein, die für unsere weiteren Überlegungen relevant ist: In lockerer Anlehnung an die Theorie kommunikativen Handelns von Habermas (1981) geht er davon aus, daß jede Bezugnahme auf eine der drei Handlungsebenen auf zwei Arten geschehen kann: strategisch und kommunikativ (Eckensberger, 1996a, S.178). Während Eckensberger unter strategischen Handlungen offenbar solche

Handlungen versteht, die sehr stark auf die Herbeiführung bestimmter Effekte in der materiellen Umwelt zentrieren, versteht er unter kommunikativen Handlungen solche Handlungen, die auf das Verstehen von Subjekten in der sozialen Mitwelt gerichtet sind. Auf dieser Basis macht er den Vorschlag, soziale Handlungen danach zu unterscheiden, ob ihnen eine „Kontroll-" oder eine „Harmonieorientierung" zugrunde liegt (ebd., S.192). Der hier erkennbare Gedanke einer Unterscheidung von *Ebenen*, auf die bezug genommen wird, und der *Art*, wie darauf bezug genommen wird, ist sicherlich weiterführend. Er erinnert stark an die von Abele (1985; 1995) getroffene Unterscheidung zwischen Kognitions*inhalt* und Kognitions*art*, die bereits gewürdigt worden ist (vgl. Kap. 2.2.3.2). Allerdings können die von Eckensberger in diesem Zusammenhang vorgeschlagenen begrifflichen Unterscheidungen nicht einfach übernommen werden: Wie Straub (1999, S.164f.) bemerkt und wie auch bei der Diskussion von Habermas' Theorie des kommunikativen Handelns noch deutlich werden wird (vgl. Kap. 3.2.3), verwendet Eckensberger die Begriffe „strategisch" und „kommunikativ" hier in einer *zu* lockeren Art und Weise, die letztlich etwas irreführend ist.

Eckensberger (1996a, S.182) liefert auch eine graphische Illustration seines Handlungsmodells. Die daran deutlich werdende enorme Komplexität dieses Modells kann hier nur ausschnittsweise widergegeben werden. Die folgende Graphik bietet daher eine stark vereinfachte Darstellung, die auf die hier relevanten und diskutierten Aspekte beschränkt ist:

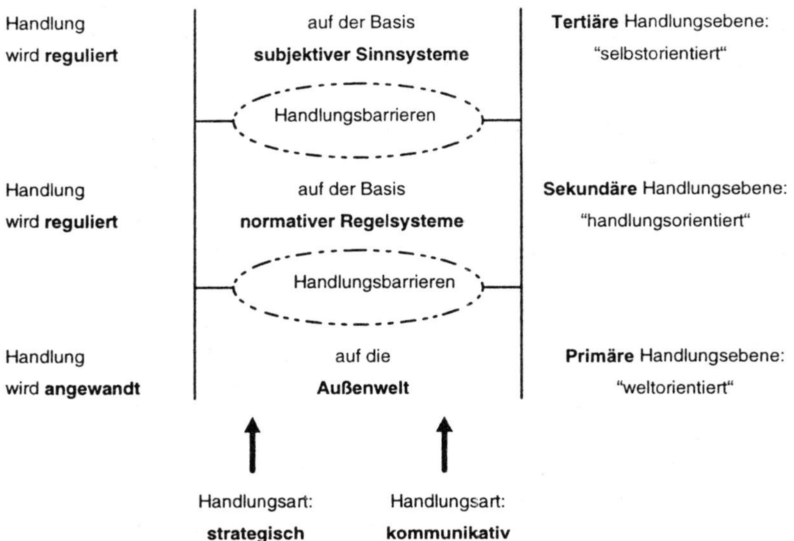

Abbildung 8: Stark vereinfachtes Handlungsmodell nach Eckensberger (1996a, S.182)

Eckensberger hat mit diesem Modell zweifellos einen weiten Schritt in Richtung einer psychologischen Handlungstheorie unternommen, die durch die explizite Berücksichtigung des Kulturkonzeptes das rein zweckrationale Handlungsmodell erweitert, wodurch besonders soziale Handlungen adäquater beschreibbar und erklärbar werden. Allerdings müssen auch an diesem Modell einige Kritikpunkte angebracht werden: Neben der etwas zu lockeren Übernahme der Begriffe „strategisch" und „kommunikativ" (s.o.) ist m.E. auch die Bezeichnung der drei Handlungsebenen etwas unglücklich gewählt. Während die beiden ersten Ebenen danach benannt sind, auf was sich die dort erfolgenden Handlungen richten, bezieht sich der Name der dritte Ebene eher darauf, auf welcher Basis die dort erfolgenden Handlungen vollzogen werden (besonders verwirrend erscheint mir die deutsche Bezeichnung dieser Ebene zu sein: „aktorientiert" in Eckensberger, 1996a, S.181). Dies verweist auf eine weitere Unklarheit: Folgt man den Ausführungen Eckensbergers, dann finden auf dieser dritten Ebene nicht nur *selbst*reflexive Handlungen statt – die sich auf das Selbst *richten* und somit dieser Ebene offenbar ihren Namen verleihen – sondern auch solche, die normative Regelsysteme *auf der Basis* selbstweltlicher Sinnsysteme zum Gegenstand der Reflexion machen. Insofern wäre es möglicherweise präziser, auf dieser dritten Handlungsebene von „metareflexiven“ Handlungen zu sprechen. In Analogie dazu ließe sich die zweite Ebene als Ebene der „normorientierten Handlungen“ bezeichnen, da die dortigen Handlungen auf der Basis normativer Regelsysteme vollzogen werden. Dies hätte darüber hinaus den Vorteil, die etwas verwirrende Rede von „handlungsorientierten Handlungen“ (Eckensberger, 1996a, S.178) vermeiden zu können.

Ein zweiter Kritikpunkt betrifft die Art, wie es zu Handlungen auf der zweiten und dritten Ebene kommt: Besonders die graphische Darstellung vermittelt den Eindruck, daß Handlungsbarrieren auf der ersten Ebene *zunächst* sekundäre Handlungen nach sich ziehen, und daß es erst durch das Auftreten *weiterer* Handlungsbarrieren zu tertiären Handlungen kommt. Damit wird unterstellt, daß bei der Regulation von instrumentellen Handlungen normative Reflexionen immer vor selbstweltlichen Reflexionen erfolgen. Dies scheint aber gerade aus einer kulturellen Perspektive eine zu gewagte Annahme zu sein. So deutet beispielsweise eine Untersuchung von Miller, Bersoff und Harwood (1990) auf kulturelle Unterschiede bei der Bevorzugung norm- bzw. selbstorientierter Argumente hin: Die Autoren legten indischen und US-amerikanischen Versuchspersonen (VPs) verschiedene soziale Situationen zur Beurteilung vor, in denen eine Person in unterschiedlich starken Ausmaßen auf die Hilfe einer anderen Person angewiesen ist. Während die indischen VPs in allen Bedingungen eine moralische Verpflichtung zur Hilfe als gegeben ansehen und dabei mit der Geltung sozialer Normen argumentieren, teilen die US-amerikanischen VPs diese Ansicht nur im Falle einer lebensbedrohenden Situation. In anderen Fällen stellt für die US-amerikanischen VPs die Hilfeleistung eine Frage der individuellen Entscheidung dar. Im Hinblick auf das Handlungsmodell von Eckensberger könnte dieser Befund darauf hindeuten, daß in einigen, möglicherweise individualistischen Kulturen, selbstorientierte Reflexionen und Regulationen *vor* normorientierten stattfinden.

Ein dritter und letzter Kritikpunkt, der hier angebracht werden soll, betrifft das Konzept der Handlungsbarrieren: Die zentrale Bedeutung dieses Konzepts, die sich besonders auch unter lern- und entwicklungspsychologischen Gesichtspunkten ergibt, ist bereits gewürdigt worden (s.o.). Allerdings scheint Eckensberger davon auszugehen, daß es *nur* durch das Auftreten von Handlungsbarrieren zu Handlungen auf zweiter und dritter Ebene kommen kann. Da somit jede nicht-instrumentelle Handlung als (meta)reflexive Auseinandersetzung mit Handlungsbarrieren konzipiert wird, besitzt auch Eckensbergers Modell jenen „rationalistischen" Charakter, der oft an handlungspsychologischen Modellen bemängelt wird (z.B. Cranach, 1994; Straub, 1999). So kann man sich etwa fragen, wo Eckensberger solche Handlungen verorten würde, die zwar keine Reaktion auf eine Handlungsbarriere darstellen, aber trotzdem einen sehr normativen bzw. selbstorientierten Charakter aufweisen, wie z.B. das Einhalten einer Tischsitte oder das Schreiben eines Tagebuchs. Im Rahmen traditioneller handlungspsychologischer Modelle würden solche Handlungen wahrscheinlich zweckrational umgedeutet werden, wobei man sich fragen kann, ob man ihnen damit gerecht wird (vgl. Kap. 2.2.6.1). Eine handlungs- und kulturtheoretische Konzeption, die speziell auch diese Frage erörtert, ist diejenige von Straub (1999), der wir uns nun zuwenden.

Auch Straub (1999) beginnt seine Ausführungen mit einer Kritik an der einseitigen Ausrichtung traditioneller psychologischer Handlungstheorien, die sich auf instrumentelle, zweckrationale Handlungen beschränken, dabei das Kulturkonzept ausklammern und somit für die Analyse *sozialer* Handlungen nur sehr eingeschränkt geeignet sind (vgl. Kap. 2.2.6.1). In diesem Zusammenhang stellt er fest, daß die wesentlich älteren soziologischen Handlungstheorien von Max Weber (1921), Alfred Schütz (1932), George Herbert Mead (1934) und Talcott Parsons (1937) in dieser Hinsicht wesentlich weiter führen. Die Bedeutung von Parsons wird im übrigen auch von Geulen (1989) in prägnanter Weise betont: „Jede Weiterentwicklung der Theorie des sozialen Handelns muß von dem mit Parsons erreichten Problemstand ausgehen und wird sich teilweise auf von ihm formulierte Kategorien stützen können" (S.151). Parsons Verdienst sieht Geulen unter anderem darin, daß er in Anlehnung an Max Weber bzw. Emile Durkheim (1912) auf zwei Dinge hingewiesen hat: Erstens, „daß in die Bestimmungsgründe menschlichen Handelns Momente eingehen, die ihrem Wesen nach nicht in der physikalischen Realität, sondern nur im Bewußtsein >existieren<", und zweitens, daß diese subjektiven Momente zumindest teilweise „gesellschaftlich bestimmt und interindividuell geteilt sind" (Geulen, 1989, S.152). In diesem letztgenannten Aspekt erkennt Parsons auch die *normative* Ebene von Interaktionen.

Entsprechend beginnt Straub (1999) seine Entwicklung einer Handlungstypologie mit einem „Blick in die Soziologie" (S.63), und setzt sich dort zunächst mit der klassischen Analyse sozialer Handlungen von Max Weber (1921) auseinander. Bereits Weber entwickelt dort eine Handlungstypologie, in der die zweckrationale Handlung nur einen von vier

Handlungstypen darstellt. Nach Auffassung von Schluchter (1979, S.192) bringt Weber diese vier Handlungstypen allerdings in eine Rangreihe des Rationalitätsgehaltes, wobei sich der Rationalitätsgehalt einer Handlung danach bemißt, inwieweit Mittel, Zweck, Wert und Folge der Handlung einer bewußten Kontrolle unterliegen. Dadurch erscheint die zweckrationale Handlung als der „überlegene" Handlungstypus, gegenüber dem andere Handlungstypen mehr oder weniger stark degeneriert wirken. Am deutlichsten wird dies bei der sogenannten „traditionalen" Handlung, die nach Straub (1999) bei Weber wie ein „dumpfer Ausdruck bloß faktisch eingelebter Gewohnheiten" (S.67) erscheint. Straub bringt gegen diese Konzeption insgesamt sechs Kritikpunkte hervor, die besonders auf das Menschenbild Webers zielen, das nach Auffassung von Straub auf „Bemächtigung, Verfügung, Beherrschung – der objektiven und sozialen Welt so gut wie des eigenen Selbst" (S.70) gerichtet ist. Gekoppelt mit einem protestantisch eingefärbten ethischen Programm der Sachlichkeit, Disziplinierung, Bescheidenheit und Askese – so Straub – führt dies dazu, daß „alles *nicht* ziel- oder zweckorientierte Handeln 'immer schon' unter dem Gesichtspunkt mangelnder Rationalität in den Blick gerät" (ebd., S.73). Dadurch versperrt Webers Konzeption nach Straubs Meinung „nicht nur die Sicht auf andere Rationalitätsaspekte des Handelns als die besagten, sondern greift bereits störend in die phänomengerechte, theoretisch-deskriptive Erfassung verschiedener Handlungstypen ein" (ebd.).

Straub (1999) ist zweifellos darin zuzustimmen, daß eine a priorische „Glorifizierung" zweckrationaler Handlungen eine phänomengerechte Erfassung verschiedener Handlungstypen verhindert. Es darf allerdings nicht unerwähnt bleiben, daß es durchaus nicht unumstritten ist, Max Weber eine solche Intention zu unterstellen. Straub selbst verweist in einer Fußnote auf einen Aufsatz von Frommer (1994), in dem diese darauf hinweist, daß es zum gängigen Stereotyp über Weber gehört, in ihm vor allem einen „im preußischen Protestantismus aufgewachsenen, religiös und pflichtbewußt erzogenen, arbeitsamen Großbürgersohn" zu sehen, der durch „Fixierung auf das rational Zugängliche und Ablehnung leiblich-affektueller Motive und Bedürfnisse" (S.239) zu charakterisieren ist. Auf der Basis solcher und ähnlicher Charakterisierungen wird in Webers Werk häufig ein massiver „rationalistischer bias" (Gerhards, 1989, S.336) gesehen und entsprechend seiner Analyse des okzidentalen Rationalismus ein stark präskriptives Element unterstellt. Wie besonders Käsler (1989; 1995) deutlich macht, stellt sich allerdings durchaus die Frage, ob eine so „geradlinige" Interpretation der Person und den Anliegen Max

Webers tatsächlich gerecht wird. Zum einen weist Käsler (1989) darauf hin, daß sich die biographische Weber-Forschung nahezu ausschließlich auf von Webers Witwe zusammengestellte und interpretierte Materialien stützt, die nach Einschätzung von Käsler ein „einseitiges und erheblich retuschiertes" (S.39) Bild entstehen lassen. Zum anderen macht Käsler darauf aufmerksam, daß sich Weber zwar in der Tat zu einer „rationalistischen Methode" bekennt, „wobei er diese nicht als 'rationalistisches Vorurteil' verstanden wissen wollte, 'sondern nur als methodisches Mittel', das 'also nicht etwa zu dem Glauben an die tatsächliche Vorherrschaft des Rationalen über das Leben umgedeutet werden' sollte" (Weber; zit. nach Käsler, 1995, S.195). Entsprechend, so Käsler weiter, stellt der Begriff des *Sinns* – auf den Straub, wie wir noch sehen werden, so stark abstellt – „auch die entscheidende Kategorie des Weberschen Handlungsbegriffes dar" (ebd.). Straubs Festhalten an der Diagnose eines „rationalistischen bias" bei Weber ist daher zumindest nicht unumstritten.

Ein „rationalistischer bias" ist nach Auffassung von Straub in der Handlungstypologie von Aschenbach (1984) bereits weitaus schwächer ausgeprägt, wenn auch noch immer vorhanden. Aschenbachs Handlungstypologie kommt daher der von Straub geforderten phänomengerechten, theoretisch-deskriptiven Erfassung verschiedener Handlungstypen, um die sich gerade eine kulturpsychologisch orientierte Handlungstheorie bemühen sollte, nach dessen Meinung schon wesentlich näher. Aschenbach geht davon aus, daß menschliches Handeln im Unterschied zu reflexhaftem Verhalten auf spezifischen *Orientierungen* basiert, die zumindest potentiell – auch wenn dies unter Umständen mühsam ist – sprachlich explizierbar sind. Demzufolge lassen sich Handlungen danach unterscheiden, an was sie sich orientieren und welchen Geltungsanspruch sie dadurch erheben. Nach Aschenbach lassen sich insgesamt fünf solcher handlungsleitender Orientierungen unterscheiden, aus denen er fünf Handlungstypen ableitet. Straub (1999, S.93) hat diese fünf Handlungstypen zusammen mit einer Kurzcharakteristik und den jeweiligen Geltungsansprüchen in folgender Tabelle zusammengestellt:

Handlungstyp	*Kurzcharakteristik*	*Geltungsanspruch, Rationalitätstyp*
Imitationsmustergebundenes Handeln	Handeln als Nachahmung eines bekannten, imaginierten Vorbildes oder Musters	Identität, Übereinstimmungs-rationalität
Schemagebundenes Handeln	Handeln als Aktualisierung eines sprachlich explizierbaren Schemas	Richtigkeit, Schemarationalität
Regelgebundenes Handeln	Handeln als Befolgung einer (Interaktions-) Regel	Passendheit, Regelrationalität
Zweckgebundenes Handeln	Handeln als Mittel für das Erreichen eines Zweckes	Geeignetheit, Zweckrationalität
Sinnrationales Handeln	Handeln als stimmiges Element von Orientierungsstrukturen und Identitäts-entwürfen	Sinnrationalität

Abbildung 9: Aschenbachs Handlungstypologie nach Straub (1999, S.93)

Diese Abbildung macht mehreres deutlich: Zunächst entdecken wir auch hier die zweckrationale Handlung wieder, die hier allerdings anders als bei der Rekonstruktion der Weberschen Handlungstypologie durch Schluchter (1979) nicht mehr als übergeordnete, überlegene Handlung erscheint, gegenüber der andere Handlungstypen mehr oder weniger degenerierte Teilhandlungen darstellen. Statt dessen betont auch Aschenbach (1984), daß der Versuch, jede Handlung in einer Begründungskette als zweckrational zu konstruieren, „dem tatsächlichen menschlichen Tun Gewalt antun kann" (S.161). Die schema- und regelgebundenen Handlungen in dieser Tabelle erinnern an diejenigen Handlungen, die Eckensberger in seinem Handlungsmodell (s.o.) auf der zweiten Ebene ansiedelt und die in Anlehnung an Parsons (1937) als „normativ" bezeichnet werden könnten. An die dritte Ebene in Eckensbergers Handlungsmodell erinnern schließlich diejenigen Handlungen, die Aschenbach (1984) als „sinnrational" bezeichnet. Wie die Tabelle bereits andeutet, handelt es sich dabei um solche Handlungen, die sich an situationsübergreifenden Überzeugungen und Lebenskonzepten orientieren und somit aufs engste mit der Identität des Handelnden verwoben sind. Den eindeutigsten Hinweis auf die

Existenz und die übergeordnete Bedeutung solcher Handlungen sieht Aschenbach darin, daß es in bestimmten Situationen zu einem Konflikt zwischen verschiedenen zweckrationalen Handlungen kommen kann, der nur durch eine sinnrationale Handlung zu lösen ist. Eine solche Konzeption bereit somit den Boden für eine stark relativierte Einordnung der zweckrationalen Handlung, die nun in Straubs (1999) eigener Handlungstypologie gänzlich vollzogen wird.

Da die Ausführungen über Weber (1921) und Aschenbach (1984) bereits Teile von Straubs (1999) Argumentationsweg nachgezeichnet haben, können wir nun direkt zu seinem (handlungstypologischen) Fazit vorstoßen: Straub unterscheidet „zielorientierte“ (ebd., S.101), „regelgeleitete“ (ebd., S.113) und „narrative“ (ebd., S.141) Handlungen. Auf zielorientierte Handlungen, die auch als zweckrational bezeichnet werden können, muß nach den Ausführungen im vorangegangenen Kapitel (2.2.6.1) nicht mehr näher eingegangen werden. Formal beschreibt sie Straub als solche Handlungen, die ein Akteur deshalb vollzieht, weil er glaubt, damit einen angestrebten Zielzustand herbeiführen zu können (ebd., S.103). Demgegenüber lassen sich regelgeleitete Handlungen formal folgendermaßen beschreiben: Es sind solche Handlungen, die ein Akteur in einer bestimmten Situation vollzieht oder unterläßt, weil er einer Gruppe oder Gesellschaft angehört, in der die Regel besteht, daß solche Handlungen in solchen Situationen zu vollziehen oder zu unterlassen sind (ebd., S.139). Straub betrachtet normative Handlungen als einen Spezialfall regelgeleiteter Handlungen, bei dem die in Frage stehende Regel eine soziale Norm darstellt. Wie unmittelbar ersichtlich ist, wird es erst durch einen so verstandenen Begriff des normativen Handelns möglich, „den Akteur in einen sozialen Bezugsrahmen, in eine mit anderen geteilte soziale Welt“ (ebd., S.138) zu stellen. Ebenso wird sofort klar, daß jede normative Handlung in einer individuumszentrierten, zweckrationalen Weise umgedeutet werden kann. In einigen Fällen kann dies auch durchaus angemessen sein, nämlich dann, wenn eine soziale Norm aus *strategischen* Gründen befolgt wird. Wird allerdings jede normative Handlung zweckrational umgedeutet, dann verbaut man sich die Möglichkeit, jene Handlungen zu erkennen, in denen *primär* internalisierte Regeln einer sozialen Gemeinschaft zur Anwendung gelangen.

Wie die formalen Darstellungen zielorientierter und regelgeleiteter Handlungen bereits andeuten, ist Straub der Auffassung, daß jeder Handlungstyp mit einer für ihn charakteristischen bzw. angemessenen Form der Handlungserklärung verbunden ist. Am deutlichsten wird dies nun bei den von Straub sogenannten „narrativen“ Handlungen: Dabei handelt es sich nämlich um solche Handlungen, die nur dadurch angemessen erklärt werden können, daß eine *Geschichte* erzählt wird, die die Handlung in einen übergeordneten Sinnzusammenhang einbettet. Beispiele für narrative Handlungen wären etwa das Erklären einer „Drogenkarriere" oder einer Gewalthandlung. Würde man beispielsweise auf die Frage, warum eine bestimmte Person eine Bank überfällt, zur Antwort geben, „um an Geld zu gelangen", so wäre das zwar in gewisser Weise richtig, diese Antwort bliebe aber merkwürdig schal. Eine solche Handlung „in ihrer konkreten Identität und Bedeutung zu erfassen, macht es erforderlich, die Geschichte, die die Handlung bildet, auszuschreiben" (Straub, 1999, S.144f.). Weil dabei ein jeweiliger „Erzähler" Anfang, Verlauf und Ende einer Geschichte festlegt, bilden narrative Handlungen kein „funktionales Anhängsel einer theoretisch konstruierten Ordnung" (ebd., S.145), sondern stellen *schöpferische* Akte dar, durch die eine Ordnung erst konstruiert wird. Aus diesem Grund ordnet Straub „kreative" Handlungen (ebd., S.150f.) explizit dem Typus der narrativen Handlung zu. Gerade kreative Handlungen zeichnen sich nämlich dadurch aus, daß durch sie bestehende Ordnungen in irgendeiner Form „transzendiert" (ebd., S.152) werden. Eine solche Transzendierung bestehender Ordnungen kann beispielsweise auch bedeuten, soziale Normen oder die eigene Identität kritisch zu reflektieren und möglicherweise zu verändern versuchen. Insofern weisen kreative Handlungen im Sinne Straubs eine große Ähnlichkeit zu Handlungen auf tertiärer Ebene im Modell von Eckensberger auf.

Wie Straub (1999) betont, sind letztlich alle Handlungen, und somit auch zweckrationale Handlungen, in übergeordnete Sinnzusammenhänge und somit in „Geschichten" eingebettet. Bei vielen Handlungen fällt dies lediglich nicht auf, weil die Geschichten, in die sie eingebettet sind, kulturell geteilt und somit nicht bewußtseinspflichtig sind. Werden diese Geschichten allerdings z.B. im Rahmen von interkulturellen Interaktionen thematisiert, dann wird deutlich, daß sich Zweck- und Regelrationalitäten immer nur innerhalb spezifischer Sinnzusammenhänge ergeben. Aus diesem Grund sieht Straub die narrative Handlung als den übergeordneten Handlungstypus an:

„Da in Erzählungen nicht nur der Geschichtlichkeit und Kreativität der Praxis Rechnung getragen wird, sondern selbstverständlich auch von Zielen, die das Handlungssubjekt verfolgt, und Regeln, die der Akteur befolgt, die Rede ist, darf man das narrative Modell als das komplexeste bezeichnen. Es schließt die anderen Modelle nicht aus, sondern ein" (Straub, 1999, S.162).

Wie dieses Zitat deutlich macht, bestreitet Straub keineswegs, daß es in vielen Fällen sinnvoll ist, Handlungen als zweckrational oder regelorientiert zu bezeichnen. Er macht allerdings darauf aufmerksam, daß auch solche Handlungen in individuell und soziokulturell konstruierte Sinnzusammenhänge eingebettet sind, die folglich bei der Betrachtung sozialer und interkultureller Interaktionen in besonderer Weise beachtet werden müssen.

2.2.6.3 Zusammenfassung und Würdigung

Wie deutlich geworden sein dürfte, unterliegen traditionelle handlungspsychologische Konzeptionen der Einschränkung, daß die sozialen und subjektiven Kontexte, in die Handlungen eingebunden sind, in der Regel nicht oder nicht ausreichend berücksichtigt werden. Dadurch sind solche Konzeptionen gezwungen, sich auf die Analyse solcher Handlungen zu beschränken, deren Sinnhaftigkeit sich in einer kulturell geteilten und somit scheinbar „offensichtlichen" Zweckrationalität erschöpft. Handlungstheorien, die zur Analyse von *sozialen* Handlungen vordringen wollen, müssen daher Handlungstypologien entwerfen, die das Modell der zweckrationalen Handlung erweitern. Die diesbezüglichen Entwürfe von Eckensberger, Aschenbach und Straub sind vorgestellt und diskutiert worden. Sie bieten m.E. von allen vorgestellten Perspektiven den umfassendsten Blick auf die soziale Interaktion und stellen somit auch die vielversprechendsten Ansätze dar, um zur Analyse von interkulturellen Interaktionen vorzustoßen. Da diese Konzeptionen gleichzeitig aber auch den abstraktesten Blick auf die soziale Interaktion werfen, dürfen die Erkenntnisse, die aus der Einnahme der anderen Perspektiven hervorgegangen sind (vgl. Kap. 2.2.1 - 2.2.5) allerdings nicht ignoriert werden, sondern müssen in ein einheitliches handlungs- und kulturtheoretisches Modell integriert werden. Eine solche Integration möchte ich im folgenden leisten. Wie wir sehen werden, wird es dadurch möglich, soziale und interkulturelle Interaktionsschwierigkeiten der verschiedensten Art nicht nur theoretisch zu lokalisieren, sondern auch Möglichkeiten zu deren Überwindung aufzuzeigen.

2.3 Interkulturelle Interaktion als soziale Handlung: Ein integratives Modell

Im folgenden soll gezeigt werden, daß es durch die bisher gewonnenen Erkenntnisse möglich wird, jede Handlung als eine spezifische Form des Selbst-, Fremd- und Weltverhältnisses zu rekonstruieren. Dadurch werden bestimmte *Muster* des Erlebens und Verarbeitens von Fremdheitserfahrungen während sozial gedeuteter Interaktionen erkennbar. Wird davon ausgegangen, daß durch solche Fremdheitserfahrungen eine soziale Interaktion zu einer interkulturellen Interaktion wird (vgl. Kap. 2.1.2), dann können diese Muster auch als Grundformen des Fremderlebens in interkulturellen Interaktionen bezeichnet werden.

2.3.1 Eine erweiterte Handlungstypologie

Zunächst möchte ich Straubs (1999) Unterscheidung dreier Handlungstypen weitgehend übernehmen. Ich ziehe es allerdings vor, die bei ihm „zielorientiert" genannten Handlungen als „zweckrational" zu bezeichnen, da ich – wie im weiteren Verlauf noch deutlich wird – in einer „Zielorientierung" eher die Handlungsorientierung sehe, die zweckrationalen Handlungen zugrunde liegt. Wird nun davon ausgegangen, daß alle Handlungen eine Korrespondenz herstellen müssen zwischen (a) der gegenständlichen Umwelt und (b) der Innenwelt eines Akteurs durch Teilnahme an (c) der sozialen Mitwelt, dann werden daran drei unterschiedliche *Bezugspunkte* deutlich, auf die Handlungen primär gerichtet sein können. Differenziert man Handlungstypen auf diese Weise aus, so lassen sich insgesamt neun Handlungsformen unterscheiden, die in bezug auf ihren Grundtypus und ihren Bezugspunkt eindeutig bestimmbar sind. Ich lege im folgenden einen Vorschlag zur Bezeichnung dieser neun Handlungsformen vor:

Grundtypus einer Handlung:	**Bezugspunkt einer Handlung:**		
	gegenständliche Umwelt	*soziale Mitwelt*	*subjektive Innenwelt*
zweckrational	instrumentell	strategisch	autochthon
regelgeleitet	regulativ	normativ	selbstregulativ
narrativ	analytisch	explorativ	selbstreflexiv

Abbildung 10: Handlungen in Abhängigkeit von Grundtypus und Bezugspunkt

Die hier als „instrumentell" bezeichneten Handlungen sind diejenigen Handlungen, die üblicherweise im Zentrum traditioneller handlungspsychologischer Modelle stehen (vgl. Kap. 2.2.6.1). Sie werden in diesem Modell in Anlehnung an Habermas (1981, S.127) zum einen gegenüber „strategischen", zum anderen aber auch gegenüber „autochthonen" Handlungen abgegrenzt, womit dem Faktum Rechnung getragen wird, „daß Menschen auch mit sich und anderen einen instrumentellen, erfolgsorientierten Umgang pflegen (können)" (Straub, 1999, S.165). Dies kommt bereits in alltagssprachlichen Konzepten wie „jemanden ausnutzen" oder „sich etwas abverlangen" zum Ausdruck. Unter den regelgeleiteten Handlungen ist der für alle Sozialwissenschaften zentrale Begriff der „normativen" Handlung verortet, der allerdings ebenfalls nicht die einzig denkbare Form regelgeleiteten Handelns darstellt. Ein Akteur kann auch in bezug auf die gegenständliche Umwelt oder in bezug auf sich selbst Regeln anwenden, deren Nichteinhaltung mit keinerlei sozialen Sanktionen verbunden ist. Die verschiedenen Formen narrativen Handelns weisen schließlich darauf hin, daß hinsichtlich aller Bezugspunkte zweckrationale und regelgeleitete Handlungen transzendiert werden können. In bezug auf die Umwelt kommt dies etwa in technischen Erfindungen, aber auch in naturwissenschaftlichen Analysen zum Ausdruck, die insofern schöpferisch sind, als in ihnen Konzeptualisierungen geschaffen werden, die nicht a priorisch in der Umwelt vorhanden sind. Entsprechend zeigen sich narrative Handlungen in bezug auf die Innenwelt nicht nur in künstlerisch-kreativen Leistungen, sondern auch in allen Formen der Sinngebung des eigenen Lebens. Bezüglich der Mitwelt zeigen sich solche Handlungen vor allem in Versuchen, fremde Sinnsysteme zu verstehen. Da man auch solche Handlungen als „analytisch" bezeichnen könnte, wird klar, daß Handlungsbezeichnungen dieser Art nur Akzentsetzungen sein können. Trotzdem wird deutlich, daß Handlungen, die sich hinsichtlich ihres Grundtypus' und/oder ihres Bezugspunktes unterscheiden einen zum Teil sehr unterschiedlichen „Charakter" besitzen, der aus dem Blick gerät, wenn der Versuch unternommen wird, alle Handlungen auf eine Form zu reduzieren.

2.3.2 Handlungsorientierungen als Formen des Selbst-, Fremd- und Weltverhältnisses

Ich stimme nun desweiteren Aschenbach (1984) darin zu, daß solchen Handlungen spezifische Orientierungen zugrunde liegen, die sprachlich explizierbar sind (vgl. Kap. 2.2.6.2). Angesichts der obigen Tabelle können wir sagen, daß sich in solchen *Handlungsorientierungen* offenbart, welcher *„Welt"* ein Akteur einen bestimmten Erlebensinhalt dominanterweise zuordnet und auf welche *Weise* er sich dazu verhält. Entsprechend läßt sich eine Handlungsorientierung definieren als ein sprachlich bestimmbares Weltverhältnis, das mit einer bestimmten Art, sich zu dieser Welt zu verhalten, verbunden ist (woran unter anderem deutlich wird, daß ich den Begriff der „Handungsorientierung" in wesentlich anderer Weise verwende als Kuhl, vgl. Kap. 2.2.6.1). Wie Bader (1989) feststellt, ist eine solche Unterscheidung zwischen Handlungstypus und zugrundeliegender Orientierung bereits bei Max Weber (1921) angelegt. Wie Bader (1989) ausführt, ist diese Unterscheidung vor allem deshalb wichtig, weil äußerlich identische Handlungen und Regeln „einen gänzlich verschiedenen Sinn haben [können] und damit auch verschiedenen Typen zugehören" (S.308). In der nun folgenden Tabelle wird der Versuch unternommen, die Handlungsorientierungen, die den oben eingeführten Handlungen zugrunde liegen, sprachlich zu explizieren, wobei ich mich lose an die Terminologie von Grawe et al. (1994; vgl. Kap. 2.2.4.1) anlehne:

Grundtypus einer Handlung:	**Bezugspunkt einer Handlung:**		
	gegenständliche Umwelt	*soziale Mitwelt*	*subjektive Innenwelt*
zweckrational	zielorientiertes Umweltverhältnis	zielorientiertes Fremdverhältnis	zielorientiertes Selbstverhältnis
regelgeleitet	beziehungs-orientiertes Umweltverhältnis	beziehungs-orientiertes Fremdverhältnis	beziehungs-orientiertes Selbstverhältnis
narrativ	klärungsorientiertes Umweltverhältnis	klärungsorientiertes Fremdverhältnis	klärungsorientiertes Selbstverhältnis

Abbildung 11: Ein Modell möglicher Handlungsorientierungen

Wie deutlich wird, kann zu jeder Welt ein „zielorientiertes", ein „beziehungsorientiertes" oder ein „klärungsorientiertes" Verhältnis eingenommen werden. Eine solche Explikation potentieller Handlungsorientierungen eröffnet zunächst auf einer theoretischen Ebene die Möglichkeit, verschiedenste Arten von sozialen und besonders auch interkulturellen Interaktionsschwierigkeiten lokalisieren zu können, wie ich anhand einiger „klassischer“ interkultureller Interaktionsprobleme aufzeigen möchte: Besteht beispielsweise zum Interaktionspartner ein „zielorientiertes Umweltverhältnis“, dann wird der Partner zu einem Objekt vergegenständlicht, das zur Verfolgung bestimmter Ziele benutzt werden kann. Eine solche Handlungsorientierung spiegelt offenkundig eine Machtproblematik wider, was besonders daran deutlich wird, daß eine solche Realitätsdeutung nur dann aufrecht erhalten werden kann, wenn dem Handelnden entsprechende Machtmittel zur Verfügung stehen. Krewer (1996) bezeichnet eine solche Handlungsorientierung als die „Interkulturalitätsstrategie“ der „Eroberung“ (S.154), die den eigenen Standpunkt verabsolutiert und nach Dominierung oder sogar Unterwerfung des Partners trachtet. Besteht demgegenüber zum Interaktionspartner ein „beziehungsorientiertes Umweltverhältnis“, dann drehen sich diese Verhältnisse in gewisser Weise um. Der Partner wird ebenfalls vergegenständlicht, in diesem Falle allerdings zu einer Art regelgebenden Instanz, deren Vorgaben in unreflektierter Weise befolgt oder übernommen werden, was unter Umständen albern oder sogar absurd wirken kann. Diese Handlungsorientierung weist große Ähnlichkeit mit der von Berry (1990) sogenannten Akkulturationsstrategie der „Assimilation“ (S.216f., vgl. Kap. 2.1.3.1) auf. Besteht ein „klärungsorientiertes Umweltverhältnis“ zum Interaktionspartner, dann findet zwar eine analytische Auseinandersetzung mit den ihn leitenden Sinnsystemen statt, wobei der Partner aber immer noch als Objekt und somit gewissermaßen als „kulturelle Maschine“ gedeutet wird. Dies bezeichnet Krewer (1996) als „kausalen Fehlschluß“ (S.158) bzw. an anderer Stelle als „kulturalistische Überinterpretation“ (1993, S.10). Auch hier wird der Partner letztlich „depersonalisiert und zum Prototyp vergegenständlicht ... Die eigene kulturelle Geprägtheit als zugrundeliegender Bewertungsmaßstab bleibt noch weitgehend unreflektiert“ (ebd.).

Wir sehen, daß alle Formen der vergegenständlichenden Deutung eines Interaktionspartners in der Gefahr stehen, den Verlauf einer Interaktion für mindestens einen der Partner problematisch werden zu lassen. Deuten sich die Interaktionspartner dagegen beidseitig als soziale Mitwelt, d.h. als Handlungs*subjekte* mit bestimmten Motiven, Emotionen und Kognitionen, dann hat die Interaktion bessere Chancen, von den beiden Partnern als unproblematisch erlebt zu werden. Dies gilt insbesondere dann, wenn den Interaktionshandlungen der Partner dieselbe Handlungsorientierung zugrunde liegt. Genau dies ist in vielen interkulturellen Interaktionen allerdings nicht der Fall. Beispielsweise können viele Interaktionsprobleme, die in der Literatur unter Themen wie „Individualismus vs. Kollektivismus“ (z.B. Triandis, 1995), „Sach- vs. Beziehungsorientierung“ (z.B. Sugitani, 1996), „High- vs. low-context communication“ (Hall, 1976) oder „Kontroll vs. Harmonieorientierung“ (Eckensberger, 1996a) kursieren in Anbetracht dieses Modells als ein Aufeinanderprallen von ziel- und beziehungsorientiertem Fremdverhältnis interpretiert werden. Wie etwa Sugitani (1996) ausführt, genießt aus japanischer Perspektive die Erhaltung einer „balancierten psychosozialen Homöostase“ (S.230) und die damit verbundene „Beziehungsarbeit“ (ebd.) Vorrang gegenüber der Bearbeitung sachlicher Interaktionsgegenstände. Dabei wird das konkrete, affektiv erlebbare interpersonale Beziehungsverhältnis zwischen zwei Akteuren nicht isoliert erlebt, sondern stellt eine „Aktualisierung eines bestimmten Teils des Beziehungsnetzwerks“ (ebd., S.232) dar, das im Kontext der sozialen Interaktion vorhanden ist. Die Angemessenheit bzw. Notwendigkeit bestimmter sozialer Handlungen wird daher weniger vor dem Hintergrund vermeintlicher „Sachzwänge“ beurteilt, sondern vor dem Hintergrund bestehender Beziehungsnetzwerke. Neben der engen Verwobenheit von sozialen Normen und interpersonalen Beziehungsverhältnissen, die sich hier noch einmal zeigt (vgl. auch Kap. 2.2.6.2), wird an diesen Ausführungen deutlich, daß auch dann, wenn sich die Interaktionspartner prinzipiell als Handlungssubjekte deuten, spezifische „Fehlschlüsse“ und daraus resultierende Interaktionsschwierigkeiten durchaus möglich sind. Wie Sugitani an mehreren Beispielen illustriert, kann eine „Beziehungsorientierung“ aus der unreflektierten Perspektive einer „Zielorientierung“ als repressiv, ineffizient und irrational wirken, während umgekehrt eine „Zielorientierung“ aus der unreflektierten Perspektive einer „Beziehungsorientierung“ als rücksichtslos, rauh und kurzsichtig erscheinen kann.

Solche und ähnliche Schwierigkeiten im Ablauf interkultureller Interaktionen, wie sie in Gestalt von critical incidents in der Literatur in hundertfacher Form beschrieben sind (vgl. Kap. 2.1.2), können als das angesehen werden, was in handlungspsychologischen Termini als „Barriere“ oder „Widerfahrnis“ bezeichnet wird. Wie besonders bei der Diskussion von Eckensbergers Handlungsmodell deutlich geworden ist (vgl. Kap. 2.2.6.2), ist es genau diese Konfrontation mit Barrieren oder Widerfahrnissen, die Lern- und Entwicklungsprozesse auslösen kann: „Action barriers instigate human development“ (Eckensberger, 1996b, S.90). Wenn wir also bei der theoretischen Lokalisierung von interkulturellen Interaktionsproblemen nicht stehenbleiben, sondern zur Untersuchung von interkulturellen Lernprozessen voranschreiten wollen, um daraus auch praktische Konsequenzen ableiten zu können, dann müssen wir uns fragen, was aus dem vorgestellten Modell möglicher Handlungsorientierungen für die Verarbeitung von Handlungsbarrieren folgt. Diesbezüglich folge ich Eckensberger insoweit, als ich zustimme, daß die Beantwortung dieser Frage davon abhängt, als welche Art von Problem eine Handlungsbarriere interpretiert wird. Ich bin allerdings weiterhin der Auffassung, daß es in Anbetracht des vorgestellten Modells nötig wird, den bei Eckensberger sogenannten Bereich der „sozialen Kompetenz" näher auszudifferenzieren. Eckensbergers (1996a) Unterscheidung individueller Regel- und Deutungssysteme (S.184, vgl. Kap. 2.2.6.2) legt nämlich nahe, sämtliche sozialen Interaktionsprobleme als „Verstehensprobleme" zu interpretieren, die durch die „Klärung von Mißverständnissen" (ebd., S.186) beseitigt werden können. Aus dem vorgestellten Modell folgt jedoch, daß ein Interaktionsproblem in Abhängigkeit von der jeweiligen Handlungsorientierung auf drei Arten interpretiert werden kann: (a) unter zielorientierter Perspektive als Problem der *Zielerreichung*, (b) unter beziehungsorientierter Perspektive als Problem der *Beziehungsgestaltung* und (c) unter klärungsorientierter Perspektive als Problem des gegenseitigen *Sinnverstehens*. Diese letztgenannte Interpretation stellt hier also anders als bei Eckensberger nur eine von drei Möglichkeiten dar, deren Wahl von der zugrundeliegenden Handlungsorientierung abhängt.

Der Wert einer solchen Unterscheidung zeigt sich beispielsweise in den Untersuchungen zu Konfliktstilen in sozialen Interaktionen (z.B. Ting-Toomey & Kurogi, 1998). In Anlehnung an eine Unterscheidung von Rahim (1983), die dieser ursprünglich in einem mononational-amerikanischen Kontext getroffen hat, werden dort üblicherweise „dominierende", „vermeidend/entgegenkommende" und „integrative" Konfliktstile unterschieden. Während beim dominierenden Konfliktstil die Durchsetzung eigener Ziele und beim vermeidend/entgegenkommenden Konfliktstil die Balancierung der Beziehung oberste Priorität besitzt, steht beim integrativen Konfliktstil die Suche nach einer kreativen, die konfligierenden Standpunkte berücksichtigenden Konfliktlösung im Vordergrund (Trubisky, Ting-Toomey & Lin, 1991). In bezug auf die Anwendung dieser Konfliktstile zeigen sich sowohl kulturelle als auch individuelle Unterschiede (Ting-Toomey & Kurogi, 1998; Trubisky et al., 1991), wobei besonders bemerkenswert ist, daß auch hier zur Erklärung der kulturellen Unterschiede die Unterscheidung zwischen Individualismus und Kollektivismus herangezogen wird und zur Erklärung der individuellen Unterschiede auf unterschiedliche Selbstkonzeptionen zurückgegriffen wird. So greifen etwa Trubisky et al. (1991) die Theorie des „self-monitoring“ auf, die eng mit der Theorie der objektiven Selbstaufmerksamkeit verwandt ist (Hormuth & Otto, 1996), welche uns im Rahmen der klinischen Perspektive bei der Unterscheidung zwischen „selbstreflexiven“ und „handlungsbezogenen“ Klienten bereits begegnet ist (vgl. Kap. 2.2.4.2). Werden solche Befunde vor dem Hintergrund des vorgestellten Modells gedeutet, so läßt sich einfach sagen, daß unterschiedliche Formen des Selbst- bzw. Fremdverhältnisses offenbar mit der Dominanz unterschiedlicher Stile der intra- und interpersonalen Konfliktbewältigung einhergehen. Darauf weist m.E. auch die bereits erwähnte Rekonstruktion der Weberschen Handlungstypologie von Bader (1989) hin, aus der hervorgeht, daß strategische Handlungen an der Koordination von „Interessenlagen“ (S.308) ausgerichtet sind. Dies legt die Vermutung nahe, daß unter zielorientierter Perspektive Konflikte primär als „Interessenkonflikte“ gedeutet werden und entsprechend gehandelt wird. Wird darüber hinaus davon ausgegangen, daß eine Kultur bestimmte Handlungsorientierungen für die Bewältigung spezifischer intra- und interpersonaler Konflikte nahelegt, dann wird erneut deutlich, daß das vorgestellte Modell einen theoretisch konsistenten Rahmen zur Erklärung relativ heterogener empirischer Befunde liefert, indem es sowohl der potentiellen Individualität eines Handelnden als auch dessen umweltlicher und soziokultureller Eingebundenheit Rechnung trägt.

Auf dieser Basis lassen sich nun Folgerungen für interkulturelle Lernprozesse ziehen: Offenbar legt jede Handlungsorientierung spezifische Strategien für die Bewältigung interkultureller Interaktionsprobleme nahe, die auch so lange erfolgreich eingesetzt werden können, wie den Handlungen der Interaktionspartner dieselbe Orientierung zugrunde liegt. Unterscheiden sich diese Orientierungen – womit in interkulturellen Interaktionen häufig zu rechnen ist – dann hängt das Zustandekommen interkultureller Lernprozesse davon ab, inwieweit es zumindest einem der Akteure gelingt, dies (a) zu erkennen, und inwieweit er (b) dazu in der Lage und (c) dazu bereit ist, sein Handeln dementsprechend anders auszurichten. Hier deutet sich an, daß im Rahmen des vorgestellten Modells interkulturelle Lernprozesse sehr eng an das Konzept der „Perspektivenübernahme“ (z.B. Geulen, 1982; Silbereisen, 1998; Steins & Wicklund, 1993) gekoppelt sind. Allgemein gesprochen läßt sich dieses Konzept als die Fähigkeit definieren, „psychische Zustände und Prozesse, wie etwa das Denken, Fühlen oder Wollen einer anderen Person *zu verstehen* [Hervorhebung v. Verf.], indem die Situationsgebundenheit des Handelns (bildlich also: ihre Perspektive) erkannt und entsprechende Schlußfolgerungen gezogen werden" (Silbereisen, 1998, S.831). Da eine Perspektivenübernahme somit primär auf das *Verstehen* spezifischer Situationsaspekte gerichtet ist, birgt sie das soeben angesprochene Potential, zu erkennen, daß den Handlungen eines Interaktionspartners eine andere Orientierung zugrunde liegt als den eigenen Handlungen.

Wie besonders Steins und Wicklund (1993) betonen, handelt es sich bei der Perspektivenübernahme allerdings nicht um eine eindimensionale Fähigkeit, die gewissermaßen die „guten", sozial kompetenten von den „schlechten", egozentrischen Menschen trennt. Wie bereits am „phänomenalen A-B-X System" von Fischer (1981; vgl. Kap. 2.2.3.1) deutlich wurde, stellt ein Mindestmaß an wechselseitiger Perspektivenübernahme (bei Fischer: „Akt der Ko-Orientierung") eine Grundbedingung für jede soziale Interaktion dar. Wie die obige Definition allerdings klar macht, kann auch eine Perspektivenübernahme auf ganz unterschiedliche Aspekte einer sozialen Situation gerichtet sein. Entsprechend werden in der Regel zumindest die Begriffe der „kognitiven" und „emotionalen" Perspektivenübernahme (Silbereisen, 1998, S.832f.) getrennt, die allerdings einen sehr unterschiedlichen Auflösungsgrad besitzen: Während mit dem Begriff der „emotionalen" Perspektivenübernahme speziell die gedankliche Erschließung der *Gefühle* von anderen Personen gemeint ist, wird unter dem Begriff der „kognitiven" Perspektivenübernahme sehr viel gröber die gedankliche Erschließung sämtlicher anderer Situationsaspekte zusammengefaßt. Besonders im Rahmen der vorliegenden Arbeit erscheint es mir notwendig, hier eine Differenzierung einzuführen, die in den Ausführungen von Geulen (1982) bereits angelegt ist: Er weist darauf hin, daß sich eine (kognitive) Perspektivenübernahme zum einen auf die aktuellen, gegenstandsbezogenen Kognitionen des Interaktionspartners in einer konkreten Situation richten kann, zum anderen aber auch auf ein „allgemeineres und umfassenderes Bezugssystem" (S.55), in das die Situation eingebettet ist. Perspektivenübernahmen dieser Art, die offensichtlich auf das Verstehen des soziokulturellen Kontextes gerichtet sind, in den der Interaktionspartner sich und die Interaktion eingebettet sieht, ließen sich in Anlehnung an einen Begriff von Steins und Wicklund (1993) etwas präziser als „konzeptuelle Perspektivenübernahme" (S.228) bezeichnen. In Abgrenzung dazu könnte die „konkrete" Form der kognitiven Perspektivenübernahme, die besonders der „Perspektivenkoordination" (Silbereisen, 1998, S.835) bei der Bearbeitung des Interaktionsgegenstandes dient, als „gegenständliche" Perspektivenübernahme bezeichnet werden.

Werden verschiedene Formen der sozialen Perspektivenübernahme auf diese Weise voneinander abgegrenzt, dann läßt sich zusammenfassend folgendes festhalten: Eine „gegenständliche" Perspektivenübernahme stellt den Versuch dar, die Perspektive des Interaktionspartners auf den *Interaktionsgegenstand* zu verstehen, während eine „emotionale" Perspektivenübernahme der Versuch ist, die Perspektive des Interaktionspartners auf die *interpersonale Beziehung* der Akteure zu verstehen. Demgegenüber stellt schließlich eine „konzeptuelle" Perspektivenübernahme den Versuch dar, die Perspektive des Interaktionspartners auf den *soziokulturellen Kontext* zu verstehen, in den die Interaktion eingebettet ist. Damit sind auch gleichzeitig unterschiedliche „Lernproblematiken" (Holzkamp, 1993, vgl. Kap. 2.1.1.2) benannt, die eine Person aus problematisch verlaufenden interkulturellen Interaktionen ausgliedern kann. Diese wiederum können ganz unterschiedliche interkulturelle Lernprozesse auslösen, die sich in den unterschiedlichen interkulturellen Trainingskonzeptionen widerspiegeln (vgl. Kap. 2.1.3.2): Ein interkultureller Lernprozeß kann darin bestehen, zu lernen, wie man sich gegenüber fremdkulturellen Personen verhalten muß, um bestimmte Ziele zu erreichen; er kann darin bestehen, zu lernen, wie interpersonale Beziehungen mit fremdkulturellen Personen zu gestalten sind; und er kann darin bestehen, zu lernen, die Selbst-, Fremd- und Weltverhältnisse fremdkultureller Personen zu verstehen.

2.3.3 Grundformen des Fremderlebens

Die offensichtliche Parallelität der soeben getroffenen Unterscheidungen zur oben getroffenen Unterscheidung von Handlungsorientierungen legt die Vermutung nahe, daß mit bestimmten Handlungsorientierungen nicht nur bestimmte Stile der intra- und interpersonalen Konfliktbewältigung einhergehen, sondern auch bestimmte Formen der sozialen Perspektivenübernahme bzw. des sozialen und interkulturellen Lernens. Somit scheinen sich hier in Abhängigkeit von grundlegenden Handlungsorientierungen bestimmte *Muster* des Erlebens und Verarbeitens von sozialen und interkulturellen Interaktionsproblemen abzuzeichnen. Da besonders interkulturelle Interaktionsprobleme auch als Fremdheitserlebnisse aufgefaßt werden können (vgl. Kap. 2.1.1.2), möchte ich diese Muster als *Grundformen des Fremderlebens* bezeichnen, da man vor dem Hintergrund des oben eingeführten Modells sagen kann, daß darin spezifische Fremdverhältnisse zur sozialen Umwelt zum Ausdruck kommen. Die Merkmale dieser Grundformen des Fremderlebens werden in der folgenden Tabelle noch einmal zusammenfassend dargestellt:

Verhältnis zur sozialen Mitwelt	*dominanter Handlungs-typus*	*dominanter Konfliktstil*	*dominante Form der Perspektiven-übernahme*	*ausgegliederte Lernproblematik*
zielorientiert	zweckrational	dominierend	gegenständlich	Mitteleinsatz
beziehungs-orientiert	regelgeleitet	vermeidend/ent-gegenkommend	emotional	Beziehungs-gestaltung
klärungsorientiert	narrativ	integrativ	konzeptuell	Sinnverstehen

Abbildung 12: Grundformen des Fremderlebens

Wie aus dieser Tabelle hervorgeht, schlage ich vor, insgesamt drei Grundformen des Fremderlebens zu unterscheiden, die man auch als „soziale Handlungsorientierungen" bezeichnen könnte. Die einzelnen Formen werde ich der Einfachheit halber von nun an nur noch kurz als „Zielorientierung", „Beziehungsorientierung" und „Klärungsorientierung" bezeichnen. Eine solche schematische Darstellung bedarf allerdings noch einiger erläuternder Anmerkungen: Erstens sind Handlungsorientierungen dieser Art nicht als Persönlichkeitsdispositionen zu mißverstehen, durch die eine Person in einer weiten Klasse von Situationen charakterisiert werden kann. Die hier dargestellten sozialen Handlungsorientierungen beziehen sich zunächst nur auf die sehr spezifische Klasse von Interaktionssituationen mit fremdkulturellen Personen, die einen als problematisch bzw. fremdartig empfundenen Verlauf nehmen. Darüber hinaus ist davon auszugehen, daß sogar gegenüber derselben Person in Abhängigkeit von bestimmten situativen Faktoren unterschiedliche Handlungsorientierungen eingenommen werden können. So zeigt etwa eine Untersuchungsreihe von Steins und Wicklund (1997), daß die Fähigkeit zur konzeptuellen Perspektivenübernahme umso besser ist, je größer die wahrgenommene Wichtigkeit eines Interaktionspartners ist, allerdings „verfällt", sobald es zum Konflikt mit dieser Person kommt. Ebenso dürfen die angegebenen Handlungsorientierungen auch nicht als „Kulturmerkmale" mißverstanden werden. Es gibt keine „zielorientierten", „beziehungsorientierten" oder „klärungsorientierten" Kulturen. Man kann lediglich sagen, daß von einer

Kultur bestimmte Handlungsorientierungen zur Bewältigung problematischer sozialer und interkultureller Interaktionssituationen nahegelegt werden. Handlungsorientierungen beziehen sich somit auf das gemeinsame Handlungsfeld mindestens zweier Akteure, das von diesen in einer konkreten Situation erst einmal geschaffen werden muß, und nicht auf ein „abstraktes <Für-sich-sein>" (Geulen, 1982, S.51) von Personen oder Kulturen. Daran wird auch noch einmal die spezifische *inter*kulturelle Perspektive dieser Konzeption deutlich.

Schließlich möchte ich auch noch eine Anmerkung zu der Formulierung machen, in bestimmten Handlungsorientierungen seien spezifische Handlungstypen, Konfliktstile, Perspektivenübernahmen und Lernproblematiken „dominant". Diese Formulierung berücksichtigt ein Phänomen, auf das im Rahmen der Diskussion von Handlungstypologien schon mehrfach hingewiesen worden ist (vgl. Kap. 2.2.6.2): Genauso, wie es keine „reine" zweckrationale, regelgeleitete oder narrative Handlung gibt (da jeder Handlungstyp auch Elemente der beiden anderen enthält), kann es auch keine „reine" Ziel-, Beziehungs- oder Klärungsorientierung geben. In jeder realen Interaktionssituation wird jeder der beteiligten Akteure zumindest in Ansätzen über alle drei Handlungsorientierungen verfügen. Bemüht man noch einmal das bereits erwähnte Beispiel vom „Banküberfall", so läßt sich feststellen, daß selbst dieser ein Minimum an Beziehungsorientierung voraussetzt, da der Bankräuber die interpersonale Beziehung zu den Bankangestellten in spezifischer Weise gestalten muß, um seine Ziele durchsetzen zu können. Trotzdem wird man wohl nicht behaupten, daß die Beziehungsgestaltung im Vordergrund dieser sozialen Interaktion steht. Umgekehrt – um ein etwas weniger extremes Beispiel zu wählen – wird an den bereits angesprochenen Ausführungen von Sugitani (1996) deutlich, daß selbstverständlich auch ein japanischer Geschäftsmann in Verhandlungen bestimmte sachliche Ziele verfolgt. Er wird diese Ziele aber der Beziehungsgestaltung unterordnen, da diese für ihn in einer solchen Situation im Vordergrund steht. Diese Beispiele zeigen, daß man – genau wie bei der Unterscheidung von Handlungstypen – zwar jede Handlung auf eine einzige zugrundliegende Orientierung reduzieren kann, sich dann aber auch gleichzeitig fragen muß, ob man damit die „Haltungen", mit denen Handlungen vollzogen werden, noch in einer phänomengerechten Art und Weise erfassen kann. Auch wenn es sich bei der Unterscheidung von Handlungsorientierungen somit um eine Akzentsetzung handelt, so ist es doch eine zumindest bei der Betrachtung sozialer und interkultureller Interaktionen notwendige Akzentsetzung, da sich in solchen Interaktionen die Akzente auch ganz wesentlich verschieben können.

2.3.4 Entwicklungspsychologischer Exkurs: Entstehung von Handlungsorientierungen

Nachdem nun ein Modell von Handlungsorientierungen in der interkulturellen Interaktion entwickelt worden ist, zeichnet sich auch die Basishypothese der vorliegenden Arbeit ab, die im weiteren Verlauf einer empirischen Überprüfung zugänglich gemacht werden muß: Sie besteht in der Annahme, daß in interkulturellen Interaktionen den Handlungen der jeweiligen Akteure spezifische, voneinander unterscheidbare Orientierungen zugrunde liegen, die als „Ziel"-, „Beziehungs"- und „Klärungsorientierung" im oben explizierten Sinne interpretiert werden können. Eine solche Hypothese wirft die Frage nach der Entstehung solcher Handlungsorientierungen auf. Da diese Frage im Rahmen der vorliegenden Arbeit nicht zum Gegenstand einer empirischen Überprüfung gemacht werden kann, möchte ich dazu in Form eines „Exkurses" nur einige kurze Überlegungen präsentieren. Sie führen naheliegenderweise in den Bereich der Entwicklungspsychologie und sind vor allem aus zwei Gründen erwähnenswert: Zum einen ergeben sich auch hier wieder ganz bemerkenswerte Parallelen zu der bisher vorgestellten Konzeption, und zum anderen helfen diese Erkenntnisse bei der Beantwortung der Frage, wo wir ansetzen müssen, wenn wir eine solche Hypothese einer empirischen Überprüfung zugänglich machen wollen.

Die angesprochenen Parallelen ergeben sich vor allem dann, wenn neuere entwicklungspsychologische Forschungen über die Entwicklung des Selbstkonzeptes betrachtet werden, die sich nach meinem Kenntnisstand folgendermaßen skizzieren lassen: Neugeborene sind bereits innerhalb der ersten Wochen nach ihrer Geburt in der Lage, physikalische Objekte von sozialen Bezugspersonen zu unterscheiden und mit ihnen in jeweils spezifischer Weise zu interagieren (z.B. Murray & Trevarthen, 1985). Nach Neisser (1994; 1997) sind solche basalen Differenzierungsleistungen das Ergebnis einer *direkten* Wahrnehmung von „Affordanzen" bzw. „Situationsangeboten" im Sinne von Gibson (vgl. Kap. 2.2.2.1). Diese rechtfertigen es seiner Meinung nach auch, dem Kind bereits zu diesem Zeitpunkt ein „ökologisches" und ein „interpersonales" Selbst zuzuschreiben. Das „interpersonale Selbst" beginnt nun etwa nach neun Monaten, die sozialen Bezugspersonen tatsächlich als „Subjekte" mit eigenen Intentionen und Empfindungen wahrzunehmen, was Tomasello (1993) vor allem an der Fähigkeit zur „joint attention" festmacht: „After 9 months of age the situation changes dramatically. Joint attention to an object now means that the infant is not only aware of the object but simultaneously aware of the person's attention to the object" (S.177). Nach

Tomasello kann dies als eine erste Form der Perspektivenübernahme bezeichnet werden (ebd., S.175). Dies entspricht in etwa dem oben eingeführten Gedanken, eine auf den Interaktionsgegenstand gerichtete, koordinative Form der Perspektivenübernahme als „gegenständlich" zu bezeichnen. Nach Tomasello, Kruger und Ratner (1993) entstehen in der weiteren, nachfolgend geschilderten Entwicklung des Kindes dann komplexere Formen der Perspektivenübernahme, die ebenfalls mit den oben eingeführten Formen der Perspektivenübernahme in Verbindung zu bringen sind.

Wie nun vor allem Nelson (1997) herausarbeitet, sind die Leistungen des ökologischen bzw. interpersonalen Selbst noch völlig situativ gebunden, weswegen zu diesem Zeitpunkt noch nicht von der Existenz eines Selbst*konzeptes* gesprochen werden kann. Erst zwischen dem dritten und vierten Lebensjahr entwickelt das Kind die Vorstellung eines situationsübergreifenden, zeitlich überdauernden Selbst und somit ein Selbstkonzept. Im Gegensatz zum ökologischen oder interpersonalen Selbst ist das Selbstkonzept somit nicht primär das Ergebnis einer direkten Wahrnehmung von Situationsangeboten, sondern tatsächlich eine *Konzeptualisierung*, deren Hauptmerkmal die Projektion eigener Erlebnisse auf eine Zeitachse ist, die der Mensch als sein Selbst anerkennt: „We have emphasized the different aspects of consciousness of self that is realized in terms of the projection of self in time – forward, backward, and ongoing" (S.103). Ein Selbstkonzept zu entwickeln bedeutet also nach dieser Auffassung, eine Reihe von Erlebnissen zur eigenen „Lebensgeschichte" zusammenzustellen. Wie Nelson weiter zeigen kann, ist die Entwicklung dieser Fähigkeit aufs Engste mit der Sprachentwicklung verbunden. Demnach entwickeln Kinder ein Selbstkonzept, indem sie in der Interaktion mit anderen eine Sprache erlernen, die es ihnen erlaubt, ihre Erlebnisse in erzählerischer Form zeitlich zu strukturieren: „ ... children learn to remember their lives, and thus themselves, and ... they acquire the language that enables them to enter into talk about these lives with other people, as well as to organize their own memories for recalling at a later time" (Nelson, 1997, S.108). Um die Zentralität dieses „geschichtlichen" Elements des Selbstkonzeptes zu betonen, bezeichnet Nelson das Selbstkonzept auch als „narratives Selbst" (*narrative self*, ebd.). Die enge Verwandtschaft eines so verstandenen „narrativen Selbst" mit den „narrativen Handlungen" im Sinne von Straub (vgl. Kap. 2.2.6.2) ist offensichtlich: Auch das Erzählen der eigenen Lebensgeschichte und der damit verbundene Aufbau eines Wissens über sich selbst stellt eine konzeptuell-kreative Leistung dar, bei der bestimmte Erlebnisse mit Hilfe spezifischer Konzepte in einen übergeordneten Sinnzusammenhang (hier: das eigene Leben) gebracht werden.

Nelson (1997) konzipiert somit das narrative Selbst als das Ergebnis spezifischer Interpretations- und Konstruktionsleistungen. Entsprechend können auch dieselben Erlebnisse im Laufe eines Lebens ganz unterschiedlich bewertet und eingeordnet werden: „Of course, what is of significance to a 3-year-old may not be to the 30-year-old" (S.108). Wie vor allem Bruner (1997) deutlich macht, ist die Vorstellung vom eigenen Selbst aber trotzdem keine idiosynkratische Konstruktion, sondern unterliegt einem starken soziokulturellen Einfluß. Dies hat seinen Grund zum einen darin, daß sich die soziale Mitwelt an der Interpretation des Selbst beteiligt, und zum anderen legt eine Kultur bestimmte Deutungsschemata für die Interpretation von Ereignissen nahe, die sich in der Sprache niederschlagen. Entsprechend werden wir, wie Bruner schreibt, beim Versuch, die Ereignisse unseres Lebens in einen Sinnzusammenhang einzubetten, „easy prey to the library of such stories that [our] culture has on offer" (S.154). Ganz ähnlich wie Eckensberger (vgl. Kap. 2.2.6.2) geht Bruner (1997) allerdings davon aus, daß solche sinngebenden Interpretationen im alltäglichen Handlungsvollzug keine Rolle spielen, sondern erst durch irgendeine Art von Widerfahrnis initiiert werden. Aus diesem Grund zählt er die Prozesse, die das narrative Selbst entstehen lassen bzw. verändern, zu den metakognitiven Prozessen (S.155).

Die Forschungen zur Entwicklung des Selbstkonzeptes legen somit nahe, ein „ökologisches", ein „interpersonales" und ein „narratives" Selbst zu unterscheiden. Während die Funktionsweise des ökologischen und des interpersonalen Selbst im wesentlichen mit Hilfe von Gibsons Theorie der direkten Wahrnehmung erklärt werden kann, gilt dies nicht für das narrative Selbst. Offenbar müssen also auch zwei verschiedene Verarbeitungsmodi unterschieden werden: „In fact, there are two fundamentally different forms of perception. One of these is the 'direct' perception that guides and accompanies our immediate encounters with persons and things ... The other one ... is chiefly responsible for recognition and interpretation" (Neisser, 1997, S.30). Wir treffen somit an dieser Stelle eine Unterscheidung wieder, die uns in ganz ähnlicher Form bereits bei Epstein und dessen Unterscheidung von „intuitiven" und „rationalen" Verarbeitungsmodi begegnet ist (vgl. Kap. 2.2.1.2). Durch diese Kopplung verschiedener Formen des Selbst mit je spezifischen Verarbeitungsmodi entstehen auch unterschiedliche subjektive Erlebensformen: Wessen ökologisches oder interpersonales Selbst aktiviert ist, der lebt sehr unmittelbar in der Gegenwart einer Situation. Ist dagegen das narrative Selbst aktiviert, dann lebt die jeweilige Person eher in der Vergangenheit oder Zukunft und erlebt auf dieser Basis eine gegenwärtige Situation gewissermaßen wie auf einer Projektionsfläche. Nelson (1997) schreibt daher über die „unhistorischen" Formen des Selbst:

„A nonhistorical self is only an experiencing self, a self with a repertoire of knowledge about being in the world, a repertoire based on prior experience that guides action in the present; but not a self with a specific past and a specific imagined future" (S.105).

Demgegenüber weist das „historische" bzw. „narrative" Selbst große Ähnlichkeit zu jenem Selbstverhältnis auf, das bereits Karl Jaspers in seiner „Psychologie der Weltanschauungen" (1919) als „reflexive Einstellung" folgendermaßen charakterisiert hat:

„Je rationaler die Selbstgestaltung des Menschen vor sich geht, desto mehr wächst die Neigung, jedes augenblickliche Erleben, jede zeitlich bestimmte Realität zum Mittel für etwas anderes, für ein Zukünftiges oder für ein Ganzes, zu machen. Wir leben reflektiert oft mehr in der Vergangenheit oder in der Zukunft; die Gegenwart suchen wir zu meiden" (S.108).

Diese beiden Zitate machen vor allem deutlich, daß die verschiedenen Formen des Selbst nicht gegeneinander ausgespielt werden können, sondern ihre je spezifischen Möglichkeiten und Grenzen besitzen. Kurz auf einen Nenner gebracht könnte man sagen: Die unhistorischen Formen des Selbst ermöglichen eine hohe Rezeptivität für die verschiedenen Angebote einer Situation, während das historische Selbst eine sinnhafte Konzeptualisierung dieser vielfältigen Angebote ermöglicht.

Die erstaunliche Ähnlichkeit dieser Konzeption mit dem vorgestellten Modell möglicher Handlungsorientierungen legt die Vermutung nahe, daß verschiedene Formen des Selbst mit verschiedenen Formen der Handlungsorientierung korrespondieren. Faßt man Handlungsorientierungen in dieser Weise auf, dann stützt auch dies die Hypothese, daß es sich hierbei um bestimmte Formen des Selbst-, Fremd- und Welterlebens handelt, die sich als Ergebnis einer lebenslangen Auseinandersetzung mit bestimmten natürlichen und soziokulturellen Umwelten entwickeln und in diesen Umwelten auch durchaus erfolgreich eingesetzt werden können. Verändern sich diese Umwelten bzw. interagiert man mit Personen, die andere Formen des Selbst-, Fremd- und Welterlebens entwickelt haben, dann stellt sich eine dreifache Lernaufgabe: Man muß erstens lernen, für andere Situationsangebote rezeptiv zu werden als für die, die man üblicherweise fokussiert, man muß zweitens lernen, die auf diese Weise „neu" entstehenden Situationen auf eine neue Art zu konzeptualisieren, und man muß drittens lernen, diese neuen Konzepte wieder in ziel- und beziehungsorientiertes Handeln zu „übersetzen". Am Beispiel eines von Thomas, Layes und Kammhuber (1998) geschilderten critical incidents möchte ich dies illustrieren. Ein Oberstleutnant der deutschen Bundeswehr, der im Rahmen eines UN-Friedenseinsatzes in Kroatien eingesetzt war, berichtet aus dieser Zeit folgendes:

„Als Zuständiger für Personalangelegenheiten mit kroatischen Arbeitnehmern hatte ich eine Dolmetscherin, mit der ich mich eigentlich gut verstand. Und die hat ganz schön geguckt, wie ich auf bestimmte Dinge reagiere. Eines Tages kam sie zum Beispiel mit einer Bitte zu mir und sagte: Ich kenn' da 'ne Frau, und deren Mann ist im Krieg gefallen, und die hat fünf Kinder usw., und könnten Sie die denn nicht einstellen? Da hab' ich gesagt: Tja, ich muß erst mal prüfen, ob wir denn überhaupt im Stellenplan 'ne Stelle freihaben, und außerdem müsse sie bestimmte Qualifikationen besitzen, zum Beispiel fließend Deutsch sprechen und schreiben können usw. Und da hab' ich gemerkt, daß das für die 'ne ganz andere Welt ist, weil die in so einem System zu denken gar nicht gewohnt war. Ich glaub' sogar, die hat mir das dann richtig übel genommen" (zit. nach Thomas et al., 1998, S.29).

Dieses critical incident resultiert offenbar daraus, daß der deutsche Offizier während der Interaktion mit der kroatischen Dolmetscherin in zielorientierter Weise auf den sachlichen Gesprächsgegenstand fokussiert, während sie auf die sozialen Beziehungsaspekte fokussiert, die innerhalb und im Kontext dieser Interaktion bestehen. Im Hinblick auf den deutschen Offizier läßt sich die oben dargestellte dreifache Lernaufgabe folgendermaßen veranschaulichen: Er müßte zunächst lernen, für die vielfältigen interpersonalen Beziehungsaspekte dieser spezifischen sozialen Interaktion sensibel zu werden. Er dürfte zweitens diese Aspekte nicht in der für ihn gewohnten Weise als „irrelevantes Beiwerk" konzeptualisieren, sondern er müßte verstehen lernen, wieso diese Beziehungsaspekte im Rahmen des Welterlebens der kroatischen Dolmetscherin zu wichtigen und sinnvollen Elementen dieser Interaktion werden. Drittens müßte er lernen, wie er sich auf der Basis dieses Wissens in zukünftigen vergleichbaren Situationen verhalten könnte, um ähnliche Mißverständnisse zu vermeiden. Bereits dieses kleine Beispiel zeigt, daß interkulturelles Lernen ein höchst komplexes Geschehen darstellt, das nur durch den simultanen Einsatz aller drei Handlungsorientierungen und den damit verbundenen Formen der Perspektivenübernahme initiiert werden kann: „all higher mental processes ... appear first as products of these three systems acting in concert“ (Neisser, 1994, S.239). Dies ist m.E. auch ein Grund dafür, daß in modernen interkulturellen Lernkonzeptionen die Simultanität des Zusammenwirkens von Wahrnehmungs-, Konzeptualisierungs- und Handlungsprozessen betont wird und die Einnahme „multipler Perspektiven“ als ein zentrales Designkriterium interkultureller Lernumgebungen angesehen wird (z.B. Kammhuber, 1999).

Teilt man vor dem Hintergrund dieser Ausführungen die Einschätzung, daß verschiedene Formen der Handlungsorientierung mit verschiedenen Formen des Selbst-, Fremd- und Welterlebens korrespondieren, dann ergeben sich daraus Hinweise für die Beantwortung der Frage, wie eine solche Konzeption einer empirischen Überprüfung zugänglich gemacht werden kann. Wie nämlich besonders Nelson (1997) zeigt, können Veränderungen bei der Entwicklung des Selbstkonzeptes vor allem am Gebrauch der *Sprache* festgemacht werden. Das narrative Selbst wird sogar mit einer sprachlich explizierbaren Erzählung gleichgesetzt. Darüber hinaus macht Bruner (1997) deutlich, daß die Art, wie sich dieses narrative Selbst inhaltlich ausformt, sehr stark von den Erzählschemata abhängt, die eine Kultur zur Verfügung stellt. Eine solche enge Verbindung zwischen der Sprache und verschiedenen Identitätsanteilen wird auch in neueren, sprachanalytisch orientierten sozialpsychologischen Theorien vertreten (vgl. Castel & Lacassagne, 1991; 1992). So unterscheiden Castel und Lacassagne (1992) drei autonom operierende Identitätsanteile, die sie als „agent“, „person“ und „individual“ bezeichnen (S.2). Das „agent“ bezieht sich auf die äußere Umwelt und reagiert auf deren Anforderungen, während sich die „person“ auf die soziale Umwelt bezieht und sich gegenüber dieser abgrenzt. Das „individual“ bezieht sich auf eine konzeptuelle Welt und bemüht sich um deren kohärente Ausformung. Die Parellelen zwischen dieser Konzeption und der Unterscheidung eines ökologischen, interpersonalen und narrativen Selbst sind offensichtlich. Die genannten sprachanalytisch orientierten Sozialpsychologen (z.B. Castel & Landre, 1995) haben darüber hinaus den Versuch unternommen, die unterschiedlichen Identitätsanteile anhand von sprachlichen Indikatoren nachzuweisen, auf die wir noch zurückkommen werden (vgl. Kap. 4.4). Dies alles legt die Hypothese nahe, daß sich am Gebrauch der Sprache die Selbst-, Fremd- und Weltverhältnisse einer Person offenbaren. Ich möchte im folgenden Kapitel die Haltbarkeit dieser Hypothese nachweisen und in der

Folge die Sprache für den empirischen Nachweis von Handlungsorientierungen nutzbar machen. Daher wende ich mich nun der Frage des Zusammenhangs zwischen dem externen Zeichensystem „Sprache“ und den internen Denkprozessen von Menschen zu.

3 METHODISCHER ZUGANG: SPRACHE UND DENKEN

Der äußerst schwierigen Frage des Zusammenhangs zwischen Sprache und Denken kann man sich von zwei Seiten her nähern (Grewendorf, Hamm & Sternefeld, 1987): Zum einen aus einer linguistischen Perspektive, aus der die Sprache als kontextunabhängig existierendes Zeichen- u. Wissenssystem in den Blick gerät, und zum anderen aus einer pragmatischen Perspektive, die sich dafür interessiert, in welchen Kontexten die Sprache in welcher Weise als Kommunikationsinstrument eingesetzt wird.

3.1 Sprache als Zeichen- u. Wissenssystem: Die linguistische Ebene

Aus einer linguistischen Perspektive stellt sich bei der Analyse der Sprache die Frage der Organisation von Sprachlauten (Phonologie), der Wortbildung (Morphologie), der Satzbildung (Syntax) und der Wortbedeutung (Semantik). Psychologisch relevant werden diese Themenfelder dann, wenn etwa die Frage nach dem Spracherwerb (z.B. Grimm, 1998), der Sprachverarbeitung (z.B. Johnson-Laird, 1983) oder nach Sprachstörungen (z.B. Arnold, 1970) gestellt wird. Entsprechend hat sich mittlerweile die Sprachpsychologie (Langenmayr, 1997) bzw. Psycholinguistik (Tracy, 1998) als Teildisziplin der Psychologie etabliert. Wie Kaminski (1998) bemerkt, ist die Psychologie „in keinem anderen Verhaltensbereich ... bisher genötigt worden, Verhalten in derartigem Differenziertheitsgrad zu analysieren wie im Bereich der Sprache durch die Vorarbeit der Linguistik" (S.819). Dies dürfte auch einen der Gründe für das komplizierte Verhältnis zwischen Psychologie und Linguistik darstellen, das nach Tracy (1998) durch „verschiedene Phasen von Annäherung und Desillusionierung" (S.677) gekennzeichnet ist.

Die Linguistik übte vor allem in Form der sogenannten „Sapir-Whorf-Hypothese" eine nachhaltige Wirkung auf die Psychologie aus. Unter diesem Begriff werden üblicherweise die Thesen zusammengefaßt, die der amerikanische Sprachwissenschaftler Benjamin L. Whorf – inspiriert von den Arbeiten seines Lehrers Edward Sapir – im Anschluß an seine sprachvergleichenden Forschungsarbeiten formuliert hat. Whorf (1956a) erforschte vor allem die Sprache der Hopi-Indianer im Norden Arizonas und stellte dabei zunächst fest, daß in deren Sprache ganz andere begriffliche Kategorien gebildet werden als im Englischen. So wird beispielsweise im Hopi das Wort „Wasser" in Zuständen der Bewegung (z.B. Welle, Wasserfall, Brunnen) anders bezeichnet als in Zuständen der Ruhe (S.210). Umgekehrt wird im Hopi im Gegensatz zum Englischen keine begriffliche Unterscheidung zwischen verschiedenen fliegenden Objekten getroffen (z.B. Flugzeug vs. Insekt). Noch erstaunlicher ist allerdings Whorfs Forschungsbefund, daß das Hopi keine zeitlichen und räumlichen Begriffe beinhaltet. Wie Whorf (1956a, S.213) anhand einer Abbildung verdeutlicht, werden zeitliche und räumliche Verhältnisse im Hopi mit Hilfe der „Gewißheit" ausgedrückt, mit der eine bestimmte Aussage gegenüber einem Kommunikationspartner getroffen werden kann (so ist z.B. ein gegenwärtiges Geschehen, das auch vom Kommunikationspartner beobachtet werden kann, „gewisser" als ein gegenwärtiges Geschehen, von dem nur einer der beiden weiß bzw. als ein zukünftiges Geschehen, das einer der beiden erwartet). Nach Whorf lassen sich solche Befunde nicht damit erklären, daß die Mitglieder unterschiedlicher Sprachgemeinschaften bei der Wahrnehmung der Welt zwar dieselben Erlebensinhalte haben, diese aber unterschiedlich benennen. Statt dessen muß nach Whorf gefolgert werden, daß die linguistischen Strukturen einer Sprache festlegen, wie die Mitglieder einer Sprachgemeinschaft die Welt erleben. Whorf wendet sich somit radikal gegen die Vorstellung, der Mensch bilde die Welt mit Hilfe der Sprache nach außen ab, was nach Störig (1993, S.663) eine von Aristoteles grundgelegte abendländische Auffassung darstellt. Statt dessen ist Whorf (1956a) der Meinung, daß die Sprache ein spezifisches Bedeutungssystem an den Menschen „heranträgt" und dessen Denken dadurch im strengen Sinne des Wortes *determiniert*:

„It was found that the background linguistic system (in other words: the grammar) of each language is not merely a reproducing instrument for voicing ideas but rather is itself the shaper of ideas .... We cut nature up, organize it into concepts, and ascribe significances as we do, largely because we are parties to an agreement to organize it in this way – an agreement that holds throughout our speech community and is codified in the patterns of our language. The agreement is, of course, an implicit and unstated one, BUT ITS TERMS ARE ABSOLUTELY OBLIGATORY" (S.212f.).

Auf dieser Basis formuliert Whorf (1956b) dann an anderer Stelle sein „linguistisches Relativitätsprinzip":

„From this fact proceeds what I have called the 'linguistic relativity principle', which means, in informal terms, that users of markedly different grammars are pointed by their grammars toward different types of observations and different evaluations of externally similar acts of observation, and hence ... must arrive at somewhat different views of the world“ (S.221).

Wie deutlich wird, gelangt Whorf zu dem Schluß, daß die Sprache einer Sprachgemeinschaft das Weltbild ihrer Mitglieder im strengen Sinne determiniert. Er vertritt somit auf der Ebene von Sprachgemeinschaften eine kulturrelativistische Position. Wenn diese These richtig ist, dann ergeben sich daraus, wie Gipper (1969) bemerkt, „für die Anthropologie, Ethnologie, die Psychologie und Philosophie“ (S.317) weitreichende Konsequenzen, die unter anderem darin bestehen müßten, „die Sprachwissenschaft in die Frontlinie der Grundlagenforschung“ (ebd.) zu rücken. Konsequenzen für die Psychologie ergeben sich unter anderem in bezug auf Fragen der Wissensrepräsentation: Wenn wir etwa davon ausgehen, daß Wissen zu einem wesentlichen Teil in sprachlich strukturierten Formaten mental repräsentiert ist (z.B. Johnson-Laird, 1983), dann müssen wir bei Geltung der Sapir-Whorf-Hypothese auch davon ausgehen, daß dieses Wissen in hohem Maße kulturspezifisch strukturiert ist. Wie an den Ausführungen von Bruner (1997) über das narrative Selbst deutlich geworden ist (vgl. Kap. 2.3.4), läßt sich diese These zumindest in bezug auf Wissen über das Selbst auch vertreten. Die prinzipielle Frage, die von der Sapir-Whorf-Hypothese aufgeworfen wird, hat somit auch nach über 40 Jahren noch nichts von ihrer Aktualität eingebüßt.

Lehmann (1998) bietet einen neueren Überblick über das wissenschaftliche Echo auf die Sapir-Whorf-Hypothese und versucht, eine darauf basierende Neuinterpretation vorzunehmen. Dabei macht Lehmann auf ein zentrales Grundproblem aufmerksam, mit dem sich ein linguistischer Relativismus auseinandersetzen muß: Es ist das Problem der Abgrenzung von Sprachgemeinschaften, das uns in anderer Gestalt bereits bei der Diskussion des Kulturbegriffes begegnet ist (vgl. Kap. 2.1.1.1). Wie wir dort gesehen haben, können kulturelle Bedeutungssysteme ganz unterschiedliche Reichweiten haben und zusätzlich auch noch miteinander interagieren. Genau das gleiche gilt auch für sprachliche Zeichensysteme: Wie Lehmann (1998) bemerkt, ist etwa 'das Deutsche' ein „nur auf dem Papier des Grammatikers wirklich existierendes Konstrukt" (S.129). Lehmann verweist in diesem Zusammenhang auf eine soziolinguistische Analyse von Löffler (1994, S.86), die am Beispiel der deutschen Sprache aufzeigt, daß sich diese aus einer Vielzahl von „Subsprachen“ (z.B. Schichtsprachen, Jugendsprachen, Fachsprachen) zusammensetzt, die insofern interagieren, als eine Person in mehreren Sprachgemeinschaften Mitglied sein kann. Darüber hinaus verweist Lehmann auf die

Bilingualismus-Untersuchungen von Oksaar (1976), die zeigen, daß das linguistische Repertoire von bilingual aufgewachsenen Kindern Elemente beinhaltet, die in den Sprachen, mit denen die Kinder in Kontakt kommen, nicht enthalten sind. Lehmann (1998) kommt daher zu dem Schluß, „daß Versuche, das 'Deutsche' durch Sprachloyalität ... und schriftsprachlichen Überbau zu definieren und einzugrenzen ... zwar legitim sind, jedoch auf abstrakten, soziokulturellen Faktoren beruhen, die für die konkrete sprachliche Realität (und damit für die Weltsicht) eines Wiener Arbeiters, Hamburger Akademikers oder Walliser Bauern nicht unbedingt eine entscheidende Rolle spielen" (S.133). Ganz ähnliches dürfte wohl auch für andere Nationalsprachen gelten.

Der Aufweis dieser Unmöglichkeit, jede Person in eindeutiger Weise einer für ihn maßgebenden Sprachgemeinschaft zuzuordnen, spricht somit gegen einen radikalen linguistischen Relativismus. Lehmann (1998) bezweifelt allerdings, daß Whorf eine so radikale Position vertreten wollte, und bemüht sich daher nicht um eine Widerlegung, sondern um eine Neuinterpretation der Sapir-Whorf-Hypothese. Diese Neuinterpretation basiert vor allem auf einer Kritik der klassischen Farbwortexperimente, von denen man sich lange Zeit eine Entscheidung über die Richtigkeit der Sapir-Whorf-Hypothese erhoffte, die allerdings kein eindeutiges Fazit zulassen. Dies macht es m.E. nötig, die in der Sapir-Whorf-Hypothese enthaltenen sprach*philosophischen* Annahmen offen zu legen, die besonders dann zutage treten, wenn die sprachphilosophischen Ausführungen von Ludwig Wittgenstein zur Kenntnis genommen werden. Diese sind im Rahmen der vorliegenden Arbeit nicht nur deshalb interessant, weil sie eine differenzierte Stellungnahme zur Sapir-Whorf-Hypothese ermöglichen, sondern auch deshalb, weil sie den Weg zu einer Betrachtung der Sprache aus pragmatischer Perspektive ebnen.

3.2 Sprechen als Handlung: Die pragmatische Ebene

3.2.1 Sprachphilosophische Grundüberlegungen bei Wittgenstein

Der Österreicher Ludwig Wittgenstein – ein Zeitgenosse von Benjamin Whorf – dürfte als einer „der bedeutendsten Denker unseres Jahrhunderts" (Störig, 1993, S.653) gelten, da er wie kaum jemand vor ihm den zentralen Einfluß der Sprache auf das (philosophische) Denken herausgearbeitet hat. Insofern wird sich jede sprachanalytische Konzeption auch mit seinen Überlegungen auseinandersetzen müssen. Wittgensteins (sprach-)philosophisches Schaffen ist unter anderem auch deshalb so interessant, weil er in seinem Spätwerk eine Sprachphilosophie vertritt, die den Ausführungen in seinem Frühwerk komplementär entgegengesetzt ist. In diesem Frühwerk, dem 1922 erschienenen „Tractatus Logico-Philosophicus“, vertritt Wittgenstein noch die oben bereits angesprochene klassische „Abbildtheorie“ der Sprache, die davon ausgeht, daß mit Hilfe der Sprache die Realität abgebildet werden kann. Entsprechend geht Wittgenstein zu diesem Zeitpunkt davon aus, es müsse bei hinreichender sprachlicher Präzision möglich sein, alle sprachlich explizierbaren philosophischen Probleme abschließend zu lösen, und nimmt an, genau dies in seinem Tractatus auch getan zu haben: „Ich bin also der Meinung, die Probleme im Wesentlichen endgültig gelöst zu haben“ (Vorwort). Er fährt allerdings fort, daß „wenig damit getan ist, daß diese Probleme gelöst sind“ (ebd.), womit er andeutet, daß die Sprache nur einen kleinen Ausschnitt der Realität abbilden kann.

In seinen 1953 erschienenen „Philosophischen Untersuchungen“ wendet sich Wittgenstein von solchen Auffassungen radikal ab und entwickelt völlig neue Überlegungen zum Verhältnis von Sprache und Denken. Er bezeichnet es nun als eine „primitive Vorstellung“ (§ 2), zu glauben, eine sprachliche Äußerung könne deshalb verstanden werden, weil jedes darin enthaltene Wort eine spezifische Bedeutung hat. Statt dessen weist er darauf hin, daß die Bedeutung einer Äußerung ganz wesentlich von dem spezifischen Kontext abhängt, in dem sie auftritt. Geulen (1989, S.316f.) liefert hierfür ein einfaches Beispiel: Der Satz „Heute ist schönes Wetter“ kann in unterschiedlichen Kontexten sehr unterschiedliche Bedeutungen annehmen. Er kann im Kontext eines Wetterberichts eine Feststellung darstellen. Er kann aber auch Ausdruck spontaner Freude sein oder einen an eine andere Person gerichteten Appell darstellen, etwas Gemeinsames zu unternehmen, um nur einige Beispiele zu nennen. Der Satz „an sich“ hat somit keine klare Bedeutung, die anhand seiner linguistischen Struktur eindeutig bestimmbar wäre. Statt dessen kann bereits dieser einfache Satz in unterschiedlichen Kontexten sehr viele verschiedene Bedeutungen annehmen, so daß seine Bedeutung auch nur in Abhängigkeit von einem spezifischen Kontext angegeben werden kann. Aus diesem Grund, so argumentiert Wittgenstein, wäre es falsch, zu glauben, beim Spracherwerb würden die Bedeutungen von Wörtern gelernt. Statt dessen lernen Kinder, die in eine Sprachgemeinschaft hineinwachsen, wie sie Wörter in bestimmten Kontexten gebrauchen müssen, um bestimmte Wirkungen zu erzielen bzw. auf welche Wörter in bestimmten Kontexten wie zu reagieren ist: „Die Kinder werden dazu erzogen, *diese* Tätigkeit zu verrichten, *diese* Wörter dabei zu gebrauchen, und *so* auf die Worte des Anderen zu reagieren“ (§ 6). Nach

Wittgenstein ergibt sich die Bedeutung eines Wortes somit nicht aus seiner linguistischen Struktur, sondern daraus, wie es in konkreten Sprechsituationen praktisch *gebraucht* wird: „Was *bezeichnen* nun die Wörter dieser Sprache? – Was sie bezeichnen, wie soll ich das zeigen, es sei denn in der Art ihres Gebrauchs?" (§ 10). Auf der Basis solcher Überlegungen entwickelt Wittgenstein den bei ihm sehr zentralen Begriff des „Sprachspiels": „Wir können uns auch denken, daß der ganze Vorgang des Gebrauchs der Worte ... eines jener Spiele ist, mittels welcher Kinder ihre Muttersprache erlernen. Ich will diese Spiele *'Sprachspiele'* nennen ... Ich werde auch das Ganze: der Sprache und der Tätigkeiten, mit denen sie verwoben ist, das 'Sprachspiel' nennen" (§ 7). Wie dieser Begriff sehr deutlich macht, ist nach Wittgenstein der Vorgang des „Sprechens" mit einer anderen Person nichts anderes als das Spielen eines Spiels mit bestimmten Regeln. So wird beispielsweise auch ein Schachspiel erst dadurch möglich, daß beide Spieler mit den Regeln dieses Spiels vertraut sind. Sprachkompetent zu sein bedeutet demnach nicht, die Bedeutung von Wörtern zu verstehen, sondern Wörter im Sinne der Regeln, die eine Sprache vorgibt, richtig anwenden zu können.

Zunächst scheint Wittgenstein hier die Sprache in ganz ähnlicher Weise zu sehen wie Whorf: Als das feststehende Regelsystem einer Sprachgemeinschaft, das einem neuen Mitglied in dieser Gemeinschaft den Gebrauch bestimmter Regeln „aufzwingt" und dadurch auch dessen Denken formt. Das Sprechen läßt sich demzufolge als das Ausführen von Regeln und somit als eine spezifische Form der *Handlung*, nämlich als „regelgeleitete Handlung" (vgl. Kap. 2.2.6.2), konzipieren. Wittgenstein (1953) weist nun allerdings im weiteren Verlauf in einer sehr zentralen Passage darauf hin, daß die Anzahl der Sprachspiele, die in einer Sprachgemeinschaft möglich sind, nicht begrenzt ist:

„Wieviele Arten der Sätze gibt es? Etwa Behauptung, Frage und Befehl? – Es gibt *unzählige* solcher Arten: unzählige verschiedene Arten der Verwendung alles dessen, was wir 'Zeichen', 'Worte', 'Sätze', nennen. Und diese Mannigfaltigkeit ist nichts Festes, ein für allemal Gegebenes; sondern neue Typen der Sprache, neue Sprachspiele, wie wir sagen können, entstehen und andre veralten und werden vergessen" (§ 23).

Wittgenstein weist hier darauf hin, daß die Sprache eben kein *feststehendes* Regelsystem ist, sondern daß sich die Regeln, nach denen die Sprache „gespielt" wird, verändern können. Insofern muß das Sprechen neben einem regelhaften auch ein *kreatives* Element in dem Sinne enthalten, wie wir es ebenfalls im Zusammenhang mit der Analyse von Handlungen bereits kennengelernt haben (vgl. Kap. 2.2.6.2). Wittgensteins Überlegungen bereiten somit den Boden, um das Sprechen als eine Handlung aufzufassen. Dieser Schritt ist in der Folge im Rahmen der „Sprechakttheorie" gänzlich vollzogen worden.

3.2.2 Sprechakttheorie nach Austin und Searle

Als Pionierarbeit der Sprechakttheorie gilt gemeinhin das 1962 erstmals erschienene Buch „How to do things with words" von John L. Austin. Der Titel dieses Buches kündigt in prägnanter Weise das Programm von Austin und der von ihm ausgehenden Sprechakttheorie an: Es geht um die Untersuchung der Frage, wie wir mit der Sprache Handlungen vollziehen und welche Handlungen dabei unterschieden werden können. Austin beginnt seine Ausführungen mit dem Hinweis darauf, daß bei weitem nicht jede sprachliche Äußerung als eine „konstatierende" Aussage interpretiert werden kann, die sich danach beurteilen läßt, ob sie wahr oder falsch ist. Statt dessen gibt es viele Äußerungen, die allenfalls danach beurteilt werden können, ob sie innerhalb eines bestimmten Kontextes als „passend" oder „geglückt" bezeichnen werden können. Besonders deutlich wird dies bei sogenannten „performativen Äußerungen" (*performative utterances*, S.6), bei denen eine sprachliche Äußerung mit der darin beschriebenen Handlung identisch ist, wie z.B. bei der Aussage: „Ich danke Ihnen". Sprachliche Äußerungen dieser Art stellen offensichtlich Handlungen dar. Austin geht allerdings davon aus, daß nicht nur eine performative Äußerung, sondern daß jedes Sprechen ein Handeln darstellt. Daher spricht Austin auch nicht von sprachlichen Äußerungen, sondern von Sprech*akten*. Beim Vollziehen eines Sprechaktes lassen sich nach Austin drei einzelne Akte unterscheiden (S.94f.): (a) ein „lokutionärer" Akt, d.h. die lautliche Äußerung, (b) ein „illokutionärer" Akt, d.h. die Handlung, die sich durch das Aussprechen vollzieht (z.B. danken, begrüßen, sich entschuldigen), und (c) ein „perlokutionärer" Akt, d.h. die Wirkung, die die Äußerung auf den Adressaten ausübt. Wer also beispielsweise sagt „Ich rate Dir hiervon ab", der tut nach dieser Konzeption dreierlei: (a) er gibt Laute von sich, (b) er erteilt einen Ratschlag und (c) er verhindert (möglicherweise), daß der Adressat dieses Sprechakts etwas Bestimmtes macht.

Aus der Sicht einer sozialen Handlungstheorie sind nun offensichtlich vor allem die illokutionären Akte interessant, da sich in ihnen „der Charakter des Sprechens als soziales Handeln manifestiert" (Geulen, 1989, S.328). Darüber hinaus wird an ihnen die Verwandtschaft dieser Konzeption mit den Überlegungen von Wittgenstein (vgl. Kap. 3.2.1) deutlich: Der Vollzug eines illokutionären Aktes kann nämlich auch als die Teilnahme an einem „Sprachspiel“ bezeichnet werden. Searle (1969), ein Schüler von Austin, hat am Beispiel des „Versprechens“ vorzuführen versucht, daß sich für jeden illokutionären Akt die Regeln angeben lassen, die eingehalten werden müssen, damit dieser Akt „gelingen“ kann. Searle hat sich darüber hinaus in vielerlei Hinsicht um die Weiterentwicklung der Austinschen Gedanken bemüht. Bekannt geworden ist vor allem sein Versuch, die von Austin vorgeschlagene Klassifikation von Sprechakten zu verbessern (Searle, 1975). Searle wählt dabei als Klassifikationskritierum die Absichten eines Sprechers und unterscheidet dementsprechend assertive (feststellende), direktive (appellierende), kommisive (selbstverpflichtende), deklarative (normative) und expressive (selbstoffenbarende) Sprechakte. Diese Taxonomie ist unter anderem deshalb erwähnenswert, weil sie einige Versuche angestoßen hat, alltägliche Kommunikationssituationen in einzelne Sprechakte zu zerlegen und so einer empirischen Analyse zugänglich zu machen (z.B. Kreckel, 1981). Darüber hinaus sieht Searle in dieser Taxonomie den Schlüssel zur Entwicklung einer umfassenden Sprechakt*theorie*, in der für jeden Sprechakt die zugrundeliegenden Absichten und Regeln angegeben werden können. An diesem Punkt distanziert sich Searle (1975, S.369) auch explizit von den Überlegungen Wittgensteins, indem er im Gegensatz zu diesem annimmt, daß nur eine endliche Menge von Sprachspielen möglich ist, die somit auch vollständig beschrieben werden kann. Searle konzipiert somit die Sprache als ein vollständig abbildbares Regelsystem und blendet damit, wie Straub (1999) bemerkt, „alle innovativen und kreativen sprachlichen Handlungen“ (S.38) aus. Aus diesem Grund stimmt die Sprachspiel-Konzeption von Wittgenstein mit den sprechakttheoretischen Überlegungen von Austin und Searle zwar insofern überein, als in beiden Fällen das Sprechen als Handlung konzipiert wird, allerdings zeigen sich zwischen beiden Ansätzen deutliche Unterschiede, wenn der jeweils zugrundeliegende Handlungsbegriff näher betrachtet wird. Während die Sprechakttheorie sprachliches Handeln als rein regelgeleitetes Handeln versteht, nimmt Wittgenstein auch den kreativen Aspekt sprachlicher Handlungen wahr. Vor dem Hintergrund der oben durchgeführten Analyse des Handlungsbegriffes (vgl. Kap. 2.2.6) verfügt er somit über den differenzierteren Handlungsbegriff.

3.2.3 Theorie des kommunikativen Handelns nach Habermas

Jürgen Habermas hat sich im Rahmen der Entwicklung seiner Theorie des kommunikativen Handelns sowohl mit der Sprachspiel-Konzeption von Wittgenstein als auch mit der Sprechakttheorie auseinandergesetzt. Dabei würdigt er zunächst Wittgensteins Verdienst, die pragmatische Ebene der Sprache herausgearbeitet und auf diese Weise klargemacht zu haben, daß sprachliche Kommunikation zum einen die kompetente Anwendung von Regeln erfordert, zum anderen aber auch die Schaffung neuer Regeln ermöglicht. Wie bereits erwähnt, könnten wir unter Berücksichtigung der oben eingeführten Terminologie auch sagen (vgl. Kap. 2.2.6), daß Wittgenstein das Sprechen als regelgeleitete und kreative Handlung konzipiert. Wie Habermas anerkennt, hat Wittgenstein damit die Beschränktheit einer rein linguistischen Sprachbetrachtung offengelegt. Habermas (1971) wirft ihm nun allerdings vor, beim Abrücken vom Konzept der weltabbildenden Sprache gewissermaßen das Kind mit dem Bade auszuschütten, da er durch die Einführung des „Spiel"-Begriffs das Sprechen von allen außersprachlichen Bezügen abkoppelt:

> „Die Bedeutung, die dem Zug innerhalb eines Spiels zukommt, bedeutet nichts außerhalb des Spielzusammenhangs. Die Sprache ist jedoch auf etwas in der Welt bezogen; wir sprechen über etwas, was nicht in der Sprache ist, sondern in der Welt" (S.74f.).

Nach Ansicht von Habermas (1971) verkennt Wittgenstein somit die „Doppelstruktur aller Sprechhandlungen" (S.80), die darin besteht, daß die Sprache neben einem „bedeutungskonstituierenden Gebrauchsaspekt" (ebd.) auch einen „erkenntniskonstituierenden Darstellungsaspekt" (ebd.) besitzt. Formal gesprochen könnte man auch sagen: „Die Bedeutung eines Sprechaktes setzt sich zusammen aus dem propositionalen Gehalt „p" ... und dem Sinn des Modus „M" der angestrebten Verständigung" (ebd.). Die Sprache besitzt somit nach Habermas sowohl eine pragmatische Ebene, die auf Normen in der sozialen Mitwelt gerichtet ist, als auch eine linguistische Ebene, die auf Sachverhalte in der objektiven Welt gerichtet ist. Ein Sprechakt, der den Anspruch erhebt, verstehbar zu sein, muß somit mindestens zwei Bedingungen genügen: Er muß zum einen die normativ festgelegten Sprechregeln einer Sprachgemeinschaft einhalten, und er muß sich zum anderen auf einen Sachverhalt in der objektiven Welt beziehen, und sei es nur, indem er die Geltung bestimmter Tatsachen impliziert.

Auf der Basis solcher Überlegungen hat Habermas (1976) in der Folge den Versuch unternommen, eine „Universalpragmatik" zu entwickeln. Damit probiert Habermas, den auf Chomsky (1965) zurückgehenden und auf die linguistische Ebene bezogene Versuch, universale Bedingungen grammatischer Kompetenz zu ermitteln, auf die pragmatische Ebene anzuwenden. Habermas' Universalpragmatik ist somit der Versuch, die Bedingungen der Möglichkeit zu ermitteln, verstehbare Sprechakte hervorzubringen. Sein Anliegen weist somit über das Anliegen der Sprechakttheorie hinaus, da dort nur der Versuch unternommen worden ist, die Bedingungen für das Gelingen spezifischer Sprechakttypen zu ermitteln. Habermas (1976) kommt im wesentlichen zu dem Ergebnis, daß der Sprechhandelnde, um verstanden werden zu können, folgende vier universale Ansprüche erheben muß:

- „sich verständlich *auszudrücken*,
- *etwas* zu verstehen zu geben,
- *sich* dabei verständlich zu machen
- und sich *miteinander* [d.h. mit dem Gesprächspartner] zu verständigen" (S.176).

Der Sprechhandelnde erhebt somit in seinen Sprechakten die Geltungsansprüche der Verständlichkeit, Wahrheit, Wahrhaftigkeit und Richtigkeit. Prinzipiell wird in jedem Sprechakt jeder dieser vier Geltungsansprüche zumindest implizit erhoben, wobei Habermas einräumt, daß in konkreten Sprechakten in der Regel bestimmte Geltungsansprüche im Vordergrund stehen und andere zurücktreten. Daraus läßt sich eine Revision der Searleschen Sprechaktklassifikation (vgl. Kap. 3.2.2) ableiten, weswegen Habermas (1981, S.435f.) in der Theorie des kommunikativen Handelns vorschlägt, „konstative", „regulative", „expressive" und „imperative" Sprechakte zu unterscheiden. Konstative Sprechakte stellen den Versuch dar, Sachverhalte in der objektiven Welt darzustellen. Demgegenüber beziehen sich regulative Sprechakte auf die soziale Mitwelt und streben dort die Etablierung normativ anerkannter interpersonaler Beziehungen an. Expressive Sprechakte stellen den Versuch dar, Teile der subjektiven Innenwelt nach außen zu tragen. Schließlich beziehen sich imperative Sprechakte genau wie konstative Sprechakte ebenfalls auf die objektive Welt, versuchen dort allerdings, erwünschte Zustände mit Hilfe des Angesprochenen herbeizuführen. Besonders an diesen imperativen Sprechakten wird deutlich, daß spezifische Sprechakte immer auch bestimmte Handlungstypen repräsentieren: So stellen etwa imperative

Sprechakte offensichtlich strategische Handlungen dar. Entsprechend bringt Habermas seine Sprechaktklassifikation mit der von ihm entwickelten Typologie kommunikativer Handlungen in Verbindung. Die in diesem Zusammenhang von ihm entwickelte Tabelle, die auch die Funktionen, Geltungsansprüche und Weltbezüge der Handlunstypen bzw. Sprechakte noch einmal zusammenfassend darstellt, ist im folgenden in leicht veränderter Fassung abgebildet:

Handlungstyp	***kennzeichnende Sprechakte***	***Funktion***	***Geltungsanspruch***	***Weltbezug***
strategisch	Imperative	Beeinflussung des Gegenübers	Wirksamkeit	objektive Welt
Konversation	Konstative	Darstellung von Sachverhalten	Wahrheit	objektive Welt
normenreguliert	Regulative	Herstellung interpersonaler Beziehungen	Richtigkeit	soziale Welt
dramaturgisch	Expressive	Selbstrepräsentation	Wahrhaftigkeit	subjektive Welt

Abbildung 13: Typen sprachlich vermittelter Interaktionen nach Habermas (1981, S.439)

„Kommunikative" Handlungen sind vor dem Hintergrund dieses Modells solche Sprechhandlungen, die im Interesse einer Verständigung mit dem Kommunikationspartner die genannten Geltungsansprüche auch tatsächlich simultan erheben. Kommunikative Handlungen stellen somit keinen eigenen Handlungstypus dar (wie das etwa die Terminologie von Eckensberger vermuten läßt, vgl. Kap. 2.2.6.2), sondern sie vereinen alle genannten Handlungstypen. Entsprechend ist echtes „Verstehen" nach Habermas nur dann möglich, wenn der Kommunikationspartner die Geltungsansprüche auch anerkennt. Dieser hat nämlich umgekehrt die Möglichkeit, die Wahrheit, Richtigkeit oder Wahrhaftigkeit einer Aussage zu bezweifeln. Insofern stellt „kommunikatives Handeln" bzw. „Verstehen" keineswegs den „typischen", sondern den idealen Fall sprachlich vermittelter Interaktion dar: „Typisch sind Zustände in der Grauzone zwischen

Unverständnis und Mißverständnis, beabsichtigter und unfreiwilliger Unwahrhaftigkeit, verschleierter und offener Nicht-Übereinstimmung einerseits, Vorverständigtsein und erzielter Verständigung andererseits" (Habermas, 1976, S.177).

Dieses Modell sprachlicher Handlungen ist im vorliegenden Zusammenhang nicht nur deshalb beachtenswert, weil auch hier das Sprechen als Handlung konzipiert wird, sondern weil dies hier in einer sehr differenzierten Art und Weise geschieht, bei der sich offensichtliche Überschneidungen zu der allgemeinen Handlungstypologie ergeben, die oben vorgestellt worden ist (vgl. Kap. 2.3.1). Da Habermas (1981) seine Sprechhandlungstypen allerdings aus den oben dargestellten universalpragmatischen Überlegungen ableitet, handelt es sich dabei – wie er selbst einräumt – um „hochidealisierte Sprechhandlungen" (S.440), die für die Analyse der „kommunikativen Alltagspraxis" (ebd.) zunächst nur bedingt geeignet sind. Habermas nennt in der Folge allerdings Schritte, mit denen diese „formale Pragmatik Anschluß an die empirische Pragmatik findet" (ebd.). Ein wesentlicher Punkt ist dabei die Berücksichtigung der Tatsache, daß in der realen Sprechpraxis auch andere als die von Habermas dargestellten „prototypischen" Realisierungen von Sprechakten auftreten können. So lassen sich etwa strategische Sprechakte nicht nur auf die objektive, sondern auch auf die soziale und subjektive Welt beziehen. Darüber hinaus spielen das Hintergrundwissen bzw. die „Lebenswelten" (Habermas, 1981, S.442), auf deren Basis die Kommunikationsteilnehmer ihre Sprechhandlungen steuern, in realen Kommunikationssituationen eine entscheidende Rolle. Wie wir bei der Diskussion kontextualistischer Ansätze gesehen haben (vgl. Kap. 2.2.2.2), kann sich dieses Hintergrundwissen gerade in interkulturellen Interaktionen massiv unterscheiden und muß deshalb gerade hier in zentraler Weise berücksichtigt werden. Wie ich in der nun folgenden Zwischenbilanz zum Verhältnis von Sprache und Denken zeigen möchte, können solche Aspekte dann Berücksichtigung finden, wenn sprachliches Handeln im Lichte der oben entwickelten Handlungstypologie betrachtet wird. Auf diese Weise wird dann auch der Weg zu einer empirischen Überprüfung der vorgestellten Konzeption geebnet.

3.3 Zwischenbilanz: Sprechen als gegenständliche, regelgeleitete und kreative Handlung

Wir haben die Diskussion um den Zusammenhang zwischen Denken und Sprache mit der Frage begonnen, ob das Denken die Dinge in der Welt in die Sprache abbildet oder ob die Sprache ein feststehendes Wissenssystem an den Menschen heranträgt und dadurch dessen Denken formt. Gerät die Sprache zunächst unter rein linguistischer Perspektive in den Blick, dann scheint viel für den letztgenannten Standpunkt zu sprechen, da offensichtlich – wie Whorf gezeigt hat – eine erstaunlich weite Übereinstimmung zwischen den linguistischen Strukturen einer Sprache und der Weltwahrnehmung der Mitglieder einer Sprachgemeinschaft besteht. Die Sprachspiel-Konzeption von Wittgenstein scheint eine solche Sichtweise sogar philosophisch zu untermauern: Hier sind die Mitglieder einer Sprachgemeinschaft die Teilnehmer an einem großen Spiel, dessen Regelwerk festlegt, was in spezifischen Kontexten gesagt werden muß, um bestimmte Wirkungen zu erzielen bzw. wie auf bestimmte Äußerungen in bestimmten Kontexten reagiert werden muß. Wittgenstein legt somit die Basis, um das Sprechen als eine Handlung aufzufassen. Im Lichte der oben eingeführten Handlungstypologie besehen können wir sagen, daß er das Sprechen vor allem als regelgeleitete Handlung konzipiert. Darüber hinaus räumt Wittgenstein aber ein, daß die Menschen die Regeln, nach denen sie Sprachspiele spielen, auch ändern können, womit er dem Sprechen auch ein kreatives Element zuschreibt. Wie Habermas deutlich gemacht hat, bleibt das Sprechen bei einer solchen Konzeption allerdings eine Handlung, die keine Bezüge zur außersprachlichen Wirklichkeit aufweist.

Ich stimme Habermas darin zu, daß die Sprachspiel-Konzeption von Wittgenstein an dieser Stelle zu kurz greift, da sie den objektiven Bezugspol von Handlungen übersieht. Wenn das Sprechen eine Handlung darstellt, dann können wir in Anbetracht der oben entwickelten Handlungstypologie nun sagen, daß auch das Sprechen nicht nur eine Doppelstruktur, sondern eine Dreifachstruktur aufweisen muß: Es bezieht sich auf etwas in der objektiven Welt, orientiert sich dabei an normativ festgelegten Regeln, kann diese aber auch reflektieren und verändern. Übersieht man dieses kreative Element, dann kann nicht erklärt werden, wieso man sich über Beschränkungen der eigenen Sprache bewußt werden kann bzw. warum sich Sprachen verändern können. Wird das normorientierte Element der Sprache übersehen, dann wird die handlungskoordinierende Kraft der Sprache in sozialen Kontexten nicht erkannt. Wird schließlich das objektive Element der Sprache übersehen, dann gerät man in einen radikalen linguistischen bzw. kulturellen Relativismus und die damit verbundenen und oben angedeuteten Erklärungsschwierigkeiten. Man müßte dann beispielsweise den kaum zu erbringenden Nachweis führen, daß es möglich ist, jeden Menschen in eindeutiger Weise einer für ihn maßgebenden Sprachgemeinschaft zuzuordnen, die sein

Denken formt. Ähnliche Fehlschlüsse liegen nahe, wenn umgekehrt einzelne Elemente einer sprachlichen Handlung überakzentuiert werden. Gerade aus einer kulturpsychologischen Perspektive muß beispielsweise davor gewarnt werden, den objektiven Bezug sprachlicher Handlungen zu überbewerten. Dies könnte im Extremfall dazu führen, in den linguistischen Strukturen der eigenen Sprache universelle Wahrheiten abgebildet zu sehen. Auf diese Gefahr haben die Studien von Whorf in eindrucksvoller Weise aufmerksam gemacht. Eine ähnliche Gefahr droht, wenn das kreative Element der Sprache überakzentuiert wird: Es wird dann übersehen, daß auch die Reflexion über Sprache in bestimmten sprachlichen Gehäusen gefangen ist, die nur mühsam erweiterbar sind.

Es läßt sich somit folgendes Fazit ziehen: Die Sprache als ein Zeichen- und Wissenssystem trägt kulturell entstandene Bedeutungen an ein Individuum heran, das in eine Sprachgemeinschaft enkulturiert wird. Die dabei vermittelten Begriffe und Regeln dienen einerseits dazu, das Individuum gegenüber der sozialen Mitwelt handlungsfähig zu machen und üben insofern eine handlungskoordinierende Funktion aus. Sie dienen andererseits aber auch dazu, das Individuum gegenüber der objektiven Umwelt handlungsfähig zu machen und üben insofern immer auch eine Darstellungsfunktion aus. Die kulturspezifischen Bedeutungen und Regeln, die an das Individuum herangetragen werden, können von diesem zum Gegenstand der Reflexion gemacht und auf dieser Basis auch verändert werden. Diese Reflexionsprozesse finden zwar auch in kulturspezifischen sprachlichen Gehäusen statt, diese können aber im Zuge dieser Reflexionsprozesse zumindest erweitert werden. Die Bereiche des Denkens und der Sprache überlappen somit zwar weit, aber nicht vollständig.

Mit der Sprache verhält es sich also offenbar ähnlich wie mit der Kultur: In beiden Fällen stellt die *Handlung* die Klammer zwischen dem Subjekt und den soziokulturellen Bedeutungswelten dar, die an das Subjekt herantreten. Dies macht zweierlei deutlich: Zum einen wird noch einmal klar, daß der Weg zu einem besseren Verständnis der Wechselwirkungen zwischen dem Subjekt und seiner soziokulturellen Umwelt über eine differenzierte Analyse des Handlungsbegriffes führt, wie sie oben vorgenommen worden ist. Zum anderen zeichnet sich eine Konsequenz für empirische Forschungen in diesem Bereich ab: Wenn das Sprechen eine Handlung darstellt, dann dürfen wir davon ausgehen, daß wir auch in sprachlichen Handlungen jene Strukturen entdecken können, die uns an Handlungen im allgemeinen interessieren. Die Analyse sprachlicher Handlungen erscheint unter diesem Gesichtspunkt nicht als eine beliebige methodische Vorgehensweise, sondern gewissermaßen als der empirische „Königsweg“ einer handlungs- und kulturpsychologischen Konzeption. Vor diesem Hintergrund können wir nun eine empirische Überprüfung des oben vorgestellten Modells von Handlungsorientierungen in Angriff nehmen.

4 Empirische Untersuchungen

4.1 Vorüberlegungen

Wenn wir uns aufgrund der Überlegungen im vorangegangen Kapitel für eine Analyse sprachlicher Handlungen entscheiden, dann rücken auf einer methodischen Ebene inhaltsanalytische Verfahren ins Zentrum des Interesses. Hinter dem Begriff der „Inhaltsanalyse" verbirgt sich allerdings keine einzelne Methode, sondern ein ganzes Arsenal von Verfahrensweisen, die sich „sowohl in bezug auf das jeweilige Ziel der Analyse als auch in bezug auf die dafür entwickelten Mittel" (Merten, 1995, S.47) teilweise sehr deutlich unterscheiden. Der Analyse*gegenstand* inhaltsanalytischer Verfahren ist allerdings insofern immer gleich, als sich alle Verfahren auf sprachliche Äußerungen beziehen, die in der Regel in Form von Texten vorliegen. Ebenso ist allen inhaltsanalytischen Verfahren gemeinsam, daß sie diese Texte in einer systematischen Art und Weise in einzelne Bestandteile zerlegen, wodurch intersubjektiv nachvollziehbare Interpretationen über diese Texte möglich werden sollen. Insofern läßt sich ein inhaltsanalytisches Vorgehen in allgemeiner Form definieren als „Methode zur Erhebung sozialer Wirklichkeit, bei der von Merkmalen eines manifesten Textes auf Merkmale eines nichtmanifesten Kontextes geschlossen wird" (Merten, 1995, S.15). Ein „interpretatives" Element ist somit in jeder Form der Inhaltsanalyse enthalten. Die einzelnen Verfahren unterscheiden sich nun allerdings im Hinblick auf die Frage, wie „weit" sich diese Interpretation vom manifesten Inhalt des Textes entfernen darf bzw. entfernen sollte. Entsprechend unterscheiden Groeben und Rustemeyer (1995) eine „inferenzenge" quantitative Inhaltsanalyse (z.B. Berelson, 1952) von einer „inferenzweiten" qualitativen Inhaltsanalyse (z.B. Mayring, 1997; Oevermann, Allert, Konau & Krambeck, 1983). Wie Groeben und Rustemeyer (1995) weiter ausführen, spiegelt sich in dieser Unterscheidung die ewig junge Kontroverse zwischen empiristischem und hermeneutischem Wissenschaftsparadigma wider. Vertreter einer quantitativen Vorgehensweise sind der Auffassung, daß man inhaltsanalytische Untersuchungen im Dienste methodischer Sicherheit auf unmittelbare Inferenzen über den manifesten Inhalt von Texten beschränken sollte. Demgegenüber sind Vertreter einer qualitativen Vorgehensweise der Meinung, daß eine gegenstandsangemessene Analyse von Texten nur dann möglich ist, wenn der Versuch unternommen wird, weitreichende Inferenzen über den „latenten" (Kracauer, 1952, S.634) Inhalt der Texte anzustreben. In dieser Unterscheidung zwischen „manifesten" und

„latenten" Textinhalten entdecken wir die oben getroffene Unterscheidung zwischen linguistischer und pragmatischer Sprachebene wieder. Entsprechend entwickelt Merten (1995, S.121) eine Typologie inhaltsanalytischer Verfahren, in der er diese unter anderem nach der Sprachebene unterscheidet, auf die die Analyse gerichtet ist.

Wie wir im vorangegangenen Kapitel gesehen haben, können die linguistische und die pragmatische Ebene nicht gegeneinander ausgespielt werden (vgl. Kap. 3.3), da in jeder sprachlichen Äußerung beide Elemente unweigerlich enthalten sind. Insofern bietet sich gerade inhaltsanalytischen Verfahren die Möglichkeit, als „Scharnier zwischen *qualitativem* und *quantitativem*" Paradigma (Lange & Willenberg, 1989, S.178) zu fungieren. Zumindest aus forschungspraktischer Sicht erscheint es daher wenig hilfreich, allzu starr an der Unterscheidung zwischen quantitativer und qualitativer Inhaltsanalyse festzuhalten. Ich teile statt dessen die Einschätzung von Groeben und und Rustemeyer (1995), daß „die Gegenüberstellung 'manifest versus latent' ... keine kontradiktorische Ausschließungsrelation bezeichnet, sondern eher eine akzentuierende Polarisierung darstellt, die geradezu nach einer Integration dieser komplementären Pole verlangt" (S.538). Entsprechend entwickeln die Autoren eine integrative inhaltsanalytische Konzeption, bei der „weite" Interpretationen latenter Textinhalte zugelassen werden, gleichzeitig aber die intersubjektive Nachprüfbarkeit der Inferenzen und eine Quantifizierung angestrebt wird. Eine solche integrative inhaltsanalytische Konzeption liegt auch den empirischen Untersuchungen in der vorliegenden Arbeit zugrunde.

Diese Vorüberlegungen deuten an, daß sich jedem inhaltsanalytischen Vorgehen einige Grundfragen stellen, auf die es vor dem Hintergrund einer spezifischen Fragestellung angemessene inhaltliche und methodische Antworten geben muß. Im folgenden werde ich diese Grundfragen vor dem Hintergrund der spezifischen Fragestellung der vorliegenden Arbeit diskutieren.

4.2 Grundfragen inhaltsanalytischer Verfahren

4.2.1 Deduktives vs. induktives Vorgehen

Die Frage, ob ein deduktives oder induktives Vorgehen gewählt wird, berührt die Frage der Hypothesenbildung und muß daher als erstes beantwortet werden. Bei einem deduktiven Vorgehen werden Hypothesen aus einem postulierten theoretischen Modell abgeleitet und stehen somit am Beginn einer Inhaltsanalyse, während im induktiven Fall die Hypothesen durch die Inhaltsanalyse erst gebildet werden und somit deren Ergebnis darstellen. Da im Rahmen der vorliegenden Arbeit ein theoretisches Modell entwickelt worden ist (vgl. Kap. 2.3), das überprüft werden soll, könnte man im vorliegenden Fall zunächst von einem deduktiven Vorgehen sprechen. Wie allerdings Groeben und und Rustemeyer (1995) zurecht feststellen, ist in der Forschungspraxis eine „deduktiv-induktive Hypothesenkombination" (S.549) nicht nur unerläßlich, sondern im Sinne der Gegenstandsangemessenheit sogar wünschenswert. Dies gilt insbesondere dann, wenn wie im vorliegenden Fall eine Untersuchungs*serie* durchgeführt wird, bei der sich die Ergebnisse jeder Studie selbstverständlich auf die Konzeption der nachfolgenden Studie auswirken. Insofern ist die unten dargestellte Untersuchungsserie (vgl. Kap. 4.3 - 4.5) als ein Entwicklungsprozeß anzusehen, in dessen Verlauf auch das zu überprüfende theoretische Modell ausdifferenziert wird.

Die Untersuchungsserie, die im Rahmen der vorliegenden Arbeit durchgeführt worden ist, besteht aus zwei Voruntersuchungen und einer Hauptstudie. Die Basishypothese, die diesen drei Untersuchungen zugrunde liegt, ist bereits genannt worden (vgl. Kap. 2.3.4): Sie besteht in der Annahme, daß in interkulturellen Interaktionssituationen den Handlungen der jeweiligen Akteure spezifische, voneinander unterscheidbare Orientierungen zugrunde liegen, die als „Ziel"-, „Beziehungs"- und „Klärungsorientierung" im oben explizierten Sinne interpretiert werden können. Bei der später erfolgenden Darstellung der durchgeführten Untersuchungen wird darauf eingegangen, wie diese Basishypothese in den einzelnen Untersuchungen jeweils präzisiert worden ist.

4.2.2 Wahl des Verfahrens

Die Frage, welches inhaltsanalytische Verfahren im einzelnen gewählt wird, hängt im wesentlichen von zwei Faktoren ab (vgl. Merten, 1995, S.119f.): Zum einen davon, ob Rückschlüsse auf (a) den Erzeuger, (b) den Rezipienten oder (c) den Entstehungskontext eines Textes angestrebt werden. Zum anderen davon, welche Sprachebenen in die Analyse einbezogen werden sollen. In bezug auf den ersten Faktor läßt sich feststellen, daß im Rahmen der vorliegenden Arbeit Rückschlüsse auf die Handlungsorientierungen eines Sprechers, d.h. auf einen Text*erzeuger* angestrebt werden. In bezug auf den zweiten Faktor ist bereits deutlich gemacht worden, daß es dazu notwendig ist, sowohl die linguistische als auch die pragmatische Ebene sprachlicher Äußerungen in die Analyse einzubeziehen (vgl. Kap. 3.3). Im Rahmen der vorliegenden Arbeit wird demnach ein inhaltsanalytisches Vorgehen gewählt, das in Anbetracht der Typologie von Merten (1995, S.121) als ein auf den Kommunikator abzielendes, semantisch/pragmatisches Verfahren bezeichnet werden kann. Merten rechnet diesem Typus insgesamt sechs Analysearten zu, deren bekannteste Vertreter zum einen die „Motivanalyse" auf der Basis des „Thematischen Apperzeptions-Tests" (Morgan & Murray, 1935) und zum anderen die auf Ertel (1972) zurückgehende „Dogmatismusanalyse" sein dürften. Die methodischen und konzeptuellen Mängel des letztgenannten Verfahrens hat man im Rahmen der sogenannten „ideologiekritischen Inhaltsanalyse" (Vorderer & Groeben, 1987) zu überwinden versucht. Das empirische Vorgehen in der vorliegenden Arbeit ähnelt der Motivanalyse bzw. der ideologiekritischen Inhaltsanalyse insofern, als auch hier der Versuch unternommen wird, Bedingungen zu schaffen, unter denen spezifische Rückschlüsse von den sprachlichen Handlungen eines Kommunikators auf dessen kognitive Strukturen möglich werden.

4.2.3 Festlegung der Analyseeinheiten

Die Festlegung der Analyseeinheiten stellt aus mehreren Gründen eines der zentralsten und schwierigsten Probleme einer Inhaltsanalyse dar: Erstens gibt es sehr viele verschiedene Möglichkeiten, einen Text in Analyseeinheiten zu zerlegen, zweitens gerät man bei der Wahl einer dieser Möglichkeiten in besonderer Weise in das Dilemma zwischen methodischer Sicherheit und Gegenstandsangemessenheit, und drittens müssen die gewählten Analyseeinheiten zu dem verwendeten Kategoriensystem passen, da ansonsten das gesamte inhaltsanalytische Vorhaben zum Scheitern verurteilt ist. Diese Probleme hängen eng miteinander zusammen, wie an den folgenden Ausführungen deutlich wird.

Zunächst gibt es zwei verschiedene Grundstrategien zur Festlegung der Analyseeinheiten: Im einen Fall wird der Text vom Forscher anhand von objektiven linguistischen Kriterien in Einheiten zerlegt, während im anderen Fall Kodierer gebeten werden, den Text in solche Einheiten zu zerlegen, die ihnen sinnvoll erscheinen. Das letztgenannte, auf einen Vorschlag von Butterworth (1975) zurückgehende Verfahren bietet den Vorteil, daß der Text auf diese Weise in Einheiten zerfällt, die auf den durchschnittlichen Rezipienten unmittelbar sinnvoll wirken. Damit ist allerdings auch das Problem dieses Verfahrens bereits angedeutet: Da verschiedene Rezipienten offenbar über sehr unterschiedliche intuitive Definitionen einer „sinnvollen Einheit" verfügen, unterscheidet sich die Länge der von verschiedenen Kodierern festgelegten Einheiten teilweise erheblich, was Stinson, Milbrath, Reidbord und Bucci (1994) als das „lumper-splitter" Phänomen (S.42) bezeichnen. Dadurch werden bereits in der Phase der Einheitenfestlegung sehr aufwendige Verfahren zur Bestimmung der

Interrater-Übereinstimmung nötig (vgl. Scott & Hatfield, 1985). Darüber hinaus besteht in diesem Fall eine einseitige Abhängigkeit des Kategoriensystems von den sich ergebenden Einheiten, was besonders bei einem deduktiven Vorgehen problematisch werden kann.

Die letztgenannten Probleme stellen sich nicht, wenn der Text anhand von objektiven formalen Kriterien vom Forscher zerlegt wird. Dafür tauchen hier andere Fragen auf. So ist in diesem Fall zunächst einmal zu klären, welche formalen Kriterien aus der Fülle denkbarer Kriterien (vgl. Russell & Staszewski, 1988) herangezogen werden sollen. Die Beantwortung dieser Frage hängt erneut davon ab, ob die linguistische oder die pragmatische Sprachebene analysiert werden soll. Dies wiederum hängt davon ab, in welcher Form sich die theoretisch interessierenden Konzepte in einem Text niederschlagen. Ist beispielsweise davon auszugehen, daß die zu untersuchenden Konzepte im wesentlichen an linguistischen Indikatoren festzumachen sind, dann können sehr kleine Analyseeinheiten gewählt werden, die so eindeutig zu Kategorien zugeordnet werden können, daß zu keinem Zeitpunkt der Einsatz von Kodierern notwendig wird. Als klassisches Beispiel für ein solches Vorgehen kann das „Abstraktheitssuffix-Verfahren“ von Günther und Groeben (1978) gelten, bei dem die Abstraktheit von Texten an den Suffixen der verwendeten Substantive festgemacht wird, wovon auf den Denkstil eines Sprechers beim Lösen bestimmter Probleme geschlossen wird (vgl. Günther, 1987). Ein prinzipiell ähnliches, allerdings wesentlich elaborierteres Verfahren ist die auf einen Vorschlag von Kintsch (1974) zurückgehende Rekonstruktion individueller Wissensstrukturen mit Hilfe von Propositionen. Dabei wird der Text zunächst in Propositionen zerlegt, d.h. in Sinnheiten, die aus je einem Prädikat und einem oder mehreren dazugehörigen Argumenten bestehen und somit die kleinsten Einheiten bilden, mit denen Handlungen textlich dargestellt werden können. Die Propositionen und deren Zusammenhänge werden dann in Form von Listen oder graphischen Netzwerken dargestellt, wodurch nach Auffassung von Kintsch ein Modell der kognitiven Repräsentation des verbalisierten Wissens eines Sprechers entsteht. Somit besteht die Bedeutung solcher Verfahren vor allem darin, „den Weg zu einer kognitionstheoretisch fundierten Darstellung von verbalisiertem Wissen einschließlich der 'Übersetzungsprozesse' einer Wissensstruktur in Verbalisationsdaten und umgekehrt aufgezeigt zu haben“ (Schnotz, 1994, S.232). Auch diese Verfahren sind allerdings auf die linguistische Sprachebene beschränkt, da bei der Überführung von Propositionen in Listen und Graphen genau von den Informationen abstrahiert wird, die für eine Beurteilung der pragmatischen Aspekte relevant wären.

Im Rahmen der vorliegenden Arbeit, in der die pragmatische Ebene sprachlicher Äußerungen berücksichtigt werden soll, sind somit solche Analyseeinheiten zu wählen, die einerseits eindeutige Zuordnungen zu theoretisch interessierenden Kategorien ermöglichen, in denen andererseits aber noch alle pragmatisch relevanten Informationen enthalten sind. Ich bin der Meinung, daß Propositionen als sprachliche Sinneinheiten diese Funktion durchaus erfüllen können, solange sie nicht wie bei Kintsch (1974) und anderen ihrer spezifischen sprachlichen Ausdrucksform entkleidet werden. Sachse (1992) spricht in diesem Zusammenhang von sogenannten „Standardaussagen" (S.301f.) und meint damit ausformulierte Propositionen, die den von einem Sprecher produzierten Rohtext „als ein System von Elementaraussagen abbilden" (ebd.). Wie die Untersuchungen von Sachse (1992) zeigen, läßt die Zerlegung von Texten in Standardaussagen beispielsweise Rückschlüsse über die Bearbeitungsweise eines Klienten bzw. die Bearbeitungsangebote eines Therapeuten während einer gesprächspsychotherapeutischen Sitzung zu. Entsprechend bin ich der Auffassung, daß sich auch im Falle der Verbalisation des Erlebens von critical incidents solche Standardaussagen für die Analyse von Handlungsorientierungen eignen. Ich werde im folgenden allerdings weiterhin von „Propositionen" sprechen, um diese Analyseeinheiten zu bezeichnen, da ich den Begriff „Standardaussage" zum einen für mißverständlich halte, und weil es sich dabei zum anderen lediglich um ausformulierte, nicht-formalisierte Propositionen handelt.

4.2.4 Erstellung eines Kategoriensystems

Um ein Kategoriensystem für die Kodierung der Analyseeinheiten erstellen zu können, müssen zunächst sprachliche Indikatoren für die in der Hypothese enthaltenen Konstrukte gefunden werden, die dann theoretisch und anhand von Beispielen zu explizieren sind. Die verwendeten Kategoriensysteme hängen somit von den untersuchungsspezifischen Hypothesen ab und werden daher erst im Zusammenhang mit den einzelnen Untersuchungen vorgestellt (vgl. Kap. 4.3 - 4.5). Allgemein kann festgestellt werden, daß die meisten Überlegungen, die im Zusammenhang mit der Festlegung der Analyseeinheiten angestellt worden sind (vgl. Kap. 4.2.3) auch für die Erstellung des Kategoriensystems gelten, da die Festlegung von Analyseeinheiten voraussetzt, daß eine theoretische Vorstellung darüber existiert, in welcher Form sich die interessierenden Konstrukte in der Sprache niederschlagen. Im vorliegenden Fall wurden die Analyseeinheiten aufgrund solcher theoretischer Überlegungen so gewählt, daß sowohl linguistische als auch pragmatische Indikatoren definiert werden können.

Besonders bei quantitativen Inhaltsanalysen werden an das Kategoriensystem die Forderungen der Vollständigkeit, Exklusivität und Trennschärfe gestellt (vgl. Früh, 1998, S.81f.). Das heißt, das Kategoriensystem sollte das theoretisch interessierende Konstrukt möglichst vollständig erfassen, es sollte nach Möglichkeit keine weiteren Konstrukte als nur das theoretisch interessierende erfassen, und die gebildeten Kategorien sollten eindeutig voneinander abgrenzbar sein. Wie Groeben und Rustemeyer (1995) allerdings zurecht anmerken, ist es bei einem integrativen Vorgehen wie im vorliegenden Fall nur bedingt sinnvoll, diese Forderungen aufrecht zu erhalten. So ist etwa die vollständige Erfassung eines theoretischen Konstrukts durch ein Kategoriensystem ab einem gewissen Komplexitätsgrad kaum mehr zu erfüllen. Umgekehrt ist die exklusive Erfassung des theoretischen Konstrukts gerade bei der Einbeziehung pragmatischer Indikatoren kaum möglich. Trennschärfe ist allerdings ein Kriterium, das auch im vorliegenden Fall angestrebt werden kann.

4.2.5 Datenerhebung

Bezüglich der Datenerhebung erhebt sich die Frage, welche Texte von welchen Sprechern analysiert werden sollen. Da die vorliegende Arbeit am Erleben interkultureller Interaktionssituationen interessiert ist, müssen solche Texte erhoben werden, in denen sich Sprecher genau dazu äußern. Die praktische Umsetzung dieser Forderung wirft allerdings eine ganze Reihe schwieriger methodischer Probleme auf (vgl. Huber & Mandl, 1994a), die zum Teil nur in Form von Kompromissen gelöst werden können.

Unter einer *zeitlichen Perspektive* ist zunächst zu fragen, ob eine Person vor, während oder nach dem Erleben einer interkulturellen Interaktionssituation zur Verbalisation ihrer diesbezüglichen Kognitionen aufgefordert werden sollte. Ein *prä*aktionaler Zugang, der im wesentlichen nur die Erwartungen dieser Person erfassen könnte, scheidet deshalb aus, weil aus einer interkulturellen Perspektive vor allem jene Kognitionen interessant sind, die als Reaktion auf *unerwartete* Interaktionsverläufe auftreten (Brislin et al., 1986). Eine *peri*aktionale Verbalisierung ist vor allem deshalb nicht möglich, weil dadurch der „natürliche" Interaktionsablauf in massiver Weise gestört würde (Wahl, 1979). Insofern scheint eine *post*aktionale Verbalisierung am geeignetsten, wobei auch diese einige Nachteile birgt. Hier stellt sich nämlich zunächst die von Nisbett und Wilson (1977) aufgeworfene grundsätzliche Frage, inwieweit Personen überhaupt dazu in der Lage sind, postaktional ihre handlungsleitenden Kognitionen in zutreffender Weise zu rekonstruieren, worauf die Autoren bekanntlich eine sehr pessimistische Antwort gegeben haben. Wenn diese Hypothese der generellen introspektiven Unzugänglichkeit handlungsleitender Kognitionen in ihrer extremen Form auch nicht haltbar ist, wie z.B. Smith und Miller (1978) gezeigt haben, so wird man doch sagen können, daß eine postaktionale Rekonstruktion handlungsleitender Kognitionen umso verzerrter sein wird, je größer die zeitliche Distanz zwischen Handlung und Verbalisation ist. Besonders dann, wenn die interessierenden Informationen bereits in den Langzeitspeicher gelangt sind, ist „nicht mehr eine direkte Verbalisation von Kognitionen zu erwarten, sondern der Bericht über die Ergebnisse vermittelnder Informationsverarbeitungsprozesse" (Huber & Mandl, 1994a, S.25). Für den vorliegenden Fall bedeutet dies, daß eine postaktionale Verbalisation des Erlebens interkultureller Interaktionssituationen anzustreben ist, bei der die Verbalisation möglichst unmittelbar nach dem Erleben dieser Situation erfolgt.

Wie die Diskussion um die Hypothese von Nisbett und Wilson (1977) darüber hinaus ergeben hat, ist der introspektive Zugang zu handlungsleitenden Kognitionen umso eher möglich, je ungewöhnlicher, auffälliger und neuartiger eine Handlungssituation dem Akteur anmutet (Wahl, 1979). Dies wiederum spricht dafür, im Rahmen der vorliegenden Arbeit keine beliebigen interkulturellen Interaktionssituationen zum Gegenstand der Verbalisation zu machen, sondern sogenannte „critical incidents", da sich diese durch genau diesen Charakter des Auffälligen und Ungewöhnlichen auszeichnen (vgl. Kap. 2.1.2). Es stellt sich dann allerdings unter Gesichtspunkten des *Untersuchungssettings* die Frage, ob sich eine Person zu solchen critical incidents äußern sollte, die in ihrem alltäglichen Handlungskontext stattfinden, oder zu solchen, die in einem laborexperimentellen Setting auftreten. Diese beiden Möglichkeiten weisen nahezu komplementäre Vor- und Nachteile auf: Der alltägliche Handlungskontext einer Person bietet den großen Vorteil, in den „natürlichen" Handlungsablauf einer Person nicht einzugreifen und somit keine „künstlichen" Kognitionen zu produzieren, die durch eine sehr spezifische und ungewöhnliche Versuchsumgebung bedingt sind. Dadurch, daß sich die alltäglichen Handlungskontexte von Personen und die darin vorkommenden critical incidents allerdings sehr unterscheiden können, ist bei einem solchen Vorgehen die Vergleichbarkeit zwischen Personen nicht gewährleistet (Huber & Mandl, 1994b). Zwar könnte man dieses Problem dadurch zu umgehen versuchen, indem man den Versuch unternimmt, critical incidents im Stile eines feldexperimentellen Verfahrens in alltäglichen Handlungskontexten herbeizuführen. Es zeigt sich allerdings, daß dies nicht nur ein sehr aufwendiges, sondern auch ein sehr unsicheres Vorgehen ist, da auch das Ausgliedern eines critical incident aus dem Erlebensstrom eine Konzeptualisierungsleistung darstellt, bei der schwer vorherzusagen ist, im Anschluß an welche interkulturellen Interaktionssituationen und unter welchen Bedingungen sie von bestimmten Personen vorgenommen wird (vgl. Kroll, 1999). Dies zeigt, daß auch das Ausgliedern eines critical incident aus dem Strom von Ereignissen eine narrative Handlung darstellt, bei der ein jeweiliger „Erzähler" Anfang, Verlauf und Ende einer Geschichte festlegt (vgl. Kap. 2.2.6.2).

Wenn die Ausgliederung eines critical incident aus dem Strom von Ereignissen somit eine narrative Handlung darstellt, dann erhebt sich als nächstes die Frage nach der *Perspektivität* dieser Handlung. Ein critical incident kann dann nämlich zum einen aus der Perspektive des Involvierten, zum anderen aber auch aus der Perspektive eines Beobachters erzählt werden. Im Rahmen der vorliegenden Arbeit wirft dies die Frage auf, ob sich Personen eher zu solchen critical incidents äußern sollten, in die sie selbst involviert waren, oder zu solchen, die sie lediglich beobachten. Der Rückschluß von postaktionalen Verbalisationen auf handlungsleitende Kognitionen scheint bei „involvierten" critical incidents zunächst unproblematischer zu sein als bei beobachteten. Allerdings zeigen beispielsweise die Untersuchungen von Wahl (1979), daß Äußerungen über eigene Handlungen in erheblichem Maße von „handlungsrechtfertigenden Kognitionen" (S.215) überlagert sein können, was beim Sprechen über beobachtete Handlungen weitaus weniger der Fall ist. Darüber hinaus ist bei der Verwendung solcher „uninvolvierter" Situationen die Vergleichbarkeit zwischen verschiedenen Personen wesentlich einfacher zu gewährleisten. Andererseits ist bei der Verwendung solcher Situationen zu bedenken, daß zwischen dem Sprechen über eine hypothetische Situation und dem Handeln in einer realen Situation eine mitunter große Lücke klaffen kann, wie beispielsweise Untersuchungen zum moralischen Urteilen zeigen (Kohlberg & Candee, 1984). Sowohl die Entscheidung für oder gegen ein experimentelles Setting als auch die damit zusammenhängende Entscheidung für oder gegen die Verwendung von „involvierten" critical incidents kann somit an dieser Stelle nicht prinzipiell getroffen werden, sondern muß im Hinblick auf spezifische Untersuchungsziele vor jeder der zu schildernden Studien neu diskutiert werden.

Sind solche Entscheidungen getroffen, dann stellt sich als nächstes die Frage, in welcher Form die untersuchten Personen zu sprachlichen Äußerungen über critical incidents angeregt werden sollen. Dies entspricht der Frage nach dem *Strukturiertheitsgrad* einer Befragungssituation. Im Hinblick auf diese Frage ordnen Huber und Mandl (1994a, S.23) verschiedene Befragungsmethoden in Abhänigkeit von ihrem Strukturiertheitsgrad auf einer Skala an. Den höchsten Strukturiertheitsgrad weisen demnach Fragebögen auf, die ausschließlich mit geschlossenen Fragen operieren, während etwa Tagebucheintragungen am entgegengesetzten Ende dieser Skala rangieren. Da im Rahmen der vorliegenden Arbeit die freien Verbalisationen der untersuchten Personen interessieren, scheiden hochstrukturierte Befragungsmethoden mit geschlossenen Fragen von vornherein aus. Hinsichtlich des Strukturiertheitsgrades der offenen Befragung steht man vor einem Dilemma, das ebenfalls an den Untersuchungen von Wahl (1979) deutlich wird: Bei einem sehr strukturierten Vorgehen besteht die Gefahr, den Befragten dazu zu verführen, auch solche Kognitionen zu nennen, „die sein Handeln gar nicht gesteuert haben, die er aber angibt, weil man ihm Fragen dazu stellt" (S.215). Läßt man dagegen den introspektiven Erzählungen des Befragten völlig freien Lauf, dann kann es passieren, daß dieser in Themenfelder abschweift, die nichts mehr mit seinen handlungsleitenden Kognitionen in der interessierenden Situation zu tun haben, während gleichzeitig relevante Themenfelder nicht zur Sprache kommen. Um beiden Gefahren so weit wie möglich aus dem Wege gehen zu können, sollte deshalb in der vorliegenden Arbeit eine offene Befragung mit mittlerem Strukturiertheitsgrad durchgeführt werden, wie er etwa bei den teilstrukturierten Interviewverfahren der qualitativen Sozialforschung (Hopf, 1991) oder bei der Methode des „Lauten Denkens" (Weidle & Wagner, 1994) gegeben ist.

Schließlich stellt sich noch die Frage, welche Personen auf diese Weise befragt werden sollen und somit die Frage der *Stichprobe*. Da es im Rahmen der vorliegenden Arbeit weniger darum geht, die zahlenmäßige Verteilung von Merkmalen in bestimmten Personengruppen zu untersuchen, sondern vielmehr darum, die Existenz bestimmter „proto- bzw. idealtypischer Fälle" (Groeben & Rustemeyer, 1995, S.544) nachzuweisen, tritt das Kriterium der Repräsentativität von Stichproben, das in rein quantitativ angelegten Studien von großer Wichtigkeit ist, hier in den Hintergrund. Groeben und Rustemeyer (1995) führen aus, daß sich gerade an diesem Punkt ein integratives inhaltsanalytisches Vorgehen sehr stark am qualitativen Forschungsparadigma orientiert. Wie Lamnek (1995) feststellt, wird dort die „statistisch abzusichernde Repräsentativität

... vom Begriff des *'Typischen'* abgelöst" (S.191). Qualitative Forschungsarbeiten sind somit vor allem daran interessiert, die für eine bestimmte Personengruppe „typischen" Fälle zu identifizieren und darüber hinaus zu analysieren, was deren Typikalität im einzelnen ausmacht. Dadurch verändern sich auch die Kriterien, die an die Stichprobenziehung anzulegen sind: Während im quantitativen Fall die Stichprobe vor allem möglichst gut mit den Merkmalen der Grundgesamtheit übereinstimmen muß, auf die generalisiert werden soll, sollte die Stichprobe im qualitativen Fall vor allem solche Personen umfassen, die im Hinblick auf die interessierende Fragestellung miteinander *vergleichbar* sind. Im Rahmen der vorliegenden Arbeit bedeutet dies, daß solche Personen befragt werden sollten, in deren natürlichen Handlungskontexten interkulturelle Interaktionen mit gewisser Regelmäßigkeit vorkommen bzw. zu erwarten sind. Dadurch ist der für die Untersuchung infrage kommende Personenkreis bereits stark eingeschränkt. Darüber hinaus sollten die sprachlichen Ausdrucksmöglichkeiten der befragten Personen nicht zu stark beschränkt sein und auch nicht zu stark variieren (vgl. Huber & Mandl, 1994b).

4.2.6 Datenauswertung

Zur Datenanalyse sind solche Auswertungsmodelle zu wählen, die im Hinblick auf die grundsätzliche Fragestellung und die daraus abgeleiteten untersuchungsspezifischen Hypothesen angemessen erscheinen. Da in der vorliegenden Arbeit die Basishypothese vertreten wird, daß sich spezifische Typen der Situationsverarbeitung auffinden lassen, erscheinen hier solche Auswertungsmodelle angemessen, in denen die Vielzahl der anfallenden Daten zu homogenen Teilmengen verdichtet wird. Es kann dann nämlich geprüft werden, ob die dabei gebildeten Teilmengen jene Charakteristika aufweisen, die in den Hypothesen postuliert werden. Eine solche Verdichtung von Datenmengen kann von cluster- und faktorenanalytischen Verfahren geleistet werden, die über die sogenannten „Latent Structure-Analysen" eng miteinander verwandt sind (vgl. Brachinger & Ost, 1996). Entsprechend sollten Cluster- und Faktorenanalysen, sofern sie simultan durchgeführt werden, ähnliche Ergebnisse hervorbringen. Wie Brachinger und Ost (1996) zurecht betont, darf die Elaboration solcher statistischer Auswertungsverfahren nicht darüber hinwegtäuschen, daß es sich dabei selbstverständlich um ein „mathematisches *Hilfsmittel*" handelt, um „Strukturtheorien, die stets sachlogisch zu begründen sind, ein quantitatives Modell zur Seite zu stellen" (S.641). Es wird daher in jeder einzelnen Untersuchung zu prüfen sein, ob der Einsatz solcher statistischer Vefahren sinnvoll ist, oder ob man sich auf deskriptive Häufigkeitsanalysen beschränken sollte.

4.2.7 Gütekriterien

Selbstverständlich kann auch eine integrative inhaltsanalytische Konzeption, die in wesentlichen Punkten an einem qualitativen Paradigma orientiert ist, nicht auf eine Überprüfung der Zuverlässigkeit und Gültigkeit der gewonnenen Ergebnisse verzichten. Allerdings stellen sich die klassischen Gütekriterien der Objektivität, Reliabilität und Validität aus dieser Sicht etwas anders dar, weil „die an quantitativer Forschung orientierten Verfahren der Gültigkeitsprüfung einen eher *meßtechnischen* Charakter ... aufweisen, während die am qualitativen Paradigma ausgerichteten eher als *interpretativ-kommunikativ* ... zu begreifen sind“ (Lamnek, 1995, S.168). Die klassischen Kriterien der Objektivität und Reliabilität verschmelzen im qualitativen Paradigma zum Kriterium der „interindividuellen Zuverlässigkeit“ (ebd., S.178). Sie ist dann gegeben, wenn die Datenerhebung unter vergleichbaren Bedingungen stattfindet (Durchführungsobjektivität), wenn verschiedene Auswerter zu gleichen Resultaten gelangen (Auswertungsobjektivität) und wenn die aufgrund der Resultate gezogenen Schlüsse in eindeutiger Weise gezogen werden (Interpretationsobjektivität). Der Begriff der „Auswertungsobjektivität“ verweist auf die Reliabilitätsproblematik, die sich bei einem inhaltsanalytischen Vorgehen besonders dann stellt, wenn die Zuordnung von Analyseeinheiten zu Kategorien einen Interpretationsspielraum läßt, so daß mehrere Kodierer einbezogen werden müssen. In diesem Fall ist die Interrater-Übereinstimmung zu bestimmen, wofür sich der von Cohen (1960) entwickelte Kappa-Koeffizient eignet.

Auch bezüglich der Frage nach der Gültigkeit bzw. Validität von Ergebnissen sind im Rahmen des qualitativen Paradigmas eigene Kriterien entwickelt worden, die mit den klassischen Validitätskriterien wie „Kriteriumsvalidität“ und „Konstruktvalidität“ nur teilweise zusammenhängen (vgl. Lamnek, 1995, S.158f.). Das wichtigste qualitative Validitätskriterium ist das der „ökologischen Validität“, das die Frage aufwirft, ob die gewonnenen Resultate tatsächlich etwas über den Bereich der sozialen Realität aussagen, über den sie etwas aussagen möchten. Die ökologische Validität entspricht somit in etwa der „externen Validität“ in quantitativ orientierten Studien. Sie ist umso eher gegeben, je weniger die angewendeten Untersuchungsmethoden in den „natürlichen Lebensraum“ (ebd., S.165) der untersuchten Personen störend eingreifen. Diese Frage nach der ökologischen Validität wird in jeder der im folgenden geschilderten Untersuchungen zu stellen sein. Ebenso wird zu prüfen sein, inwieweit weitere in der qualitativen Forschung vorgeschlagene Validierungsmöglichkeiten wie die „kommunikative Validierung“ (Lechler, 1994) oder die „Handlungsvalidierung“ (Wahl, 1994) durchgeführt werden können. Bereits jetzt läßt sich allerdings sagen, daß sich dabei keine numerischen Validitätswerte wie etwa im Falle der „Kriteriumsvalidität“ angeben lassen. Daher wird versucht, mit Hilfe von Transparenz und Stringenz in der theoretischen Argumentation und empirischen Vorgehensweise die Gültigkeit der Ergebnisse zu gewährleisten, was in Anlehnung an Lamnek (1995) als „argumentative Validierung“ (S.166) bezeichnet werden könnte, die einige Parallelen zur „Konstruktvalidierung“ im quantitativen Paradigma aufweist.

4.2.8 Zusammenfassung

Es sind nun einige grundlegende Fragen erörtert worden, die für jede inhaltsanalytische Untersuchung relevant sind. Die Ergebnisse, zu denen wir dabei im Hinblick auf die Fragestellung der vorliegenden Arbeit gelangt sind, können folgendermaßen zusammengefaßt werden:

- Die folgende Untersuchungsserie ist als ein Entwicklungsprozeß anzusehen, bei dem sich die Ergebnisse jeder Studie auf die Konzeption der nachfolgenden Studie auswirken, wodurch sich auch das zu überprüfende Modell ausdifferenziert. Insofern findet eine deduktiv-induktive Hypothesenkombination statt;
- Ziel der Inhaltsanalysen sind Rückschlüsse von den linguistischen und pragmatischen Aspekten eines Textes auf den Textproduzenten;
- als basale Analyseeinheiten sollten ausformulierte Propositionen gewählt werden;
- die Kategoriensysteme müssen in Abhängigkeit von den untersuchungsspezifischen Hypothesen entwickelt werden;
- Gegenstand der Verbalisation sollten critical incidents sein;
- die Verbalisation sollte möglichst unmittelbar im Anschluß an das Erleben der critical incidents stattfinden;
- „natürliche“ und laborexperimentelle Untersuchungssettings weisen im Hinblick auf die spezifische Fragestellung bestimmte Vor- und Nachteile auf, so daß im Einzelfall entschieden werden muß, welches Setting verwendet wird; ähnliches gilt für Frage, ob solche critical incidents verwendet werden, in die die befragten Personen selbst involviert waren oder solche, die sie nur beobachtet haben;
- es sollte eine offene Befragung mit mittlerem Strukturiertheitsgrad durchgeführt werden;

- in die Stichprobe sollten solche Personen aufgenommen werden, in deren natürlichen Handlungskontexten interkulturelle Interaktionen mit gewisser Regelmäßigkeit vorkommen bzw. zu erwarten sind; darüber hinaus sollten die sprachlichen Ausdrucksmöglichkeiten dieser Personen nicht zu stark beschränkt sein und auch nicht zu stark variieren;
- zur Auswertung können neben deskriptiven Häufigkeitsanalysen auch cluster- und faktorenanalytische Verfahren angewandt werden;
- im Hinblick auf die Zuverlässigkeit und Gültigkeit der erzielten Resultate ist vor allem die Interrater-Übereinstimmung und die ökologische Validität zu prüfen.

Vor diesem Hintergrund können wir uns nun den einzelnen Untersuchungen zuwenden.

4.3 Vorstudie 1: Exploration

4.3.1 Zielsetzung und Hypothese

Diese erste Vorstudie wurde in Zusammenarbeit mit Kelbetz (1998) durchgeführt, bei der auch Einzelheiten nachgelesen werden können. Die Studie hat vor allem explorativen Charakter und verfolgt dabei das Ziel, die Frage zu klären, inwieweit ein inhaltsanalytisches Vorgehen in der oben dargestellten Weise ein geeigneter Weg zur Untersuchung der interessierenden Fragestellung ist.

Die Hypothesenbildung orientiert sich am Handlungsmodell von Eckensberger (vgl. Kap. 2.2.6.2). Entsprechend wird davon ausgegangen, daß unterschiedliche Handlungsorientierungen durch die Dominanz unterschiedlicher Bezugspunkte (Umwelt, Mitwelt, Innenwelt) und unterschiedlicher Ebenen (primär, sekundär, tertiär) der Handlung gekennzeichnet sind. Darüber hinaus wird davon ausgegangen, daß auf jeder dieser Handlungsebenen emotional/evaluative, kognitiv/strukturierende und motivational/energetische Prozesse stattfinden, die bei den verschiedenen Handlungsorientierungen ebenfalls unterschiedlich dominant ausgeprägt sein sollten. Vor diesem Hintergrund besteht die untersuchungsspezifische Hypothese darin, daß sich die vermuteten Orientierungsformen in bezug auf diese drei Handlungsaspekte in folgender Weise unterscheiden:

vermutete Handlungsorientierung	*dominanter Bezugspunkt*	*dominante Handlungsebene*	*dominante Verarbeitungsform*
Zielorientierung	Umwelt	primär	motivational
Beziehungsorientierung	Mitwelt	sekundär	affektiv
Klärungsorientierung	Innenwelt	tertiär	kognitiv

Abbildung 14: Hypothese der ersten Vorstudie

Entsprechend ist es zur Operationalisierung dieser Hypothese notwendig, sprachliche Indikatoren für die Handlungsaspekte „Bezugspunkt“, „Ebene“ und „Verarbeitungsform“ zu finden.

4.3.2 Kategoriensystem

Als sprachliche Indikatoren für den *Bezugspunkt* der Handlung werden die Subjekte einer Proposition und die dazugehörigen Pronomen herangezogen:

- Als „umweltlich“ werden sowohl solche Subjekte kodiert, mit denen ein Objekt oder Sachverhalt bezeichnet wird (z.B. der Computer, der Auftrag) als auch solche, in denen auf eine Person oder eine Personengruppe in allgemeiner oder objektivierender Form Bezug genommen wird (z.B. man, jeder, alle).
- Als „mitweltlich“ werden sowohl solche Subjekte kodiert, in denen eine bestimmte fremde Person bezeichnet wird (z.B. sie, er) als auch solche, in denen durch die Verwendung eines Pronomens Objekte oder Sachverhalte einer bestimmten fremden Person zugeordnet werden (z.B. sein Computer, ihr Auftrag).
- Als „innenweltlich“ werden sowohl solche Subjekte kodiert, in denen die eigene Person oder Gruppe bezeichnet wird (z.B. ich, wir) als auch solche, in denen durch die Verwendung eines Pronomens Objekte oder Sachverhalte der eigenen Person oder Gruppe zugeordnet werden (z.B. mein Computer, unser Auftrag).

Als sprachlicher Indikator für die *Verarbeitungsform* der Handlung wird der pragmatische Aspekt des in der Proposition verwendeten Prädikats herangezogen, in Zweifelsfällen aber auch die verwendeten Adjektive:

- Als „motivational" werden alle Prädikate bzw. Adjektive kodiert, deren pragmatischer Aspekt primär ein dynamisches Geschehen ausdrückt (z.B. machen, passieren, auftauchen, dazu führen).
- Als „emotional" werden alle Prädikate bzw. Adjektive kodiert, deren pragmatischer Aspekt primär ein emotionales Geschehen bzw. eine Bewertung ausdrückt (z.B. erfreuen, schockieren, stören, verwirren).
- Als „kognitiv" werden alle Prädikate bzw. Adjektive kodiert, deren pragmatischer Aspekt primär eine gedankliche Strukturierung ausdrückt (z.B. sein, haben, gelten als, abhängen von).

Als sprachlicher Indikator für die *Ebene* der Handlung wird die gesamte Proposition herangezogen:

- Als „primär" werden alle Propositionen kodiert, in denen Handlungen, Sachverhalte oder Geschehnisse in konkreter Form dargestellt werden (z.B. „ich wollte über die Straße", „wir haben 20 Mitarbeiter", „es passierte nichts").
- Als „sekundär" werden alle Propositionen kodiert, in denen auf die Existenz sozialer Regelsysteme verwiesen wird (z.B. „das sollte man so machen", „in Asien ist das immer so", „ich komme da regelmäßig nicht weiter").
- Als „tertiär" werden alle Propositionen kodiert, in denen die Gültigkeit sozialer Regelsysteme durch Einschränkungen, Vergleiche oder Infragestellung thematisiert wird (z.B. „manchmal ist das auch anders", „bei uns wäre das unmöglich", „ob das sinnvoll ist").

Das Kategoriensystem umfaßt somit drei Oberkategorien (Bezugspunkt, Verarbeitungsform, Ebene) mit je drei Unterkategorien. Jede Proposition wird in bezug auf jede der drei Oberkategorien kodiert. Zur Illustration dieses Vorgangs ist im folgenden ein kurzer kodierter Textausschnitt angegeben (entnommen aus einem Interview mit einem deutschen Manager über seine Erfahrungen in China, s.u.):

Text	Bezugspunkt	Verarbeitungsform	Ebene
Ich bin da ohne Kennzeichen rumgefahren	innenwelt	motivational	primär
weil die schlampen halt	mitwelt	emotional	sekundär
die kriegen es nicht auf die Reihe	mitwelt	emotional	sekundär
ein Kennzeichen in einer Stunde zu tauschen	umwelt	motivational	primär
das ist aber auch unsere falsche Vorstellung	umwelt	kognitiv	tertiär
daß das so sein muß	umwelt	kognitiv	sekundär

Abbildung 15: Beispielcodierung zum Kategoriensystem in der ersten Voruntersuchung

Als Kontexteinheit wird der einer Proposition vorausgegangene Text festgelegt, d.h. die Kodierer haben die Möglichkeit, zur Beseitigung von Verstehensunklarheiten im Text beliebig weit zurückzugehen. Das komplette Kodiermanual mit detaillierten Hinweisen für Kodierer ist bei Kelbetz (1998) zu finden.

4.3.3 Datenmaterial

Da es sich um eine explorative Voruntersuchung handelt, wird das Datenmaterial nicht eigens erhoben sondern auf vorhandenes zurückgegriffen, von dem anzunehmen ist, daß es in bezug auf die Fragestellung eine hohe ökologische Validität besitzt. Dabei handelt es sich um Interviews mit in China arbeitenden deutschen Managern, die im Rahmen eines Forschungsprojektes durchgeführt worden waren (vgl. Thomas & Schenk, 1996). Die Interviews waren mit einer problemzentrierten Fragetechnik durchgeführt worden (vgl. Witzel, 1985) und weisen somit einen für die vorliegende Untersuchung geeigneten Strukturiertheitsgrad auf. Zentriert wurde dabei auf die Schilderung des Erlebens von critical incidents, so daß die Interviews auch inhaltlich verwendbar sind. Es liegen die Tonaufnahmen und Transkripte von insgesamt 32 solcher Interviews mit einer durchschnittlichen Dauer von ca. 60 Minuten vor. Aus diesem Datenpool werden für die Analyse in der ersten Voruntersuchung sechs Interviews ausgewählt. Dabei fällt die Entscheidung auf diejenigen Interviews, die nach einer Durchsicht aller Interviews im Hinblick auf die interessierende Fragestellung am auffälligsten erscheinen, je zwei für jede Handlungsorientierung. Die ausgewählten Interviews umfassen zwischen 12 und 20 DIN A4 Seiten, die durchschnittliche Länge beträgt 16,5 Seiten. Daneben wird noch ein weiteres Interview zur Kodiererschulung verwendet. Bei sämtlichen ausgewählten Interviews war der Befragte männlichen Geschlechts.

4.3.4 Datenauswertung

Die Interviews werden zunächst in Propositionen zerlegt. Eine solche Zerlegung orientiert sich an den Prädikaten des Textes, die zusammen mit den zugehörigen Subjekten, Objekten und eventuellen Objektergänzungen eine Einheit bilden. Unvollständige Propositionen werden mit Hilfe des Textkontextes ergänzt und als eigenständige Propositionen kodiert, sofern diese Ergänzungen in eindeutiger Weise möglich sind. Unvollständige Propositionen, die nicht eindeutig rekonstruierbar sind, werden nicht kodiert. Die Fragen der jeweiligen Interviewer werden ebenfalls in Propositionen zerlegt und mitkodiert, um später den Interviewereinfluß überprüfen zu können. In zerlegter Form umfaßt das kürzeste Interview 350, das längste 979 Propositionen. Im Durchschnitt umfaßt ein Interview 722 Propositionen, so daß insgesamt 4333 Propositionen dreifach zu kodieren sind. Dabei beträgt der Redeanteil der Befragten 85%, und entsprechend der Redeanteil der Interviewer 15%, worin sich der mittlere Strukturiertheitsgrad der Interviewtechnik widerspiegelt.

An der Kodiererschulung nehmen drei Kodierer teil, die anhand eines Probeinterviews zunächst gemeinschaftlich und dann unabhängig voneinander kodieren, bis eine zufriedenstellende Übereinstimmung erreicht ist. Da es sich um eine explorative Voruntersuchung handelt, wird allerdings auf die rechnerische Bestimmung der Interrater-Übereinstimmung verzichtet. Die Kodierung der sechs ausgewählten Interviews nimmt dann eine Kodiererin alleine vor. Diese Kodierung wird zweimal durchgeführt, um Fehler aufgrund von Konzentrationsschwächen weitgehend ausschließen zu können.

4.3.5 Ergebnisse

Die kodierten Interviews werden zunächst einer Häufigkeitsanalyse unterzogen, wobei die Häufigkeiten der Befragten und der Interviewer getrennt voneinander analysiert werden. Die folgende Graphik zeigt zunächst die Mittelwerte der Häufigkeitsverteilung über alle sechs Befragten zusammen mit dem 95%-Konfidenzintervall, an dem die Breite der Streuung und somit das Ausmaß interindividueller Unterschiede erkennbar wird:

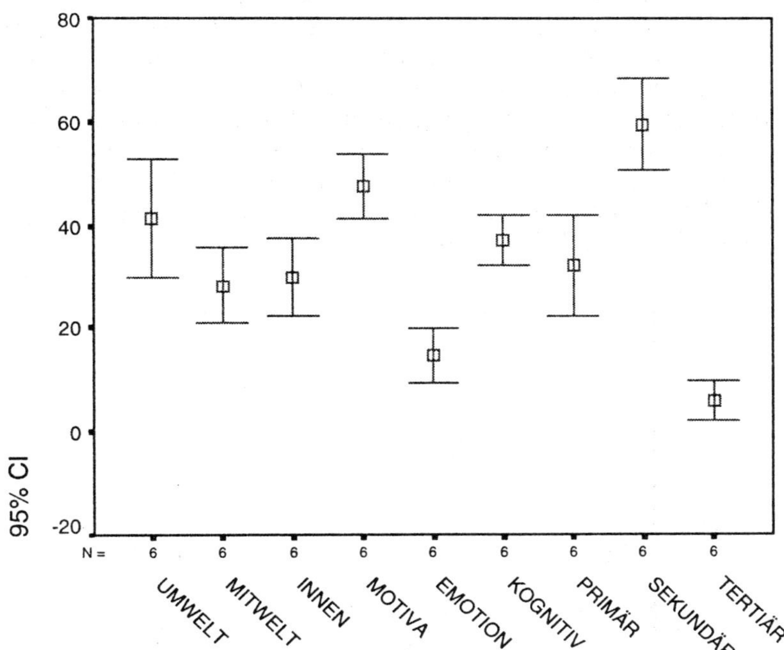

Abbildung 16: Häufigkeitsverteilung über alle sechs Befragten (Vorstudie 1)

Zunächst fällt auf, daß die Häufigkeiten, mit der die einzelnen Kategorien von den Befragten verwendet werden, sehr unterschiedlich sind. So sind bei allen Befragen emotionale Äußerungen und Äußerungen auf der tertiären Handlungsebene relativ selten. Gleichzeitig sind bei allen Befragten umweltliche und motivationale Äußerungen sowie Äußerungen auf der sekundären Handlungsebene relativ häufig. Größere interindividuelle Unterschiede zeigen sich hinsichtlich der Unterkategorien des Bezugspunktes (Umwelt, Mitwelt, Innenwelt) sowie in bezug auf die primäre und sekundäre Handlungsebene.

Die Häufigkeitsverteilungen der einzelnen Personen werden in einem zweiten Schritt einer Clusteranalyse unterzogen, um Gruppen besonders ähnlicher Verläufe identifizieren zu können. Als Proximitätsmaß wird dabei die quadrierte Euklidische Distanz verwendet und als Fusionierungsalgorithmus das Ward-Verfahren (vgl. Backhaus, Erichson, Plinke & Weiber, 1996, S.261f.). Wie bei Kelbetz (1998) ausführlich begründet wird, erscheint eine 4-Cluster-Lösung am sinnvollsten. Bei dieser Lösung bilden die Befragten Nr.1, 4 und 6 ein eigenes Cluster, während die Befragten Nr.2, 3 und 5 zusammen ein gemeinsames Cluster bilden. Darin spiegelt sich wider, daß sich bei den Befragten Nr.1, 4 und 6 spezifische Auffälligkeiten zeigen, die bei den Befragten Nr.2, 3 und 5 nicht auftreten, die somit eine Art „mittleres“ Cluster ergeben. Um die Spezifika bei den Befragten Nr.1, 4 und 6 erkennen zu können, werden deren Häufigkeitsverteilungen im folgenden separat dargestellt:

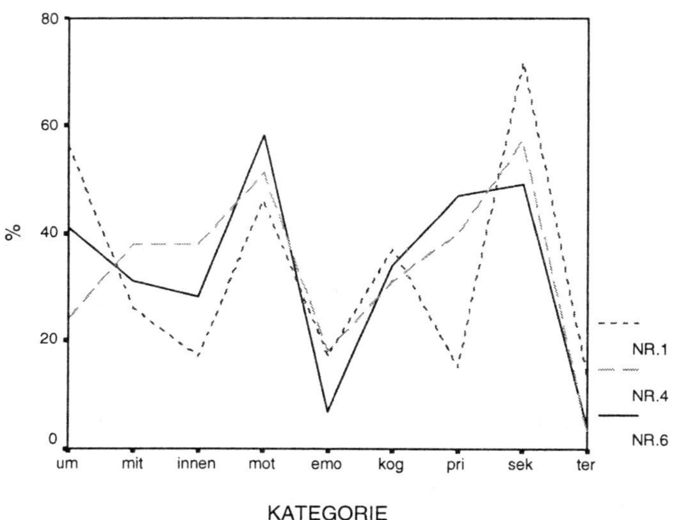

Abbildung 17: Häufigkeitsverteilungen der clusteranalytisch auffälligen Befragten

Wie zu erkennen ist, weist der Befragte Nr.1 im Vergleich zu den beiden anderen Befragten die meisten umweltlichen und kognitiven Äußerungen auf, sowie die meisten Äußerungen auf sekundärer und tertiärer Ebene. Hinsichtlich der Bezugnahmen zeigt der Befragte Nr.4 ein fast spiegelbildliches Muster: Wenige umweltliche Bezugnahmen, relativ viele mit- und innenweltliche Bezugnahmen. Hinsichtlich der Verarbeitungsform und der Handlungsebene liegt der Befragte Nr.4 etwa zwischen den beiden anderen Befragten. Der Befragte Nr.6 zeichnet sich vor allem durch die meisten motivationalen und wenigsten emotionalen Äußerungen aus. Hinsichtlich der Handlungsebenen fällt bei ihm auf, daß er derjenige ist, der von den drei Befragten am häufigsten auf primärer Ebene und am seltensten auf sekundärer Ebene spricht.

Vergleicht man diese Häufigkeitsverteilungen mit den aufgestellten Hypothesen (vgl. Kap. 4.3.1), dann läßt sich die Verteilung des Befragten Nr.6 am eindeutigsten deuten, und zwar im Sinne einer Zielorientierung (viele umweltliche und motivationale Äußerungen auf primärer Ebene). Eine solche Deutung deckt sich mit der Gesamtinterpretation des Interviewtextes dieses Befragten, die zum dem Schluß gelangt, daß der Befragte soziale Handlungen und Sachverhalte in sehr konkreter, situationsgebundener Form darstellt, dabei allerdings zu Vergegenständlichungen und emotionaler Distanzierung neigt (vgl. Kelbetz, 1998). Die Häufigkeitsverteilung des Befragten Nr.4 läßt sich tendentiell im Sinne einer Beziehungsorientierung interpretieren (relativ viele mitweltliche und emotionale Äußerungen, Dominanz der sekundären Ebene). Auch diese Deutung wird von der Gesamtinterpretation des Interviewtextes gestützt, die zeigt, daß dieser Befragte wesentlich häufiger als andere Vermutungen über das psychische Geschehen fremder Personen anstellt und teilweise versucht, dieses an soziale Regelsysteme anzubinden (vgl. Kelbetz, 1998). Die Häufigkeitsverteilung des Befragten Nr.1 läßt sich zumindest teilweise im Sinne einer Klärungsorientierung deuten. Für eine Klärungsorientierung sprechen die vergleichsweise vielen kognitiven Äußerungen, sowie die relativ vielen Äußerungen auf tertiärer Ebene. Gegen eine Klärungsorientierung spricht allerdings der hohe Anteil umweltlicher bzw. der niedrige Anteil innenweltlicher Äußerungen. Die Gesamtinterpretation des Interviewtextes dieses Befragten zeigt, daß dieser soziale Handlungen und Sachverhalte kaum situationsgebunden, sondern sehr abstrahierend darstellt und von diesen Darstellung sein eigenes Erleben weitgehend abkoppelt, so daß seine Ausführungen insgesamt sehr analytisch und unpersönlich wirken (vgl. Kelbetz, 1998).

Die gleichen Analysen werden anschließend mit den Texten der Interviewer durchgeführt, um zu prüfen, ob die geschilderten Darstellungsweisen durch das spezifische Frageverhalten verschiedener Interviewer bedingt sind. Wie bei Kelbetz (1998) im einzelnen dargestellt wird, lassen sich allerdings keine systematischen Zusammenhänge zwischen der Häufigkeitsverteilung eines Interviewers und der des jeweiligen Befragten nachweisen. Schließlich werden noch einzelne Teilabschnitte jedes Interviews untereinander verglichen, um zu prüfen, ob die sprachliche Darstellungsweise eines Befragten im Laufe des Interviews relativ konstant bleibt, oder ob sie stark variiert. Hierbei ergibt sich, daß die Häufigkeitsverteilungen eines Befragten während der Schilderung von critical incidents relativ ähnlich sind, während sie sich bei sonstigen Ausführungen wesentlich stärker unterscheiden.

4.3.6 Zwischendiskussion der ersten Vorstudie

Es zeigt sich, daß diese explorative Voruntersuchung erste Hinweise auf die Existenz unterschiedlicher sprachlicher Darstellungsweisen erbringt, die im Sinne unterschiedlicher zugrundeliegender Handlungsorientierungen interpretiert werden können. Besonders ermutigend erscheint dies im Hinblick darauf, daß (a) das zugrundeliegende Datenmaterial ursprünglich nicht zu diesem Zweck erhoben worden war, (b) die zugrundeliegende Stichprobe im Hinblick auf die interessierende Fragestellung extrem homogen ist (männliche, deutsche Manager, die in China arbeiten) und somit keine großen interindividuellen Unterschiede zu erwarten sind und (c) die relevanten Unterschiede entsprechend der zugrundeliegenden theoretischen Überlegungen vor allem in bezug auf critical incidents auftreten. Diese Punkte verweisen aber auch gleichzeitig auf einige methodische Schwächen dieser Studie, die nur durch deren explorativen Charakter zu rechtfertigen sind. So hat etwa die Tatsache, daß das Datenmaterial ursprünglich zu anderen Zwecken erhoben worden ist zur Folge, daß die analysierten Interviews keineswegs nur Ausführungen über critical incidents enthalten, wodurch die Ergebnisse im Hinblick auf die vorliegende Fragestellung verzerrt werden. Desweiteren ist kritisch anzumerken, daß die in den Interviews geschilderten critical incidents zum Teil sehr lange vorher stattgefunden haben, so daß Äußerungen über handlungsleitende Kognitionen in diesen Situationen durch vermittelnde Informationsverarbeitungsprozesse sehr stark verzerrt sein können. Die relativ ähnlichen Häufigkeitsverteilungen der einzelnen Befragten könnten zudem darauf hindeuten, daß die untersuchte Stichprobe für die Untersuchung der interessierenden Fragestellung zu homogen ist.

Die Wahl der Analyseeinheiten und deren Passung zum Kategoriensystem kann insgesamt positiv bewertet werden, was allerdings nur mit Einschränkungen für die Kodierung der Handlungsebenen gilt. So können nämlich Äußerungen auf tertiärer Ebene sinnvollerweise erst dann erfolgen, wenn vorher Äußerungen auf primärer bzw. sekundärer Ebene stattgefunden haben, auf die sie sich beziehen. Dies erklärt auch zum Teil die insgesamt geringe Zahl von Äußerungen auf tertiärer Ebene in den analysierten Interviews. Desweiteren ist zum Kategoriensystem kritisch anzumerken, daß dieses wesentlich stärker an der linguistischen Sprachebene orientiert ist als an der pragmatischen, wobei die erzielten Ergebnisse mit einer interpretativen Deutung des Gesamttextes weitgehend übereinstimmen. Hinsichtlich der Gütekriterien ist die fehlende rechnerische Bestimmung der Interrater-Übereinstimmung zu bemängeln, die allerdings aufgrund der vielen linguistischen Indikatoren nicht zu schlecht ausfallen dürfte. Schließlich ist positiv anzumerken, daß von einer hohen ökologischen Validität der analysierten Interviews ausgegangen werden kann, da die befragten Personen über critical incidents berichten, in die sie selbst involviert waren und in deren natürlichen Ablauf in keiner Weise eingegriffen wurde.

Insgesamt ermutigen die Ergebnisse dieser explorativen Studie dazu, den empirisch eingeschlagenen Weg weiterzugehen. Dabei muß der nächste Schritt darin bestehen, die methodischen Schwächen dieser ersten Voruntersuchung zu überwinden.

4.4 Vorstudie 2: Methodische Weiterentwicklung

4.4.1 Zielsetzung und Hypothese

Diese zweite Vorstudie wurde in Zusammenarbeit mit Dobiasch (1999) durchgeführt, bei dem auch Einzelheiten nachgelesen werden können. Diese Studie verfolgt das Ziel, ein Untersuchungsparadigma zur Analyse von Handlungsorientierungen zu schaffen, in dem die methodischen Schwächen der ersten Vorstudie überwunden sind. Somit liegen dieser zweiten Voruntersuchung keine anderen Hypothesen als der ersten zugrunde, sie werden allerdings in wesentlich differenzierterer Weise operationalisiert. Insbesondere wird darauf geachtet, bei dieser Operationalisierung die pragmatische Sprachebene stärker zu berücksichtigen, als dies in der ersten Voruntersuchung der Fall gewesen ist.

4.4.2 Kategoriensystem

Die Kodierung des *Bezugspunktes* der Handlung (Umwelt, Mitwelt, Innenwelt) wird in diesem zweiten Kategoriensystem beibehalten, wird allerdings vom *Thema* der Handlung unterschieden. Dadurch ist es beispielsweise möglich, bei der Formulierung „mein Computer“ festzuhalten, daß zwar über einen Gegenstand gesprochen wird, dieser allerdings der eigenen Person zugeordnet wird. Die möglichen Themen werden in die Bereiche des Gegenständlichen, des Psychischen und des Konzeptuellen eingeteilt. Dabei wird der Bereich der psychischen Phänomene noch weiter unterteilt, da aufgrund der generellen Fragestellung und der Erfahrungen in der ersten Voruntersuchung vor allem Äußerungen mit diesem Thema erwartet werden. Ähnlich wie in der ersten Voruntersuchung wird der Bereich des Psychischen in kognitive, emotionale und Verhaltensphänomene unterteilt. Desweiteren wird aus theoretischen Überlegungen abgeleitet, daß sich jede Handlungsorientierung durch eine spezifische emotionale Reaktion auf die Desorientierung auszeichnen sollte, die durch ein critical incident ausgelöst wird (vgl. Kap. 2.1). Aus diesem Grund werden die emotionalen Phänomene weiter unterteilt in die Emotionen des Ärgers, des Mitgefühls und des Erstaunens. Da dies allerdings keine erschöpfende Kategorisierung emotionaler Phänomene darstellt, wird hier zusätzlich eine Restkategorie aufgenommen.

Da die Operationalisierung der verschiedenen Handlungsebenen in der ersten Voruntersuchung nur unbefriedigend gelungen ist (vgl. Kap. 4.3.6), wird sie in dieser zweiten Studie wesentlich ausdifferenziert. Zu diesem Zweck wird auf die sprachanalytischen Untersuchungen von Castel und anderen (1991; 1992; 1995; vgl. Kap. 2.3.4) zurückgegriffen. Diese gehen davon aus, daß sich die unterschiedlichen Orientierungen sprachlicher Handlungen auf allen Analyseebenen manifestieren. So deuten etwa auf der Ebene von Propositionen „Beschreibungen", „Bewertungen" und „Behauptungen" auf unterschiedlich orientierte Sprechhandlungen hin. In Anlehnung daran werden in diesem zweiten Kategoriensystem alle Propositionen diesen pragmatischen Kategorien zugeordnet. Als sprachliche Indikatoren zur Unterscheidung von Beschreibungen, Bewertungen und Behauptungen werden dabei die Verben und Adverben einer Proposition herangezogen:

- Als „Beschreibungen" werden solche Propositionen kodiert, in denen durch das verwendete Verb oder Adverb ein objektiv beobachtbares Geschehen ausgedrückt wird (z.B. „er eröffnete die Sitzung", „sie erschien um 5 Uhr", „sie verteilten die Unterlagen").
- Als „Bewertungen" werden solche Propositionen kodiert, in denen durch das verwendete Verb oder Adverb eine wertende Stellungnahme abgegeben wird (z.B. „dort verkommt alles", „es war schön", „das ist unheimlich").
- Als „Behauptungen" werden solche Propositionen kodiert, in denen durch das verwendete Verb oder Adverb etwas nicht objektiv Beobachtbares ausgesagt wird, was allerdings mit keinen Wertungen verbunden wird (z.B. „ihm bedeutet das viel", „sie stellt das Private über das Berufliche", „sie rechnen nicht damit").

Beschreibungen, Bewertungen und Behauptungen formen sich nach Castel und Lacassagne (1991) in längeren sprachlichen Einheiten zu „Darstellungen", „Rechtfertigungen" und „Erklärungen" aus. Aus diesem Grund eröffnet dieses zweite Kategoriensystem die Möglichkeit, mehrere aufeinanderfolgende Propositionen als „Darstellung", „Rechtfertigung" oder „Erklärung" zu kodieren:

- Als „Darstellung" werden solche Propositionsabfolgen kodiert, durch die eine zentrale, als „Beschreibung" kodierte Proposition erläutert wird.
- Als „Rechtfertigung" werden solche Propositionsabfolgen kodiert, durch die eine zentrale, als „Bewertung" kodierte Proposition gerechtfertigt wird.
- Als „Erklärung" werden solche Propositionsabfolgen kodiert, durch die eine zentrale, als „Behauptung" kodierte Proposition erläutert wird, sofern die Propositionsabfolge sowohl Explanans als auch Explanandum enthält.

Schließlich wird aufgrund theoretischer Überlegungen und der Erfahrungen in der ersten Voruntersuchung davon ausgegangen, daß die Verwendung der pragmatischen Kategorien „Lösungsvorschlag", „Vergleich" und „Frage" auf unterschiedliche Handlungsorientierungen hindeutet. Aus diesem Grund eröffnet das zweite Kategoriensystem die Möglichkeit, einzelne Propositionen oder Propositionsabfolgen als „Lösungsvorschlag", „Vergleich" oder „Frage" zu kodieren:

- Als „Lösungsvorschlag" werden solche Propositionen bzw. Propositionsabfolgen kodiert, in denen der Sprecher mit Hilfe von Modalverben (z.B. man müßte, sie sollte, er könnte) konkrete Handlungen zur Bewältigung von critical incidents vorschlägt.
- Als „Vergleich" werden solche Propositionen bzw. Propositionsabfolgen kodiert, in denen der Sprecher mit Hilfe von vergleichenden Präpositionen (z.B. als, wie) seine eigenen Handlungen, Emotionen und Kognitionen mit denen einer anderen Person vergleicht.
- Als „Frage" werden solche Propositionen bzw. Propositionsabfolgen kodiert, in denen der Sprecher ein Informationsdefizit ausdrückt (z.B. „ich frage mich", „es würde mich interessieren", „für mich bleibt offen").

Das Kategoriensystem umfaßt somit insgesamt fünf Oberkategorien mit je drei Unterkategorien, wobei die Oberkategorie „Thema" nochmals weiter ausdifferenziert ist. Das dadurch entstehende Kategoriensystem ist im folgenden dargestellt. Die grau unterlegten Felder zeigen an, in welchen Kategorien beim Vorliegen einer „Zielorientierung" (Z), „Beziehungsorientierung“ (B) und „Klärungsorientierung“ (K) erhöhte Häufigkeiten hypothetisch zu erwarten sind:

					HO		
					Z	B	K
Pragmatische Kategorien	Propositional-			Beschreibung	■		
				Bewertung		■	
				Behauptung			■
	Über-propositional			Darstellung	■		
				Rechtfertigung		■	
				Erklärung			■
	Sonstige			Lösungsvorschlag	■		
				Vergleich		■	
				Frage			■
Inhaltliche Kategorien	Thema			Gegenständliches	■		
		Psychisches		Verhalten	■		
			Emotion	Ärger	■		
				Mitgefühl		■	
				Erstaunen			■
				sonstige			
				Emotion gesamt		■	
				Kognition			■
				Psychisches gesamt		■	
				Konzeptuelles			■
	Bezugs-punkt			Umwelt	■		
				Mitwelt		■	
				Innenwelt			■

Abbildung 18: Kategoriensystem der zweiten Voruntersuchung

Wie dieser Abbildung ebenfalls zu entnehmen ist, wird jede Proposition im Hinblick auf den Bezugspunkt, das Thema und die Frage, ob es sich um eine Beschreibung, Bewertung oder Behauptung handelt, kodiert. Die Kodierung von längeren Propositionsabfolgen erfolgt optional. Zur Illustration dieses Vorgangs ist in Anhang 1 ein kurzer kodierter Textausschnitt dargestellt (entnommen aus einem Interview mit einem deutschen Studenten über seine Eindrücke bezüglich eines verfilmten critical incidents, s.u.).

Als Kontexteinheit wird der einer Proposition vorausgegangene Text festgelegt, d.h. die Kodierer haben die Möglichkeit, zur Beseitigung von Verstehensunklarheiten im Text beliebig weit zurückzugehen. Das komplette Kodiermanual mit detaillierten Hinweisen für Kodierer ist bei Dobiasch (1999) zu finden.

4.4.3 Datenmaterial

Um die methodischen Schwächen der ersten Voruntersuchung überwinden zu können, wird im Rahmen dieser zweiten Studie ein Untersuchungsparadigma entwickelt, das es ermöglichen soll, handlungsleitende Orientierungen beim Erleben von critical incidents möglichst unmittelbar zu erfassen. Zu diesem Zweck werden einer Reihe von Versuchspersonen in einem laborexperimentellen Setting insgesamt drei videographierte critical incidents vorgeführt. Diese critical incidents basieren auf authentischen Schilderungen, die im Rahmen von verschiedenen Forschungsprojekten erhoben und verfilmt worden sind (vgl. Limpächer, 1998; Thomas & Schenk, 1996). Im ersten Videofilm führt die Interaktion eines deutschen Managers mit seiner chinesischen Sekretärin zum critical incident, im zweiten Film kommt es während den Verhandlungen zwischen einer deutschen und einer chinesischen Verhandlungsdelegation zum critical incident, und im dritten Film führt die Interaktion eines deutschen Austauschstudenten mit seinem amerikanischen Zimmernachbarn zum critical incident. Die jeweiligen Videosequenzen haben eine Länge zwischen 4 und 12 Minuten. Zu Beginn der Untersuchung teilt der Versuchsleiter der Versuchsperson mit, daß er ihr im folgenden drei kurze Videosequenzen vorführen wird, in denen ein oder mehrere Deutsche mit einer oder mehreren fremdkulturellen Personen interagieren. Die Versuchsperson wird gebeten, sich so weit wie möglich in die gezeigte Szene hineinzudenken und sich dabei so weit wie möglich mit der deutschen Person im Video zu identifizieren. Unmittelbar nach jedem critical incident werden der Versuchsperson folgende sechs Fragen gestellt:

1. Was ist Deine erste Reaktion auf diese Szene?
2. Was empfindest Du in der Rolle des Deutschen/der Deutschen in der Situation?
3. Wie erklärst Du Dir, warum das Gespräch (die Verhandlung) gerade so verlaufen ist, wie es (sie) verlaufen ist?
4. Bräuchtest Du zusätzlich zu den Informationen aus dem Film noch weitere Informationen, um den Verlauf des Gesprächs (der Verhandlung) erklären zu können? Welche?

5. Wie hättest Du Dich in der Szene verhalten und wie würdest Du Dich in der Folgezeit weiter verhalten?
6. Konntest Du Dich mit dem Deutschen/den Deutschen im Video identifizieren? Warum?

Die erste Frage zielt auf eine möglichst spontane Erfassung der Kognitionen der Versuchsperson während des Betrachtens des critical incidents ab. Die Fragen 2 bis 5 sollen gewährleisten, daß keine Kognitionen übergangen werden, die die Versuchsperson bei der Schilderung ihrer spontanen Reaktion unerwähnt läßt, die allerdings im Hinblick auf die untersuchte Fragestellung wichtig sind. Frage 6 ist im wesentlichen eine Kontrollfrage, um prüfen zu können, ob eine Identifikation mit einem der Akteure stattgefunden hat. Der Versuchsleiter enthält sich aller darüber hinausgehender Nachfragen oder Stellungnahmen, um den Einfluß der sozialen Interaktion des Versuchsleiters mit der Versuchsperson möglichst gering zu halten.

Um die ökologische Validität dieses Versuchs im möglichen Rahmen zu gewährleisten, sollten solche Versuchspersonen akquiriert werden, in deren natürlichen Handlungskontexten interkulturelle Interaktionen regelmäßig auftreten oder in absehbarer Zeit zu erwarten sind. Aus diesem Grund werden Einladungen zu dem Versuch an alle deutschen Studenten der Universität Regensburg verschickt, denen ein einjähriges Austauschstudium in den USA bewilligt worden ist, das unmittelbar bevorsteht. Auf diese Weise können insgesamt 28 Versuchspersonen für diese zweite Studie gewonnen werden, die für die Teilnahme an dem Versuch DM 30.- erhalten. Jeder Versuchsdurchlauf dauert ca. 60 Minuten. Die Antworten der Versuchspersonen werden auf Band aufgenommen und anschließend transkribiert. Aus diesem Datenpool werden für die Analyse in dieser zweiten Voruntersuchung sechs Interviews ausgewählt. Dabei fällt die Entscheidung auf drei Interviews, die nach einer Durchsicht aller Interviews im Hinblick auf die interessierende Fragestellung auffällig erscheinen, sowie auf drei weitere, die unauffällig erscheinen. Daneben orientiert sich die Auswahl an einigen soziodemographischen Daten. So sollen beispielsweise im Gegensatz zur ersten Voruntersuchung auch Frauen in die Stichprobe aufgenommen werden. Der ausgewählten Stichprobe gehören somit drei Frauen und drei Männer an. Diese sechs Personen sind zum Zeitpunkt des Versuchs zwischen 21 und 24 Jahren alt und entstammen drei verschiedenen Fachbereichen. Die Auslandserfahrungen und die sprachlichen Ausdrucksmöglichkeiten dieser Personen sind miteinander vergleichbar. Die ausgewählten Interviews umfassen zwischen 6 und 9 DIN A4 Seiten, die durchschnittliche Länge beträgt 7,5 Seiten.

4.4.4 Datenauswertung

Die Interviews werden auf die gleiche Art wie in der ersten Voruntersuchung zunächst in Propositionen zerlegt. Bei unvollständigen Propositionen wird vermerkt, welche Propositionselemente fehlen und welche Kategorien deshalb nicht kodiert werden können. Durch dieses aufwendigere Verfahren beim Umgang mit unvollständigen Propositionen dauert bereits die bloße Aufbereitung eines Interviews 10 bis 15 Stunden. Da die Redeanteile des Versuchsleiters extrem gering und darüber hinaus standardisiert sind, wird auf eine Kodierung dieser Textteile verzichtet. Um den Kodieraufwand trotz des sehr komplexen Kategoriensystems handhabbar zu halten, werden darüber hinaus nur die Verbalisationen zur ersten Szene ausgewertet. Lediglich bei einem Interview wird der gesamte Text ausgewertet, um Hinweise auf die intraindividuelle Variabilität zu gewinnen. Die herangezogenen Teilinterviews umfassen zwischen 61 und 170 Propositionen. Im Durchschnitt umfaßt ein Teilinterview 119 Propositionen, so daß insgesamt 950 Propositionen drei- bis fünffach zu kodieren sind. Das Kodieren eines Teilinterviews nimmt etwa 6 bis 8 Stunden in Anspruch.

An der Kodiererschulung nehmen zwei Kodierer teil, die anhand von Probeinterviews zunächst gemeinschaftlich und dann unabhängig voneinander kodieren, bis zufriedenstellende Übereinstimmungen erreicht sind. Da in dieser zweiten Voruntersuchung ein wesentlich komplexeres Kategoriensystem verwendet wird als in der ersten Voruntersuchung, nimmt die Kodiererschulung wesentlich mehr Zeit in Anspruch und dauert insgesamt etwa 60 Stunden. Darüber hinaus wird in dieser zweiten Studie die Interrater-Übereinstimmung rechnerisch bestimmt. Sie liegt für die einzelnen Kategorien zwischen zwischen 0.82 und 0.97 (Cohens kappa) und kann somit als gut bis sehr gut bezeichnet werden.

4.4.5 Ergebnisse

Zunächst kann festgehalten werden, daß sich alle Versuchspersonen die gezeigten critical incidents interessiert und aufmerksam ansehen. Desweiteren fällt es offenbar keiner Versuchsperson schwer, sich in die Videoszenen hineinzuversetzen und sich anschließend ausführlich darüber zu äußern. Den meisten Versuchspersonen gelingt es nach eigenen Angaben auch, sich mit den deutschen Akteuren in den Szenen zumindest teilweise zu identifizieren.

Zunächst werden wieder die Mittelwerte der Häufigkeitsverteilung über alle sechs Befragten zusammen mit den jeweiligen 95%-Konfidenzintervallen graphisch dargestellt:

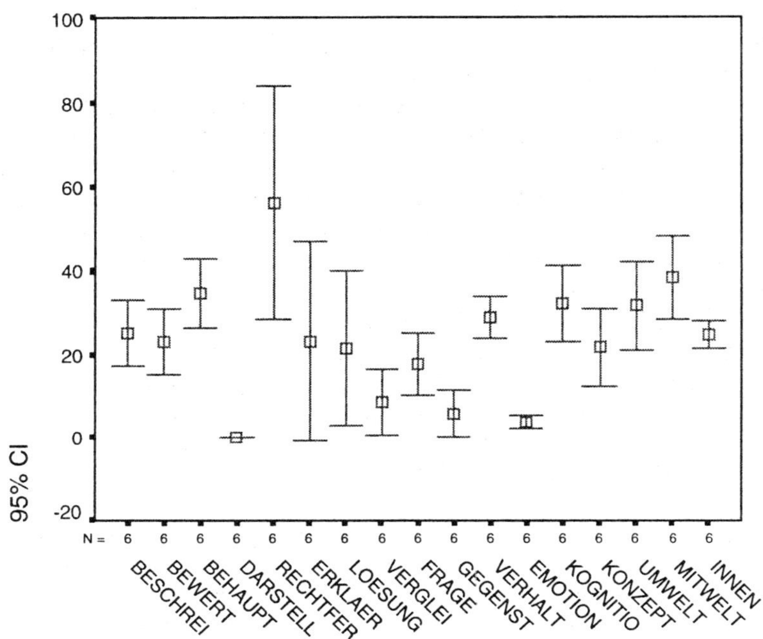

Abbildung 19: Häufigkeitsverteilung über alle Befragten (Vorstudie 2)

Zunächst fällt auf, daß die überpropositionale Kategorie „Darstellung" überhaupt nicht vorkommt, während gleichzeitig Rechtfertigungen die am häufigsten vorkommende Kategorie bilden. Desweiteren wird deutlich, daß erwartungsgemäß über psychische Phänomene insgesamt häufiger gesprochen wird als über beobachtbare Verhaltsweisen und abstrakte Konzeptionen. Dabei dominieren ähnlich wie in der ersten Voruntersuchung Äußerungen über Verhaltensweisen und Kognitionen, während emotionale Themen auch in dieser Studie vergleichsweise selten vorkommen. Insgesamt sind die Spannweiten der einzelnen Häufigkeitsverteilungen weiter als in der ersten Voruntersuchung, was die heterogenere Stichprobe widerspiegeln dürfte. Wie an der Spannweite der Kategorien „Lösungsvorschlag", „Rechtfertigung" und „Erklärung" zu sehen ist, zeigen sich in bezug auf diese Kategorien die größten interindividuellen Unterschiede.

In einem zweiten Schritt werden die Verbalisationsmuster jeder einzelnen Versuchsperson den hypothetisch zu erwartenden Verbalisationsmustern einer prototypischen Ziel-, Beziehungs- oder Klärungsorientierung (vgl. Abbildung 18) gegenübergestellt. Dazu wird zunächst die Häufigkeitsverteilung jeder einzelnen Versuchsperson mit den Mittelwerten der Gesamthäufigkeitsverteilung über alle kodierten Interviews verglichen, so daß festgestellt werden kann, welche Kategorien eine einzelne Versuchsperson im Vergleich zu allen Befragten am häufigsten verwendet. Das auf diese Weise ermittelte Muster überdurchschnittlich häufig verwendeter Kategorien wird anschließend mit den hypothetisch zu erwartenden Verbalisationsmustern verglichen. Dieser Vergleich wird in der folgenden Abbildung anhand der Versuchsperson Nr.1 illustriert:

					HO		
					Z	B	K
Pragmatische Kategorien	**Propositional**			Beschreibung			
				Bewertung	+	+	+
				Behauptung			
	Über-propostional			Darstellung			
				Rechtfertigung	+	+	+
				Erklärung			
	Sonstige			Lösungsvorschlag	+	+	+
				Vergleich	+	+	+
				Frage	+	+	+
Inhaltliche Kategorien	**Thema**			Gegenständliches			
		Psychi-sches		Verhalten	+	+	+
			Emo-tion	Ärger	+	+	+
				Mitgefühl			
				Erstaunen			
				sonstige			
				Emotion gesamt	+	+	+
				Kognition			
				Psychisches gesamt	+	+	+
				Konzeptuelles	+	+	+
	Bezugs-punkt			Umwelt			
				Mitwelt			
				Innenwelt	+	+	+
Anzahl der Übereinstimmungen mit hypothetisch erwarteten Mustern					3	5	3

Abbildung 20: Vergleich der aufgetretenen und erwarteten Häufigkeitsmuster (VP Nr.1)

Wie deutlich wird, stimmt das Häufigkeitsmuster der Versuchsperson Nr.1 in 3 von 7 Kategorien mit dem erwarteten Häufigkeitsmuster einer prototypischen Zielorientierung bzw. Klärungsorientierung überein und in 5 von 7 Fällen mit dem erwarteten Häufigkeitsmuster einer prototypischen Beziehungsorientierung. Im folgenden sind die entsprechenden Übereinstimmungen für alle sechs Versuchspersonen angegeben:

	Z	B	K
VP 1	3	5	3
VP 2	2	2	3
VP 3	3	4	2
VP 4	5	2	2
VP 5	2	2	5
VP 6	0	6	5

Abbildung 21: Übereinstimmungen zwischen aufgetretenen und erwarteten Häufigkeitsmustern bei allen Versuchspersonen

Wie zu erkennen ist, läßt sich das Häufigkeitsmuster der Versuchsperson Nr.1 am ehesten im Sinne einer Beziehungsorientierung interpretieren. Bei den Versuchspersonen Nr.2 und Nr.3 sind dagegen keine klaren Tendenzen erkennbar. Das Häufigkeitsmuster der Versuchsperson Nr.4 läßt sich im Sinne einer Zielorientierung interpretieren, während das Häufigkeitsmuster der Versuchsperson Nr.5 im Sinne einer Klärungsorientierung interpretierbar ist. Besonders interessant ist das Ergebnis bei Versuchsperson Nr.6: Es zeigt eine hohe Übereinstimmung sowohl mit dem prototypischen Muster einer Beziehungs- als auch mit dem einer Klärungsorientierung bei gleichzeitig völliger Nicht-Übereinstimmung mit dem prototypischen Muster einer Zielorientierung. Dies kann als Hinweis darauf gelten, daß in einer bestimmten Situation auch mehrere Handlungsorientierungen gleichzeitig stark ausgeprägt sein können. Diese Zuordnung von Häufigkeitsmustern zu bestimmten Handlungsorientierungen stimmt mit den interpretativen Gesamtdeutungen dieser Texte weitgehend überein (vgl. Dobiasch, 1999).

Bei der zufällig herausgegriffenen Versuchsperson Nr.1 werden zusätzlich zu den Antworten zur ersten Szene auch die Anworten zu den Szenen zwei und drei ausgewertet, um einen Hinweis auf die intraindividuelle Variabilität dieser Verbalisationsmuster zu erhalten. Wie bei Dobisch (1999) näher dargestellt wird, sind die Häufigkeitsverteilungen über alle drei Szenen hinweg relativ homogen, so daß sich keine Hinweise auf starke intraindividuelle Schwankungen des Verbalisationsmusters ergeben. Da die Verbalisationen in dieser Studie ausschließlich critical incidents zum Gegenstand haben, deckt sich dies mit dem Befund aus der ersten Voruntersuchung, daß die sprachliche Darstellungsweise innerhalb der Textpassagen, in denen über critical incidents gesprochen wird, keinen auffälligen Schwankungen unterliegt (vgl. Kap. 4.3.5).

4.4.6 Zwischendiskussion der zweiten Vorstudie

Diese zweite Voruntersuchung zeigt, daß sich auch unter methodisch wesentlich besser kontrollierten Bedingungen als in der ersten Voruntersuchung eindeutige Hinweise auf die Existenz der vermuteten Handlungsorientierungen ergeben. Besonders positiv ist an dieser zweiten Voruntersuchung hervorzuheben, daß es offenbar gelungen ist, ein Untersuchungsparadigma zu schaffen, daß es ermöglicht, Versuchspersonen unter standardisierten Bedingungen und im unmittelbaren Anschluß an die Beobachtung eines critical incidents zu Verbalisationen über diese Situationen anzuregen. Kritisch ist dazu allenfalls anzumerken, daß unklar ist, inwieweit die ökologische Validität dieser Verbalisationen nach wie vor gegeben ist, da sich die Versuchspersonen zu critical incidents äußern, in die sie nicht selbst involviert waren und da darüber hinaus nur eine der drei gezeigten Szenen dem Handlungsfeld der Versuchspersonen entnommen ist.

Positiv ist zu vermerken, daß durch die Differenziertheit des Kategoriensystems sehr genau anzugeben ist, durch die Verwendung welcher Kategorien interindividuelle Unterschiede zustande kommen. Dies gilt insbesondere im Hinblick auf pragmatische Kategorien, die in dieser Studie deutlich präziser erfaßt werden als noch in der ersten Voruntersuchung. Diesbezüglich ist besonders bemerkenswert, daß die größten interindividuellen Unterschieden in den Kategorien „Rechtfertigung", „Erklärung" und „Lösungsvorschlag" auftreten und somit in solchen Kategorien, die unterschiedlichen Handlungsorientierungen zugeschrieben werden. Die große Differenziertheit des Kategoriensystems bringt allerdings auch den Nachteil mit sich, daß die Kodiererschulung, die Interviewaufbereitung und die Kodierung extrem viel Zeit in Anspruch nehmen, weshalb es im Rahmen dieser zweiten Voruntersuchung unter ökonomischen Gesichtspunkten auch nicht sinnvoll erschien, eine größere Datenmenge als die ausgewählte zur Auswertung heranzuziehen. Wie die Ergebnisse zeigen, ist dieser enorme Aufwand nicht in allen Punkten inhaltlich zu rechtfertigen: So tritt etwa die überpropositionale Kategorie der „Darstellung" kein einziges Mal auf. Außerdem erbringen die Ausdifferenzierungen, die in bezug auf emotionale Äußerungen vorgenommen worden sind, keinen zusätzlichen Informationsgewinn, da die Anzahl emotionaler Äußerungen insgesamt gering ist. Um eine gegenstandsangemessene und trotzdem ökonomisch handhabbare Erfassung von Handlungsorientierungen zu ermöglichen, erscheint es daher sinnvoll, im Hinblick auf die Hauptuntersuchung dem Kategoriensytem eine schärfere Fassung zu geben. Dazu ist es hilfreich, sich zu vergegenwärtigen, daß sich durch das laborexperimentelle Untersuchungssetting die Perspektive der befragten Personen im Vergleich zur ersten Voruntersuchung wesentlich verändert hat: Während die Befragten in der ersten Voruntersuchung critical incidents aus ihrer eigenen Handlungsgeschichte erst ausgliedern müssen, äußern sich die Befragten in der zweiten Studie zu vorgegebenen critical incidents aus der Beobachterperspektive. Dadurch verändert sich das Spektrum der auftretenden Äußerungen, was bei der Konzeption des Kategoriensystems stärker berücksichtigt werden sollte, als dies in der zweiten Voruntersuchung geschehen ist.

Insgesamt sind in diesen beiden Voruntersuchungen genügend Erfahrungen gesammelt worden, um nun eine theoretisch und methodisch angemessene Hauptuntersuchung durchführen zu können, in der die Existenz der vermuteten Handlungsorientierungen an einer etwas größeren, fremdkulturellen Stichprobe untersucht wird.

4.5 Hauptstudie

4.5.1 Zielsetzung und Hypothese

Ziel der Hauptstudie ist es, aufbauend auf den Erfahrungen aus den beiden Voruntersuchungen zu prüfen, ob die Basishypothese dreier Handlungsorientierungen in der interkulturellen Interaktion haltbar ist (vgl. Kap. 2.3.4). Um diese Überprüfung unter kontrollierten Bedingungen durchführen zu können, wird das in der zweiten Voruntersuchung entwickelte laborexperimentelle Untersuchungssetting verwendet.

Bei der Hypothesenbildung wird die spezifische Beobachterperspektive der Versuchspersonen auf die dargebotenen Szenen berücksichtigt. Vor diesem Hintergrund werden folgende untersuchungsspezifische Hypothesen gebildet:

- Zielorientiert Handelnde orientieren sich beim Sprechen über ein critical incident an unmittelbar beobachtbaren Aspekten in dieser spezifischen Situation.
- Beziehungsorientiert Handelnde orientieren sich beim Sprechen über ein critical incident an psychischen Phänomenen in dieser spezifischen Situation.
- Klärungsorientiert Handelnde orientieren sich beim Sprechen über critical incidents an situationsübergreifenden Konzepten.

Entsprechend ist es zur Operationalisierung dieser Hypothesen notwendig, sprachliche Indikatoren für diese Orientierungsformen zu finden. Dabei kann auf den Erfahrungen aus den beiden Voruntersuchungen aufgebaut werden.

4.5.2 Kategoriensystem

Hinsichtlich der Operationalisierung einer „Zielorientierung" wird in Anlehnung an die Sprechaktklassifikation von Habermas (vgl. Kap. 3.2.3) davon ausgegangen, daß sich ein Sprecher auf *deskriptive*, *normative* und *expressive* Art auf die unmittelbar beobachtbaren Aspekte einer Situation beziehen kann:

- Als „deskriptiv" werden alle Propositionen kodiert, in denen Objekte, Personen oder Handlungen in der dargebotenen Szene genannt oder in nicht wertender Weise beschrieben werden (z.B. „er fährt mit dem Auto", „Mary ist auch da", „sie reicht ihm die Hand").
- Als „normativ" werden alle Propositionen kodiert, in denen Objekte, Personen oder Handlungen bewertet werden bzw. in denen Forderungen erhoben werden, ohne daß die entsprechende Norm expliziert wird (z.B. „so etwas ist unfair", „der Lehrer ist ausgerastet", „sie müßte zurückschreien").
- Als „expressiv" werden alle Propositionen kodiert, in denen der Sprecher explizit seine eigene Person den Objekten, Personen und Handlungen in der dargebotenen Szene gegenüberstellt (z.B. „Ich würde das nicht tun", „Ich mag so etwas nicht", „sie tut mir leid").

Diese drei Kategorien bilden die Oberkategorie der „situativen" Äußerungen.

Hinsichtlich der Operationalisierung einer „Beziehungsorientierung" wird ähnlich wie in den Voruntersuchungen davon ausgegangen, daß sich ein Sprecher auf *konative*, *emotionale* und *kognitive* Aspekte von psychischen Phänomenen in einer Situation beziehen kann:

- Als „konativ" werden alle Propositionen kodiert, in denen der Sprecher Vermutungen über die Intentionen, Wünsche und Absichten einer Person in der Szene anstellt (z.B. „sie will nach Hause", „sie hofft auf eine gute Note", „sie möchte ein guter Lehrer sein").
- Als „emotional" werden alle Propositionen kodiert, in denen der Sprecher Vermutungen über die Gefühle einer Person in der Szene anstellt (z.B. „sie fühlt sich einsam", „er ist unglücklich", „sie mag ihn nicht").
- Als „kognitiv" werden alle Propositionen kodiert, in denen der Sprecher Vermutungen über die Gedanken einer Person in der Szene anstellt

(z.B. „sie denkt darüber nach“, „er entschließt sich zu gehen“, „er beachtet das nicht“).

Diese drei Kategorien bilden die Oberkategorie der „personalen“ Äußerungen.

Hinsichtlich der Operationalisierung einer „Klärungsorientierung“ wird davon ausgegangen, daß sich ein Sprecher bei der Interpretation von beobachtbaren und psychischen Phänomenen auf *sachliche, dispositionale* und *kontextuelle* Konzepte beziehen kann.

- Als „sachlich“ werden alle Propositionen kodiert, in denen der Sprecher beobachtbare oder psychische Aspekte zu erklären oder zu konzeptualisieren versucht und sich dabei auf konkrete äußere Umstände oder Handlungen bezieht (z.B. „vielleicht muß sie an dem Kurs teilnehmen“, „es besteht wahrscheinlich Zeitdruck“, „Amerikaner machen so etwas nicht“).
- Als „dispositional“ werden alle Propositionen kodiert, in denen der Sprecher beobachtbare oder psychische Aspekte zu erklären oder zu konzeptualisieren versucht und dabei Personen oder Personengruppen bestimmte Eigenschaften zuschreibt (z.B. „er ist unfreundlich“, „Asiaten sind zurückhaltend“).
- Als „kontextuell“ werden alle Propositionen kodiert, in denen der Sprecher beobachtbare oder psychische Aspekte zu erklären oder zu konzeptualisieren versucht und sich dabei auf abstrakte Konzepte bezieht (z.B. „sie verspürt eine moralische Verpflichtung“, „das ist sein Lehrstil“, „das ist eine öffentliche Demütigung“).

Diese drei Kategorien bilden die Oberkategorie der „konzeptuellen“ Äußerungen.

Dieses Kategoriensystem unterscheidet sich von denen in den Voruntersuchungen in zwei miteinander zusammenhängenden Punkten: Zum einen ist die Operationalisierung der Hypothesen wesentlich stärker an der spezifischen Perspektive der Versuchspersonen in diesem Untersuchungssetting orientiert, wodurch das Kategoriensystem inhaltlich und ökonomisch eine schärfere Fassung gewinnt. Zum anderen wird dadurch nicht mehr jede Proposition in bezug auf alle Oberkategorien kodiert. Statt dessen findet eine zweistufige Kodierung statt: In einem ersten Schritt wird jede Proposition einer der drei Oberkategorien zugeordnet (situativ, personal, konzeptuell). In Abhängigkeit von dieser Erstkodierung wird dann jede Proposition mit Hilfe der drei Unterkategorien näher ausdifferenziert. Zur Illustration dieses Vorgangs ist im folgenden ein kurzer Textausschnitt angegeben (Da die Hauptstudie mit englischsprachigen

Versuchspersonen durchgeführt wurde, vgl. Kap. 4.5.3, sind die Textbeispiele und das Kodiermanual in englischer Sprache):

Text	1. Kodierung: Oberkategorie	2. Kodierung: Unterkategorie
the guy and his wife do not feel comfortable	personal	emotional
I'm not sure about the reasons for that	situativ	expressiv
it might be a cultural thing	konzeptuell	kontextuell
or maybe she's stuck-up	konzeptuell	dispositional
but he seemed to know	personal	kognitiv
that she didn't want to come	personal	konativ
so he shouldn't bring her	situativ	normativ

Abbildung 22: Beispielcodierung zum Kategoriensystem in der Hauptstudie

Als Kontexteinheit wird wie in den Voruntersuchungen der einer Proposition vorausgegangene Text festgelegt, d.h. die Kodierer haben die Möglichkeit, zur Beseitigung von Verstehensunklarheiten im Text beliebig weit zurückzugehen. Das Kodiermanual in seinen wesentlichen Zügen ist in Anhang 2 zu finden.

4.5.3 Datenmaterial

Nachdem sich das in der zweiten Voruntersuchung entwickelte Untersuchungssetting bewährt hat, wird es in der Hauptstudie wieder verwendet. Lediglich die verwendeten Videoszenen müssen an die untersuchte Stichprobe angepaßt werden.

Die Hauptstudie wird im Herbst 1998 an der University of Hawaii in Honolulu durchgeführt. Auch hier sollten solche Versuchspersonen akquiriert werden, in deren natürlichen Handlungskontexten interkulturelle Interaktionen regelmäßig auftreten. Aufgrund der spezifischen multikulturellen Zusammensetzung der Studentenschaft an der University of Hawaii (vgl. Bhawuk & Brislin, 1992) wird dieses Kriterium von nahezu allen Studierenden an dieser Universität erfüllt. Aus diesem Grund werden die Versuchspersonen in verschiedenen Kursen des College of Business Administration an der dortigen Universität akquiriert. Sie erhalten für die Teilnahme „extra credit points". Auf diese Weise können insgesamt 21 Versuchspersonen für die Hauptstudie gewonnen werden.

Bei der Auswahl der Videoszenen wird noch stärker als in der zweiten Voruntersuchung darauf geachtet, daß die gezeigten critical incidents den natürlichen Handlungskontexten der Versuchspersonen entstammen. Daher werden drei Szenen aus einem von Bhawuk et al. (1999) entwickelten multimedialen Culture Assimilator verwendet, in denen authentische critical incidents aus einem studentischen Handlungskontext videographiert sind. In der ersten Szene kommt es im Rahmen einer Partyeinladung zu einem critical incident zwischen einer hawaiianischen Studentin und ihrem Arbeitskollegen aus Singapur und dessen Ehefrau, die ihn gerade besucht. In der zweiten Szene führt die Interaktion zwischen einer amerikanischen Professorin und chinesischen Studenten zum critical incident, und in der dritten Szene entsteht das critical incident im Laufe der Interaktion zwischen einer japanischen Dozentin und hawaiianischen Studenten. Die Szenen dauern zwischen 3 und 5 Minuten und sind somit deutlich kürzer als die in der zweiten Voruntersuchung. Entsprechend sind auch die einzelnen Versuchsdurchläufe deutlich kürzer als in der zweiten Voruntersuchung und dauern zwischen 20 und 30 Minuten.

Im Anschluß an jede Szene werden den Versuchspersonen die gleichen sechs Fragen gestellt wie in der zweiten Voruntersuchung, lediglich in englischer Übersetzung. Die auf diese Weise entstehenden Verbalisationen der Versuchspersonen werden auf Band aufgenommen und anschließend transkribiert. Für die inhaltsanalytische Auswertung werden die Interviews der Versuchspersonen japanischer und chinesischer Herkunft herangezogen, da es sich dabei um die größten ethnischen Gruppen in der untersuchten Stichprobe handelt. Somit gehen insgesamt 13 Interviews in die Datenanalyse ein. Dabei handelt es sich um 10 weibliche und 3 männliche Versuchspersonen im Alter zwischen 20 und 24 Jahren (Durchschnittsalter: 21,4 Jahre). Die Auslandserfahrungen und die sprachlichen Ausdrucksmöglichkeiten dieser Personen sind miteinander vergleichbar. Die ausgewählten Interviews umfassen zwischen 4 und 7 DIN A4 Seiten, die durchschnittliche Länge beträgt 4,6 Seiten.

Um Hinweise darauf zu erhalten, inwieweit das Konzept der Handlungsorientierungen mit bestimmten differentiellen Konstrukten zusammenhängt, werden den Versuchspersonen zum Abschluß der Studie einige Subskalen aus solchen psychologischen Tests vorgelegt, deren theoretische Grundlagen im Rahmen der vorliegenden Arbeit diskutiert worden sind (vgl. Kap. 2.2). Dabei handelt es sich um die Skalen zur Erfassung privater und öffentlicher Selbstaufmerksamkeit (Fenigstein, Scheier & Buss, 1975), die Skalen zur Erfassung von Ziel- und Planorientierung nach Frese et al. (1987), sowie die im Rahmen der Cognitive-

Experiential Self-Theory von Epstein verwendeten Skalen zur Erfassung von „need for cognition“ und „faith in intuition“ (Epstein et al., 1996). Alle diese Skalen liegen in englischer Sprache vor, so daß keine Übersetzungsarbeiten notwendig sind.

4.5.4 Datenauswertung

Die Interviews werden auf die gleiche Art wie in den beiden Voruntersuchungen zunächst in Propositionen zerlegt. Mit unvollständigen Propositionen wird wie in der ersten Voruntersuchung umgegangen, d.h. sie werden mit Hilfe des Textkontextes ergänzt und als eigenständige Propositionen kodiert, sofern diese Ergänzungen in eindeutiger Weise möglich sind. Unvollständige Propositionen, die nicht eindeutig rekonstruierbar sind, werden nicht kodiert. Da sich die Redeanteile des Interviewers auch in dieser Hauptstudie auf die sechs standardisierten Fragen beschränken, wird auf eine Kodierung dieser Texte verzichtet. Die Texte der 13 Versuchspersonen werden allerdings vollständig in Propositionen zerlegt. In zerlegter Form umfaßt das kürzeste Interview 89, das längste 292 Propositionen. Im Durchschnitt umfaßt ein Interview 154 Propositionen, so daß insgesamt 1998 Propositionen zweistufig zu kodieren sind.

An der Kodiererschulung nehmen zwei Kodierer teil, die anhand von Probeinterviews zunächst gemeinschaftlich und dann unabhängig voneinander kodieren, bis zufriedenstellende Übereinstimmungen erreicht sind. Die Vereinfachung des Kategoriensystems gegenüber der zweiten Voruntersuchung schlägt sich auch in der benötigten Zeit für die Kodiererschulung nieder: Bereits nach einer Kodiererschulung von etwa 12 Stunden wird eine befriedigende Interrater-Übereinstimmung von 0.87 (Cohens kappa) über alle Kategoriekombinationen erreicht.

4.5.5 Ergebnisse

Zunächst kann festgehalten werden, daß sich auch in dieser Studie alle Versuchspersonen die gezeigten critical incidents interessiert und aufmerksam ansehen, und daß es niemandem schwer fällt, sich in die Videoszenen hineinzuversetzen und sich anschließend darüber zu äußern. Insgesamt sind die Verbalisationen der hawaiianischen Studenten deutlich kürzer und flüssiger als die Verbalisationen der deutschen Versuchspersonen in der zweiten Voruntersuchung. Auch hier gelingt es nach eigenen Angaben den meisten Versuchspersonen, sich mit einem der Akteure in der Szene zu identifizieren.

Im folgenden sind wiederum zunächst die Mittelwerte der Häufigkeitsverteilung über alle Befragten zusammen mit dem jeweiligen 95%-Konfidenzintervall graphisch dargestellt:

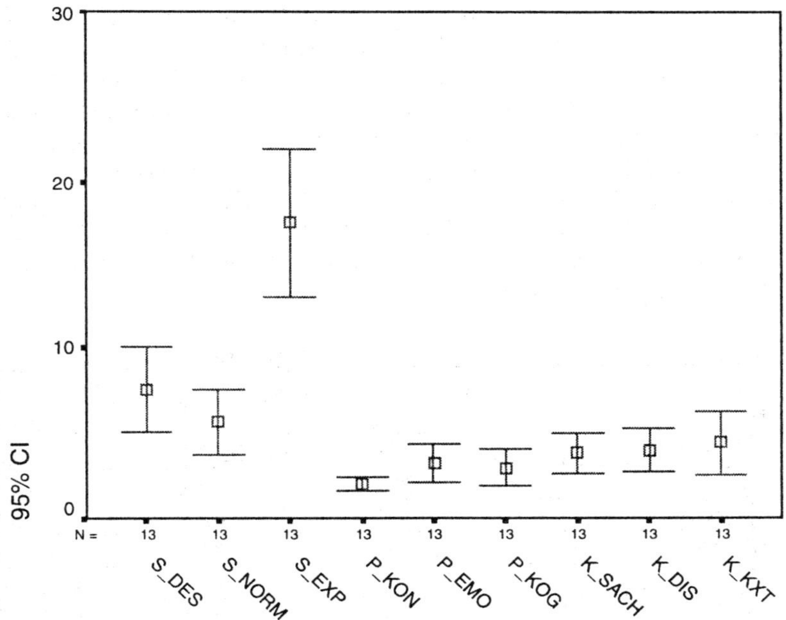

Abbildung 23: Häufigkeitsverteilung über alle Befragten (Hauptstudie)

Zunächst fällt auf, daß expressive Äußerungen signifikant häufiger vorkommen als alle anderen Kategorien. Dies spiegelt vor allem die sehr hohe Zahl an Modalisierungen wider (z.B. „I think", „I guess"), die alle als expressiv kodiert werden. Desweiteren erkennt man, daß situative Äußerungen generell häufiger sind als personale und konzeptuelle Äußerungen. Werden die Konfidenzintervalle berücksichtigt, dann kommen personale und konzeptuelle Äußerungen über alle Befragten in etwa gleich häufig vor. Im Gegensatz zu den beiden Voruntersuchungen sind emotionale Äußerungen in dieser Stichprobe nicht seltener, sondern eher häufiger als kognitive und konative Äußerungen. Hinsichtlich der konzeptuellen Äußerungen fällt schließlich noch auf, daß die kontexuellen Äußerungen tendentiell am häufigsten auftreten und auch die größte Spannweite aufweisen.

In einem zweiten Schritt wird mit diesen Daten eine Faktorenanalyse durchgeführt, um zu prüfen, ob sich die neun auftretenden Kategoriekombinationen tatsächlich auf die drei in der Hypothese vermuteten Grundfaktoren reduzieren lassen. Dazu wird zunächst anhand der Korrelationsmatrix der neun Kategoriekombinationen geprüft, ob die Korrelationen hoch genug sind, um die sinnvolle Anwendung einer Faktorenanalyse zu ermöglichen. Das dies der Fall ist (s. Anhang 3), wird eine Faktorenextraktion durchgeführt. Diese führt zur Extraktion von drei Faktoren mit einem Eigenwert von > 1.2, die gemeinsam 87% der Gesamtvarianz aufklären. Die folgende Abbildung zeigt die varimaxrotierte Faktormatrix (die unrotierte Basislösung ist ebenfalls in Anhang 3 zu finden). Mit Hilfe der grau unterlegten Felder ist zu sehen, welche Kategorie mit welchem Faktor am höchsten korreliert:

	Component		
	1	2	3
S_DES	,192	,112	,947
S_NORM	,841	4,278E-02	,356
S_EXP	,488	,193	,751
P_KON	,591	,623	,206
P_EMO	-3,172E-02	,749	,571
P_KOG	,138	,934	7,446E-02
K_SACH	,360	,855	7,190E-02
K_DIS	,911	,158	,238
K_KXT	,866	,388	2,539E-02

Abbildung 24: Varimaxrotierte Faktormatrix

Wie deutlich wird, laden auf dem ersten Faktor zwei der drei konzeptuellen Kategorien hoch sowie situativ/normative Äußerungen. Auf dem zweiten Faktor laden alle drei personalen Kategorien sowie konzeptuell/sachliche Äußerungen hoch. Auf dem dritten Faktor laden lediglich situativ/deskriptive und situativ/expressive Äußerungen hoch. Bis auf zwei Ausnahmen (situativ/normative und konzeptuell/sachliche Äußerungen) werden die Daten somit auf die drei in der Hypothese vermuteten Grundfaktoren reduziert.

Um zu sehen, wie hoch die einzelnen Versuchspersonen auf diesen drei Faktoren laden, werden anschließend deren Faktorwerte berechnet. Die folgende Abbildung zeigt das Ergebnis dieser Analyse, wobei wiederum an den grau unterlegten Felder zu erkennen ist, welche Person auf welchem Faktor am höchsten lädt:

	Faktor 1	Faktor 2	Faktor 3
Nr.1	,334	-1,437	-,912
Nr.2	-1,18	1,279	,509
Nr.3	-,815	-,290	2,545
Nr.4	-,787	,292	-,901
Nr.5	,134	-,809	-,429
Nr.6	-,155	-,237	-,923
Nr.7	,344	2,335	-,874
Nr.8	,858	,756	-,076
Nr.9	-,484	-,722	-,172
Nr.10	2,724	-,008	,922
Nr.11	,160	-,542	,165
Nr.12	-,557	,131	,742
Nr.13	-,578	-,749	-,595

Abbildung 25: Faktorwerte aller Versuchspersonen

Man erkennt, daß die Versuchspersonen Nr.1, 5, 6, 8, 10 und 13 am höchsten auf dem dominant konzeptuellen Faktor laden, während die Versuchspersonen Nr. 2, 4 und 7 am höchsten auf dem dominant personalen Faktor laden und die Versuchspersonen Nr. 3, 9, 11 und 12 auf dem situativen Faktor. Wird dieses Ergebnis mit einer Clusteranalyse überprüft, dann werden im wesentlichen dieselben Versuchspersonen zu Clustern zusammengefaßt. Lediglich bei den Personen Nr. 6, 8, 11 und 13 ergibt sich eine Veränderung, die allerdings bei den Personen Nr. 6, 11 und 13 darauf zurückzuführen sein dürfte, daß diese auf keinem der Faktoren hoch laden. Dagegen lädt Versuchsperson Nr.8 auf zwei Faktoren hoch, was darauf hindeuten kann, daß diese bei der Beurteilung der Szene mehrere Handlungsorientierungen aktiviert. Für diese Vermutung spricht zum einen die interpretative Deutung des Gesamttextes dieser Versuchsperson, die auf eine besonders komplexe und kompetente Beurteilung hindeutet, und zum anderen die Tatsache, daß es sich bei dieser Versuchsperson um diejenige mit der größten Auslandserfahrung handelt. Auch die Faktorwerte der anderen Versuchspersonen entsprechen weitgehend den interpretativen Gesamtdeutungen von deren Texten.

Die Charakteristiken der einzelnen Texte werden besonders deutlich, wenn die Abfolge der Propositionen als Prozeßverlauf dargestellt wird. Im folgenden wird dies am Beispiel der besonders auffälligen Versuchsperson Nr.8 (s.o.) durchgeführt. Auf der x-Achse sind die 195 Propositionen abgetragen, aus denen der Text dieser Versuchsperson besteht. Die y-Achse bilden die drei Faktoren bzw. Cluster, die sich im Anschluß an die Faktoren- und Clusteranalyse ergeben haben. Dabei ist die Klasse situativer Äußerungen mit „1" bezeichnet, die Klasse personaler Äußerungen mit „2" und die Klasse konzeptueller Äußerungen mit „3". Die Längslinien innerhalb des Diagramms grenzen die Äußerungen zu den drei gezeigten Videoszenen gegeneinander ab.

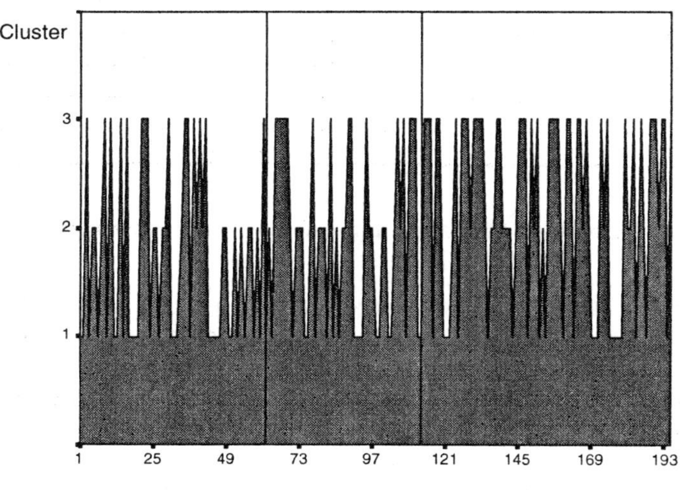

Abbildung 26: Propositionsabfolge bei Versuchsperson Nr. 8

Zunächst wird deutlich, daß die Versuchsperson Nr.8 über die dritte Szene etwas länger spricht als über die beiden ersten Szenen. Daneben veranschaulicht die Graphik, daß bei dieser Versuchsperson personale und konzeptuelle Äußerungen gegenüber situativen Äußerungen dominieren.

Man erkennt auch, daß diese Tendenz im Laufe der Untersuchung zunimmt und somit beim Sprechen über die dritte Szene am deutlichsten ausgeprägt ist. Insofern ist eine leichte intraindividuelle Variabilität der dominanten Sprechweise gegeben, die allerdings den Gesamteindruck kaum verändert. Im Vergleich dazu ist im folgenden noch der Prozeßverlauf bei Versuchsperson Nr.3 dargestellt, die im Hinblick auf ihre Faktorenwerten die größten Unterschiede zur Versuchsperson Nr.8 aufweist:

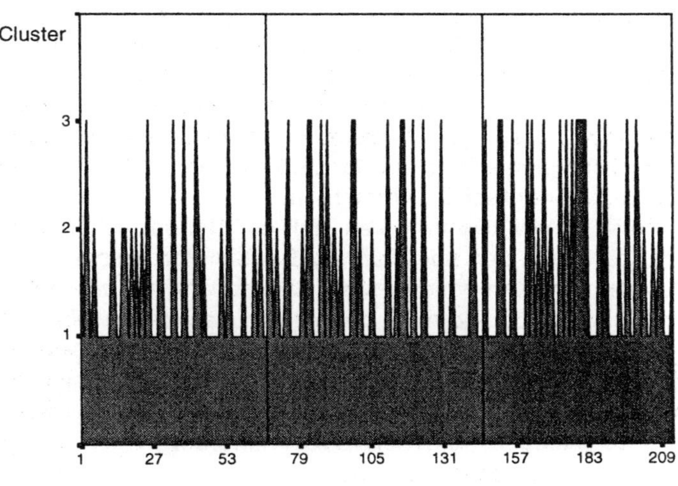

Abbildung 27: Propositionsabfolge bei Versuchsperson Nr. 3

Dieser Text ist offensichtlich etwas länger als der von Versuchsperson Nr.8. Auffällig ist die gleichmäßige Anzahl von Äußerungen zu allen drei Szenen. Auch bei dieser Versuchsperson steigt der Anteil von konzeptuellen Äußerungen im Laufe der Untersuchung etwas an. Im Vergleich zur Versuchsperson Nr.8 ist er allerdings insgesamt relativ gering, während situative Äußerungen vergleichsweise häufig vorkommen. Diese Gesamttendenz bleibt auch bei dieser Versuchsperson über alle drei Szenen hinweg bestehen.

Schließlich werden die Clusterzugehörigkeiten der einzelnen Versuchspersonen noch mit deren Punktwerten auf den vorgelegten Testskalen korreliert. Bei der Anwendung des Rangkorrelationskoeffizienten von

Spearman ergibt sich dabei lediglich eine positive Korrelation ($p < .01$) zwischen der Subskala der „Zielorientierung" im Sinne von Frese et al. (1987) und dem Cluster Nr.1, das im Rahmen der vorliegenden Arbeit ebenfalls als „zielorientiert" bezeichnet werden kann.

4.5.6 Diskussion der Hauptstudie

Zunächst kann festgehalten werden, daß sich das in der zweiten Voruntersuchung entwickelte Untersuchungssetting auch in einer fremdkulturellen Umgebung bewährt hat, da es offenbar auch die hawaiianischen Studierenden dazu angeregt hat, sich in die gezeigten Szenen hineinzuversetzen und sich ausführlich dazu zu äußern. Notwendige Voraussetzung dafür ist freilich, daß die gezeigten Szenen den natürlichen Handlungskontexten der Versuchspersonen entstammen, was in der Hauptstudie noch besser gewährleistet wurde als in der zweiten Voruntersuchung. Insofern ist das Problem der ökologischen Validität in der Hauptstudie auch weniger kritisch zu betrachten.

Weiterhin ist positiv zu vermerken, daß es offenbar gelungen ist, durch die Berücksichtigung der spezifischen Beobachterperspektive der Versuchspersonen dem Kategoriensystem eine schärfere Fassung zu geben. Dies spiegelt sich vor allem in der gegenüber der zweiten Voruntersuchung wesentlich kürzeren Kodiererschulung bei nahezu gleichbleibender Interrater-Übereinstimmung wider. Die Beachtung der Beobachterperspektive birgt allerdings auch Nachteile: Dadurch, daß der Versuchsleiter die Versuchspersonen dazu auffordert, über die gezeigten Videoszenen zu sprechen, provoziert er die Versuchspersonen in gewisser Weise dazu, vor allem über beobachtbare Situationsaspekte zu sprechen, die im Kategoriensystem als „situativ" kodiert werden, so daß die Ergebnisse in Richtung dieser Kategorie verzerrt sein können. Dies gilt umso mehr, als im Zuge der Vereinfachung des Kategoriensystems auf die Kodierung überpropositionaler Kategorien verzichtet worden ist, obwohl sich diese in der zweiten Voruntersuchung als aussagekräftig erwiesen hatten, was sicherlich kritisch anzumerken ist.

Insgesamt deuten die Ergebnisse der Hauptstudie allerdings durchaus auf die Haltbarkeit der aufgestellten Hypothesen hin: Die Daten lassen sich auf drei Faktoren bzw. Cluster zurückführen, die im Sinne einer Ziel-, Beziehungs- oder Klärungsorientierung interpretierbar sind. Von den neun auftretenden Kategoriekombinationen werden lediglich zwei einem anderen Faktor zugeordnet als dem, der in der Hypothese vermutet worden war: Dabei kann die Tatsache, daß normative Äußerungen am höchsten mit den konzeptuellen Kategorien korrelieren damit zusammenhängen, daß auch die Orientierung an normativen Maßstäben eine Konzeptualisierungsleistung darstellt, so daß bei zukünftigen Studien vor allem diese konzeptuelle Kategorie weiter auszudifferenzieren wäre. Für diesen Schluß spricht auch, daß Äußerungen über sachliche äußere Umstände (konzeptuell/sachlich) nicht am höchsten mit den konzeptuellen, sondern mit den personalen Kategorien korrelieren. Allerdings muß eingeräumt werden, daß „Fehlzuordnungen" dieser Art auch methodische Artefakte aufgrund der kleinen Stichprobe darstellen können. Generell muß festgestellt werden, daß auch die Stichprobengröße in dieser Hauptstudie zu klein ist, um Handlungsorientierungen im strengen Sinne „beweisen" zu können. Entscheidend scheint mir allerdings zu sein, daß sich die deutlichen Hinweise auf die vermuteten Handlungsorientierungen auch in einer fremdkulturellen Stichprobe ergeben, was möglicherweise für die These von der kulturübergreifenden Bedeutung der zugrundegelegten Kategorien spricht. Die Tatsache, daß sich fast keine Korrelationen der Ergebnisse mit den zum Vergleich herangezogenen Testskalen ergeben, erscheint mir wenig problematisch. Vielmehr deutet dies m.E. darauf hin, daß die verwendeten Skalen zu stark auf habituelle Merkmale fokussieren, als daß sie für die Untersuchung von Handlungsorientierungen geeeignet wären. Vor diesem Hintergrund ist es wahrscheinlich kein Zufall, daß nur die „Zielorientierung" im Sinne von Frese et al. (1987) mit den Ergebnissen korreliert, da diese gerade nicht als habituelles Merkmal konzipiert ist (vgl. Kap. 2.2.6.1).

Abschließend läßt sich somit festhalten, daß die empirischen Ergebnisse die aufgestellte Basishypothese insgesamt stützen. Allerdings sind hierzu vor allem zwei Punkte kritisch anzumerken: Zum einen liegt den beiden laborexperimentellen Studien die Annahme zugrunde, daß von den Handlungsorientierungen beim Sprechen über beobachtete, videographiert dargebotene critical incidents auf die Handlungsorientierungen in einer realen interkulturellen Interaktionssituation geschlossen werden kann. Ob diese Annahme tatsächlich gerechtfertigt ist, muß letztlich offen bleiben. Zum anderen muß eingeräumt werden, daß die vielfältigen Aspekte des theoretischen Konzepts der Handlungsorientierungen nur teilweise empirisch überprüft worden sind. Ein zentraler Grund hierfür ist der enorme praktische Aufwand, den die angewandten inhaltsanalytischen Verfahren mit sich bringen. Wie deutlich wurde, ist dieser große Aufwand nicht in jedem Fall durch größere Gegenstandsangemessenheit gerechtfertigt. Um alle theoretisch relevanten Aspekte des Konzepts der Handlungsorientierungen empirisch fassen zu können, ist daher m.E. zu überlegen, in zukünftigen Studien noch stärker in Richtung einer interpretativen

Textanalyse zu gehen, wie sie beispielsweise im Rahmen der Bindungstheorie beim „Adult Attachment Interview" (Hesse, 1999) durchgeführt wird. Interpretative Textanalysen setzen allerdings besonders dann, wenn kulturpsychologisch relevante Fragestellungen damit bearbeitet werden sollen, grundlegende Überlegungen zur Theorie und Methodolgie der Interpretation voraus, bezüglich derer die Psychologie noch relativ am Anfang steht. Straub (1999, S.201f.) hat hierzu allerdings in der jüngsten Vergangenheit einen ersten Entwurf vorgelegt. Die prinzipielle Fruchtbarkeit textanalytischer Verfahren für die Interkulturelle Psychologie läßt sich allerdings bereits an den durchgeführten Untersuchungen ersehen. Es ist daher davon auszugehen, daß im Zuge einer erneuten Weiterentwicklung der vorgestellten Methoden auch Antworten auf solche Fragen möglich werden, die aufgrund der relativ kleinen Stichproben in den geschilderten Untersuchungen unbeantwortet geblieben sind wie z.B. die Frage, inwieweit bestimmte Unterschiede zwischen den hawaiianischen und deutschen Stichproben auf kulturelle Unterschiede zurückzuführen sind.

Vor dem Hintergrund dieser empirischen Ergebnisse können wir uns nun abschließend der Frage zuwenden, welchen Erkenntniswert die vorliegende Arbeit als Ganzes bietet und welche theoretischen und praktischen Perspektiven sich dadurch auftun.

5 GESAMTDISKUSSION

5.1 Erkenntniswert

Wie wir zu Beginn dieser Arbeit festgestellt haben, leben wir in einer Zeit, in der soziale Interaktionen zwischen Menschen, die in unterschiedlichen kulturellen Kontexten sozialisiert worden sind, immer häufiger und bedeutsamer werden. Soziale Interaktionen dieser Art lassen sich auch als interkulturelle Interaktionen bezeichnen. Sie zeichnen sich dadurch aus, daß ihr Verlauf häufig von mindestens einem der Beteiligten als fremdartig erlebt wird, was zur Quelle von Mißverständnissen und sozialen Konflikten werden kann. Daran erkennen wir zunächst, daß ein Fach wie die Interkulturelle Psychologie, die einen Beitrag zur Bewältigung kulturell bedingter Mißverständnisse und sozialer Konflikte leisten will, mit ihren Analysen bei der interkulturellen Interaktion ansetzen muß. Im Rahmen der vorliegenden Arbeit wurde deshalb die Frage aufgeworfen, ob sich bestimmte grundlegende Muster des Erlebens und Verarbeitens von Fremdheitserfahrungen in interkulturellen Interaktionen unterscheiden lassen.

Wie wir nun am Ende dieser Arbeit feststellen können, lassen sich offenbar drei solcher Grundformen des Fremderlebens unterscheiden, die als „Ziel-", „Beziehungs-" und „Klärungsorientierung" bezeichnet werden können. Orientiert man sich bei der Beschreibung dieser Erlebensformen zunächst an den durchgeführten empirischen Untersuchungen, dann zeichnet sich eine „Zielorientierung" durch eine Fokussierung der situationsspezifischen beobachtbaren Aspekte einer Interaktion aus, zu denen eine persönliche Stellungnahme abgegeben wird. Demgegenüber ist eine „Beziehungsorientierung" durch eine Fokussierung der situationsspezifischen Gedanken, Gefühle und Absichten der Interaktionspartner gekennzeichnet, über die Mutmaßungen getroffen werden. Schließlich zeichnet sich eine „Klärungsorientierung" durch eine Fokussierung situationsübergreifender Konzepte aus, mit deren Hilfe die Interaktion strukturiert und beurteilt wird.

Werden diese Ergebnisse vor dem Hintergrund des entwickelten handlungstheoretischen Modells interpretiert (vgl. Kap. 2.3), dann lassen sich darin zunächst die unterschiedlichen Lernproblematiken erkennen, die unter bestimmten Orientierungsformen ausgegliedert werden: Während für zielorientiert Handelnde durch fremdartig verlaufende Interaktionen vor allem die Erreichung sachlicher Ziele bedroht ist, sehen beziehungsorientiert Handelnde vor allem die Beziehungsgestaltung gefährdet. Demgegenüber sehen klärungsorientiert Handelnde die Problematik solcher Interaktionen eher im Verstehen der handlungsleitenden Konzepte der Interaktionspartner. Diese Interpretation der empirischen Ergebnisse stützt auch die Hypothese, daß unter den verschiedenen Orientierungsformen auch unterschiedliche Formen der Perspektivenübernahme dominieren: Offenbar werden unter einer Zielorientierung vorwiegend solche Situationsaspekte fokussiert, die zur Erschließung der sachlichen Ziele des Interaktionspartners beitragen können, während unter einer Beziehungsorientierung eher auf solche Situationsaspekte fokussiert wird, durch die Rückschlüsse auf das Befinden des Interaktionspartners möglich werden. Demgegenüber werden unter einer Klärungsorientierung solche Situationsaspekte fokussiert, die einen Beitrag zur Erschließung der handlungsleitenden Konzepte des Interaktionspartners leisten können. Dies deutet schließlich auch noch auf die Aktivierung unterschiedlicher Selbstanteile und die damit verbundenen unterschiedlichen Formen des Situationserlebens hin (vgl. Kap. 2.3.4): Sowohl bei einer Ziel- als auch bei einer Beziehungsorientierung werden spezifische Charakteristika einer Situation offenbar sehr unmittelbar erlebt, während bei einer Klärungsorientierung eine spezifische Situation eher anhand bestimmter Konzepte eingeordnet und somit distanziert erlebt wird.

Es scheint somit in der Tat so zu sein, daß sich in diesen Formen des Fremderlebens bestimmte grundlegende Verhältnisse zur sozialen Mitwelt widerspiegeln, d.h. verschiedene Möglichkeiten, sich zu einem Interaktionspartner zu verhalten: Wer zu seinem Interaktionspartner ein zielorientiertes Fremdverhältnis besitzt, der sieht in ihm vor allem jemanden, mit dem ein bestimmter Interaktionsgegenstand bearbeitet wird und die Interaktion wird entsprechend unter zweckrationalen Gesichtspunkten wahrgenommen. Besteht zum Interaktionspartner dagegen ein beziehungsorientiertes Fremdverhältnis, dann wird dieser vor allem als jemand gesehen, zu dem eine bestimmte Form der sozialen Beziehung besteht und die Interaktion wird entsprechend unter normativen Gesichtspunkten wahrgenommen. Wer schließlich zu seinem Interaktionspartner ein klärungsorientiertes Fremdverhältnis besitzt, der sieht in ihm vor allem jemanden, der von anderen Handlungszwängen, Normen und Überzeugungen geleitet ist als er selbst und die Interaktion wird entsprechend unter konzeptuellen Gesichtspunkten wahrgenommen. Wir sehen somit erneut, daß es sich bei einer Interaktion um ein äußerst komplexes soziales Geschehen handelt, das aus ganz verschiedenen Perspektiven wahrgenommen werden kann. Durch die Analyse von Handlungsorientierungen sind nun drei prototypische Perspektiven näher definiert worden. Wie deutlich wird, zeichnet sich jede dieser Perspektiven zum einen dadurch aus, welche Situationsaspekte dabei vorwiegend in den Blick geraten und zum anderen dadurch, mit Hilfe welcher Kategorien diese Aspekte strukturiert werden.

Die Formulierung, daß durch die Analyse von Handlungsorientierungen drei „prototypische" Perspektiven auf soziale Interaktionen identifiziert worden sind, deutet darauf hin, daß es sich dabei zunächst um analytische Unterscheidungen handelt, die in der Realität nie in dieser scharfen Abgrenzung auftauchen werden, da jedes faktische Interaktionshandeln eine zumindest minimale Berücksichtigung aller drei Perspektiven voraussetzt, wie oben näher dargestellt worden ist (vgl. Kap. 2.3.3) und wie auch an den empirischen Ergebnissen deutlich geworden sein dürfte. Insofern stellen die getroffenen Unterscheidungen im Hinblick auf reale Interaktionen eher Akzentsetzungen dar. Da es aber gerade in interkulturellen Interaktionen wahrscheinlich ist, daß sich die Perspektiven der Akteure auf die Interaktion unterscheiden, handelt es sich um Akzentsetzungen, die man treffen muß, wenn man die Dynamik interkultureller Interaktionen verstehen will. Hierbei ist noch anzumerken, daß wir uns in der vorliegenden Arbeit auf die Analyse von solchen Handlungsorientierungen beschränkt haben, bei denen der Interaktionspartner grundsätzlich als soziale Mitwelt und somit als Subjekt gedeutet wird. Wie erwähnt wurde (vgl. Kap. 2.3.2), ist allerdings davon auszugehen, daß in einigen interkulturellen Interaktionen der Interaktionspartner zum Objekt vergegenständlicht wird. In diesen Fällen können zwar die gleichen Perspektiven auf die Interaktion eingenommen werden, sie formen sich dann allerdings inhaltlich ganz anders aus. Beispielsweise könnte sich eine Zielorientierung in diesem Falle extremerweise darin äußern, daß andere Menschen im Dienste bestimmter Eigeninteressen versklavt werden.

An dieser Stelle könnte man die Frage aufwerfen, ob Personen über bestimmte Handlungsorientierungen verfügen, die sie in eine Interaktion „hineintragen", oder ob es nicht vielmehr so ist, daß Situationen bestimmte Handlungsorientierungen auslösen. In diesem Sinne könnte man etwa im Hinblick auf das letztgenannte Beispiel argumentieren, daß möglicherweise solche Situationen, in denen ein massives Machtgefälle zwischen den Interaktionspartnern besteht, eine verdinglichende Deutung des jeweils anderen begünstigen. Dem könnte andererseits entgegengehalten werden, daß bereits die Fokussierung auf die Machtaspekte einer Situation und deren Nutzung auf eine bestehende Zielorientierung hinweist. Daran wird deutlich, daß die oben gestellte Frage so nicht beantwortbar ist. Statt dessen ist davon auszugehen, daß von einer spezifischen soziokulturellen Umwelt bestimmte Handlungsorientierungen nahegelegt werden, die in Situationen hineingetragen werden, die sich allerdings auch wieder verändern können, wenn die Situation auf der Basis dieser Handlungsorientierung nicht bewältigt werden kann. Wie wir gesehen haben, ist das Auftauchen von Barrieren oder Widerfahrnissen dieser Art in interkulturellen Interaktionen besonders wahrscheinlich (vgl. Kap. 2.3.2). Aus diesem Grund läßt sich vermuten, daß sich Handlungsorientierungen gerade auch während interkultureller Interaktionen verändern können, und zwar vor allem dann, wenn Widerfahrnisse in Form von Fremdheitserfahrungen auftauchen. Solche interaktiven Prozesse sind in der vorliegenden Arbeit nicht erfaßt worden, da sich die Versuchspersonen in den empirischen Untersuchungen ausschließlich zu solchen interkulturellen Interaktionen geäußert haben, die bereits abgeschlossen waren. Durch die dabei identifizierten grundlegenden Formen des Erlebens und Verarbeitens von Fremdheitserfahrungen wurden allerdings die Grundlagen gelegt, um solche interaktiven Prozesse zukünftig untersuchen zu können.

5.2 Theoretische Implikationen und Perspektiven

Auf einer theoretischen Ebene wurde in der vorliegenden Arbeit der Versuch unternommen, einen Beitrag zu einer Theorie interkulturellen Erlebens und Handelns und somit zu einer theoretischen Grundlegung der Interkulturellen Psychologie zu leisten. Im Zuge dessen wurde zunächst die interkulturelle Interaktion als eine grundlegende Analyseeinheit der Interkulturellen Psychologie identifiziert, da hier jene Reibungsflächen zwischen Eigenem und Fremdem auftreten, durch die psychische, soziale und gesellschaftliche Konflikte und Mißverständnisse ausgelöst werden können. Wie deutlich wurde, stellen interkulturelle Interaktionen spezifische Formen der Handlung dar, weswegen man sich in der Interkulturellen Psychologie in zentraler Weise mit dem Handlungsbegriff auseinandersetzen sollte. Wird dies getan, dann zeigt sich, daß der Handlungsbegriff traditioneller psychologischer Handlungstheorien zu kurz greift, um für die Analyse interkultureller Interaktionen fruchtbar gemacht werden zu können, da dieser auf zweckrationale Handlungen fokussiert und dabei die soziokulturellen und subjektiven Kontexte, in die Handlungen eingebettet sind und durch die sie ihren Sinn erhalten, weitgehend ausblendet. Eine zentrale theoretische Erkenntnis dieser Arbeit besteht deshalb m.E. darin, daß bei der theoretischen Durchdringung der interkulturellen Interaktion nur dann echte Fortschritte zu erzielen sind, wenn diese als *soziale* Handlung begriffen wird, die in übergeordnete soziokulturelle und subjektive Sinnsysteme eingebettet ist, die allerdings potentiell reflektierbar sind und somit auch Veränderungen erfahren können. Hieran zeigt sich sehr deutlich, daß die Phänomene, für die man sich in der Interkulturellen Psychologie interessiert, den Rahmen traditioneller psychologischer Forschung sprengen, so daß die Interkulturelle Psychologie in besonderer Weise auch den Dialog mit anderen Disziplinen suchen muß. Auf empirischer Ebene ist diese Interdisziplinarität offenkundig und wird auch bereits praktiziert: Wenn beispielsweise aus Beobachtungsstudien und Interviews spezifische fremdkulturelle Sinnkonzepte abgeleitet werden sollen, dann ist man dabei auf die Zusammenarbeit mit Ethnologen, Anthropologen, Völkerkundlern usw. angewiesen. Es zeigt sich aber, daß diese Interdisziplinarität auch auf einer theoretischen Ebene besteht, wenn etwa Probleme wie Normativität oder Intersubjektivität in den Blick geraten. Auf dem Weg zu einer theoretischen Grundlegung der Interkulturellen Psychologie sollte daher verstärkt auch der Dialog mit der Soziologie und Philosophie gesucht werden.

Zu Beginn dieser Arbeit war der Anspruch erhoben worden, psychologische Kategorien zu identifizieren, deren Bedeutung nicht auf spezifische kulturelle Kontexte beschränkt ist. Es erhebt sich daher nun die Frage, inwieweit dies gelungen ist. Dazu ist zunächst zu sagen, daß mit der sozialen Interaktion ein psychologisches Phänomen zur zentralen Analyseeinheit gemacht worden ist, dessen Universalität m.E. schwer bestreitbar ist, da sich Menschen überall auf der Welt zueinander verhalten. Eine ganz andere Frage ist freilich, ob eine Konzeptualisierung der sozialen Interaktion, wie sie hier vorgenommen worden ist, einen kulturübergreifenden oder gar universalen Anspruch erheben kann. Im Rahmen der vorliegenden Arbeit stellt sich die soziale Interaktion als eine Struktur dar, in der zwei oder mehr Subjekte gleichzeitig auf einen gemeinsamen Interaktionsgegenstand und aufeinander bezogen sind, wodurch drei Ebenen aufgespannt werden: Eine „sachliche" Ebene der Interaktionsgegenstände, eine „interpersonale" Ebene der Beziehungsverhältnisse und eine „historische" Ebene der handlungsleitenden Konzepte, die die Akteure in die Interaktion hineintragen. Jede dieser Ebenen bietet Orientierungspunkte, an denen die Interaktionspartner ihr Handeln ausrichten können. Gegen eine solche Konzeptualisierung der sozialen Interaktion könnte eingewendet werden, daß damit Kategorien geschaffen werden, mit deren Hilfe fremde Formen des Interaktionserlebens in vertraute, eigenkulturelle Kategorien gepreßt werden; ein Vorgang, der in Anlehnung an Stagl (1981) als „Nostrifizierung" (S.284) zu bezeichnen wäre. Möglicherweise kommen soziale Interaktionen in einigen Kulturen unter völlig anderen Gesichtspunkten in den Blick, die sich mit handlungstheoretischen Begriffen überhaupt nicht fassen lassen. Somit stellt sich die grundsätzliche Frage, inwieweit es sich generell beim Handlungskonzept um ein spezifisch „westliches" Denkkonzept handelt, mit dem uns fremde Sinnwelten nicht erfaßt werden können. Diese Frage kann hier nicht abschließend beantwortet werden. Ich teile allerdings die Einschätzung Eckensbergers (1996a), daß einem hinreichend offenen Handlungskonzept bis zum Beweis des Gegenteils zumindest eine kulturübergreifende Bedeutung zugeschrieben werden kann. Die Offenheit des hier vorgestellten Handlungskonzepts besteht darin, daß die Ziele, die Menschen in Interaktionen verfolgen, die Beziehungsverhältnisse, die sie eingehen und die übergeordneten Sinnkonzepte, denen sie dabei folgen, nicht näher bestimmt oder eingeschränkt werden. Wenn im Zuge dessen Menschen die prinzipielle Fähigkeit zugesprochen wird, sich mit fremden Sinnkonzepten reflektierend auseinanderzusetzen, dann wird damit nicht behauptet, daß jede dieser Auseinandersetzungen tatsächlich zum adäquaten Verstehen oder gar zur Affirmation führt. Zum einen droht auch oder gerade bei der Reflexion fremder Sinnwelten die oben angesprochene Gefahr der Nostrifizierung, und zum anderen müssen wir davon ausgehen, daß es Differenzen zwischen Sinnwelten geben kann, die so radikal sind, daß sie auch durch eine noch so große Erweiterung des eigenen Horizonts nicht in eine „einzige allgemeine Wahrheit eingeschmolzen werden könnten" (Straub, 1999, S.275), was zur begründeten Ablehnung bestimmter Aspekte fremder Sinnwelten führen kann. Wenn solche begründeten Urteile das Ergebnis einer echten Auseinandersetzung sind, die fremdkulturelle Menschen als (selbst-)reflexive Subjekte ernst nimmt, dann spricht daraus mehr Anerkennung als aus einer „vermeintlich uneingeschränkten Toleranz gegenüber allem und jedem" (ebd., S.350), die letztlich auf einer Gleichgültigkeit gegenüber allem und jedem beruht.

Die angesprochene Offenheit des hier vorgestellten Handlungskonzepts kann allerdings nur im Rahmen einer Analyse der allgemeinen Struktur interkultureller Interaktionen aufrecht erhalten werden, da hier von spezifischen interkulturellen Handlungskontexten abstrahiert werden kann. Bei der Analyse von real vorkommenden critical incidents ist dies nicht mehr möglich, da diese automatisch in ganz spezifische interkulturelle Handlungskontexte eingebunden sind. Der interkulturelle Forscher, der sich für die Analyse von solchen realen critical incidents interessiert, gerät somit selbst in die Rolle desjenigen, der sich mit den spezifischen Inhalten bestimmter fremder Sinnwelten auseinandersetzen muß. Im Hinblick auf die dabei vorgenommenen Interpretationen befindet er sich in keiner prinzipiell anderen Lage als die nicht-wissenschaftlichen Akteure in den critical incidents, sondern er verfügt lediglich über die weitaus größeren zeitlichen und methodischen Ressourcen zur Elaboration seiner Interpretationen. Aus diesem Grund muß sich der interkulturelle Forscher in besonderer Weise darüber im klaren sein, daß auch seine wissenschaftlichen Interpretationen in der Gefahr stehen, zur Nostrifizierung zu werden, wenn Fremdes allzu schnell in vertraute Kategorien gepackt wird. Wie an den Ausführungen zum Verhältnis von Sprache und Denken deutlich geworden sein sollte (vgl. Kap. 3), droht diese Gefahr besonders dann, wenn ein allzu sorgloser Umgang mit der eigenen Sprache gepflegt wird, da diese von eigenkulturellen Denkkonzepten durchtränkt ist, wodurch bei der Verwendung vieler Begriffe und Formulierungen Fremdes gleichsam automatisch als etwas Defizitäres oder Schrilles in den Blick gerät.

Da Interpretationen immer eine sprachlich explizite Gestalt besitzen, könnte an dieser Stelle sogar die Frage aufgeworfen werden, ob man bei der Interpretation fremder Sinnwelten nicht prinzipiell in unlösbare Dilemmata gerät, die einen an die „Grenzen der Sprache und des Denkens" (Straub, 1999, S.195) führen. Dilemmata bestehen in der Tat, sie sind allerdings aus meiner Sicht nicht unlösbar, sondern sie verweisen auf einige schwierige theoretische und methodische Probleme, denen sich die Interkulturelle Psychologie gegenübersieht und die sie m.E. intensiver behandeln sollte, als dies bisher der Fall ist. So müßte man sich in der Interkulturellen Psychologie etwa stärker mit der Theorie und Methodologie der Interpretation beschäftigen, wozu in jüngster Zeit Straub (1999) einen bemerkenswerten Entwurf vorgelegt hat. In Anlehnung an die dort entwickelten Überlegungen zum Problem der Nostrifizierung ließe sich die Schlußfolgerung ziehen, daß Fremdverstehen initial tatsächlich zwangsweise nostrifizierend verläuft, so daß man sich der Vorläufigkeit der angelegten Begriffe und Konzepte bewußt sein muß. Erst durch das Eingeständnis dieser Vorläufigkeit wird es möglich, daß sich Begriffe und Konzepte immer weiter ausdifferenzieren und somit eine immer weitere Annäherung an Fremdes stattfinden kann. Es ergibt sich somit das scheinbar paradoxe Fazit, daß Fremdverstehen umso eher gelingen kann, je klarer man sich eingesteht, daß ein vollständiges und abschließendes Verstehen nicht möglich ist.

5.3 Praktische Implikationen und Perspektiven

Praktische Implikationen und Perspektiven ergeben sich aus der vorliegenden Arbeit vor allem im Hinblick auf die Gestaltung interkultureller

Trainingsmaßnahmen (vgl. Kap. 2.1.3.2). Dort hat es ein Trainer mit Personen zu tun, die entweder häufig mit fremdkulturellen Menschen interagieren oder solche Interaktionen in naher bis mittlerer Zukunft erwarten (z.B. aufgrund eines bevorstehenden längeren Auslandsaufenthalts). Unterstellt man, daß sich diese Personen freiwillig in einem Training befinden, dann haben sie offensichtlich bereits im Vorfeld des Trainings aus ihren tatsächlichen oder antizipierten interkulturellen Interaktionen eine Lernproblematik ausgegliedert, die sie in Form einer spezifischen Erwartungshaltung in ein interkulturelles Training mitbringen. Wie inzwischen klar geworden ist, können aus interkulturellen Interaktionen ganz unterschiedliche Lernproblematiken ausgegliedert werden, so daß der Trainer entsprechend mit sehr unterschiedlichen Erwartungshaltungen der Teilnehmer rechnen muß. Teilnehmer mit einer „zielorientierten" Erwartungshaltung sehen die Problematik interkultureller Interaktionen überwiegend darin, daß bestimmte sachliche Ziele nicht in der gewohnten Weise erreicht werden können und erwarten von dem Training, möglichst konkrete Verhaltensstrategien zu erlernen, die es ihnen erlauben, ihre Ziele dennoch zu erreichen. Demgegenüber sehen Teilnehmer mit einer „beziehungsorientierten" Erwartungshaltung die Problematik interkultureller Interaktionen eher darin, daß keine wechselseitig befriedigenden interpersonalen Beziehungen aufgebaut werden können und erhoffen sich daher von dem Training, zu erfahren, wie Beziehungen gestaltet werden müssen, um weder die Gefühle von Menschen noch bestehende Normen zu verletzen. Teilnehmer mit einer „klärungsorientierten" Erwartungshaltung sehen die Problematik interkultureller Interaktionen darin, daß sie die handlungsleitenden Konzepte ihrer Interaktionspartner nicht verstehen und erwarten von dem Training, eben solche Konzepte vermittelt zu bekommen.

Im Lichte der bisherigen Ausführungen betrachtet spiegeln solche unterschiedlichen Erwartungshaltungen unterschiedliche Handlungsorientierungen wider und somit unterschiedliche Verhältnisse zu den tatsächlichen oder antizipierten fremdkulturellen Interaktionspartnern. Wie nun schon mehrfach betont worden ist, läßt sich keine dieser Handlungsorientierungen a priori als besser oder schlechter als eine andere bezeichnen. Führt man sich an dieser Stelle noch einmal die klinische Perspektive auf die soziale Interaktion vor Augen (vgl. Kap. 2.2.4), dann läßt sich sagen, daß alle drei Handlungsorientierungen eine spezifische Perspektive auf die interkulturelle Interaktion werfen, bei der ein bestimmter Aspekt fokussiert und andere ausgeblendet werden. Im Rahmen interkultureller Trainings sollten spezifische Handlungsorientierungen und die damit verbundenen Formen des Fremderlebens deshalb als Partialkompetenzen einer umfassenderen Fähigkeit betrachtet werden, die man als „soziale Handlungskompetenz in interkulturellen Kontexten“ (Eder, 1996, S.413) oder „interkulturelle Handlungskompetenz“ (Thomas, 1993b, S.378) bezeichnen könnte. Am präzisesten wäre es m.E. allerdings, sie als „interkulturelle Interaktionsfähigkeit“ zu bezeichnen. Diese kann in völliger Analogie zu einer sozialen Interaktionsfähigkeit (vgl. Kap. 2.2.4.3) als die Fähigkeit definiert werden, eine interkulturelle Interaktion gleichzeitig aus einer Problembewältigungs-, Beziehungs- und Klärungsperspektive zu sehen und seine konkreten Handlungen auf jenen Ebenen zu vollziehen, die unter Berücksichtigung der Perspektiven des Interaktionspartners am situationsangemessensten erscheinen. Den Unterschied zwischen einer allgemein sozialen und einer spezifisch interkulturellen Interaktionsfähigkeit sehe ich lediglich darin, daß im letzteren Fall die Fähigkeit zur Einnahme einer Klärungsperspektive an Bedeutung gewinnt, und zwar umso mehr, je unterschiedlicher die handlungsleitenden Konzepte der Interaktionspartner sind. Das bedeutet allerdings nicht, daß im gleichen Zuge die Fähigkeiten zur Einnahme einer Ziel- bzw. Beziehungsorientierung an Bedeutung verlieren. Dies zeigen beispielsweise die Evaluationsstudien von Weldon, Carlston, Rissman, Slobodin und Triandis (1975) und Randolph, Landis und Tzeng (1977). In beiden Studien ließ sich im Anschluß an ein „culture assimilator“-Training zwar eine differenziertere Kenntnis von fremdkulturellen Konzepten und ein Aufbrechen von Attributionsgewohnheiten feststellen, gleichzeitig zeigten die Teilnehmer allerdings eine ausgeprägte „Interaktionsangst“ (Lange, 1994, S.47) gegenüber Angehörigen der Zielkultur. Dies zeigt, daß es zu einer umfassenden interkulturellen Interaktionsfähigkeit auch gehört, die im Zuge von Fremdverstehensprozessen vorgenommenen Rekonzeptualisierungen eigener Sinnwelten in ziel- und beziehungsorientiertes Handeln „rückübersetzen" zu können (vgl. Kap. 2.3.4).

Die Untersuchungen von Weldon et al. (1975) und Randolph et al. (1977) zeigen auch, daß die verschiedenen Formen interkulturellen Trainings (vgl. Kap. 2.1.3.2) auf die Förderung unterschiedlicher Partialkompetenzen abzielen. Ein „culture assimilator“-Training fördert sicherlich primär eine Klärungsorientierung, während etwa ein Verhaltenstraining eher eine Zielorientierung fördert. Faßt man interkulturelle Interaktionsfähigkeit im obigen Sinne auf, dann kann man sich daher nur dem Ruf nach einer theoretisch fundierten Integration verschiedener Trainingsformen anschließen, den Grove und Torbiörn bereits 1985 erschallen ließen und dem erst langsam und unzureichend gefolgt wird (vgl. Kap.

2.1.3.2). Der Beitrag, den dazu die vorliegende Arbeit leisten kann, besteht in der Erkenntnis, daß interkulturelle Lernprozesse bei Trainingsteilnehmern dadurch angestoßen werden können, daß ihnen im Training solche Perspektiven auf die interkulturelle Interaktion aufgezeigt werden, die sie üblicherweise nicht einnehmen. Anders ausgedrückt sollten in den Trainingsteilnehmern jene Partialkompetenzen gefördert werden, die bei ihnen am schwächsten ausgeprägt sind. Methodisch gesehen bietet sich dazu die Arbeit mit critical incidents in hervorragender Weise an, allerdings weniger in der klassischen Form schriftlich dargebotener und bearbeiteter Episoden, sondern vielmehr in Form von Gruppendiskussionen über videographierte critical incidents. Sofern die Teilnehmer über eigene interkulturelle Interaktionserfahrungen verfügen, können auch Gruppendiskussionen über critical incidents geführt werden, die die Teilnehmer selbst erlebt haben. Gerade wenn eine Trainingsgruppe im Hinblick auf die darin bestehenden Handlungsorientierungen heterogen zusammengesetzt ist, bieten Gruppendiskussionen dieser Art die Möglichkeit, auf Ebenen interkultureller Interaktionen aufmerksam zu werden, die in der Regel ausgeblendet werden.

Das Gespräch mit Teilnehmern über critical incidents, die sie selbst erlebt haben, bietet dem Trainer darüber hinaus den Vorteil, auf einige Aspekte des Fremdverstehens aufmerksam machen zu können, auf die wir im vorangegangenen Kapitel eingegangen sind (vgl. Kap. 5.2): Die Teilnehmer können bei solchen Übungen für die Unterscheidung von Handlungsbeschreibungen, -erklärungen und -beurteilungen sensibilisiert werden und lernen darüber hinaus, welche mächtige Rolle die Sprache bei der Vermengung dieser Aspekte in alltagssprachlichen Gesprächen spielt. Wenn es auf diese Weise gelingt, den Teilnehmern zu vermitteln, daß sich in jeder interkulturellen Interaktion (selbst-)reflexive und handlungsfähige Subjekte gegenübertreten, die als solche auch ernst genommen und beurteilt werden wollen, dann ist viel erreicht. Man wirbt damit nämlich für jene Form der menschlichen Anerkennung, durch die eine Annäherung an fremde Sinnwelten erst möglich wird.

6 ZUSAMMENFASSUNG

In der vorliegenden Arbeit wird ein handlungstheoretisches Modell des Erlebens und Verarbeitens von Fremdheitserfahrungen in der interkulturellen Interaktion entwickelt. Das Modell erlaubt es, interkulturelle Interaktionsprobleme der verschiedensten Art theoretisch zu lokalisieren, woraus sich fundierte praktische Konsequenzen für die Konzeption, Durchführung und Evaluation von Interventionen zur Förderung interkultureller Interaktionsfähigkeit ableiten lassen.

Zur Entwicklung des Modells findet zu Beginn der Arbeit zunächst eine Auseinandersetzung mit einigen Grundproblemen der Interkulturellen Psychologie statt. Sie zeigt, daß die *soziale Interaktion* als zentrale Analyseeinheit gelten kann, wenn man sich interkulturellen Phänomenen auf einer theoretischen Ebene annähern will. Aus diesem Grund wird die soziale Interaktion im Anschluß aus sechs verschiedenen psychologischen Perspektiven betrachtet. Diese multiperspektivische Betrachtung führt zu dem Ergebnis, daß die soziale Interaktion eine Struktur darstellt, in der zwei oder mehr Subjekte gleichzeitig auf einen gemeinsamen Interaktionsgegenstand und aufeinander bezogen sind, wodurch drei Ebenen aufgespannt werden: Eine „sachliche" Ebene der Interaktionsgegenstände, eine „interpersonale" Ebene der Beziehungsverhältnisse und eine „historische" Ebene der handlungsleitenden Konzepte, die die Akteure in die Interaktion hineintragen. Jede dieser Ebenen bietet Orientierungspunkte, an denen die Interaktionspartner ihr Handeln ausrichten können. Auf dieser Basis lassen sich verschiedene Handlungstypen unterscheiden, sowie verschiedene Orientierungen, die diesen Handlungstypen zugrunde liegen. In diesen Handlungsorientierungen kommen verschiedene Selbst-, Fremd- und Weltverhältnisse der Akteure zum Ausdruck, die im Hinblick auf die sozial gedeutete Mitwelt auch als Grundformen des Fremderlebens bezeichnet werden können.

Im Anschluß an die Entwicklung dieses handlungstheoretischen Modells werden Überlegungen im Hinblick auf dessen empirische Überprüfung angestellt. In diesem Zusammenhang wird ausführlich dargestellt, daß sich das entwickelte Modell auch auf sprachliche Handlungen übertragen läßt, weswegen sich sprachanalytische Verfahren in besonderer Weise für die empirische Überprüfung eignen. Diese Überlegungen münden in die Präsentation einer Serie von drei empirischen Studien, in denen Interviewtexte von Personen ausgewertet werden, die sich zu kritisch verlaufenen interkulturellen Interaktionen äußern. In allen drei

Studien zeigen sich Muster des sprachlichen Handelns, die im Sinne des theoretischen Modells interpretiert werden können.

In der abschließenden Diskussion wird auf einer theoretischen Ebene die Schlußfolgerung gezogen, daß man sich in der Interkulturellen Psychologie intensiver mit den Strukturen der sozialen Handlung und dem Problem der Interpretation fremder Sinnwelten auseinandersetzen sollte. Auf einer praktischen Ebene wird aufgezeigt, wie interkulturelle Lernprozesse initiiert werden können, wenn unterschiedliche Handlungsorientierungen im Rahmen von interkulturellen Trainingsmaßnahmen als Partialkompetenzen einer umfassenden interkulturellen Interaktionsfähigkeit aufgefaßt werden.

7 Literatur

Abele, A. (1985). Thinking about thinking: Causal, evaluative and finalistic cognitions about social situations. *European Journal of Social Psychology, 15,* 315-332.

Abele, A. (1995). Soziale Kognitionen: Taxonomie, Auslösebedingungen, Funktionen. In E. H. Witte (Hrsg.), *Soziale Kognition und empirische Ethikforschung* (S.11-26). Lengerich: Pabst.

Adamopoulos, J. & Bontempo, R. N. (1986). Diachronic universals in interpersonal structures. Evidence from literary sources. *Journal of Cross-Cultural Psychology, 17* (2), 169-189.

Adler, P. S. (1975). The transitional experience: An alternative view of culture shock. *Journal of Humanistic Psychology, 15* (4), 13-23.

Albert (1983). The intercultural sensitizer or culture assimilator: A cognitive approach. In D. Landis & R. W. Brislin (Eds.), *Handbook of intercultural training. Vol. II, Issues in training methodology* (pp.186-217). New York: Pergamon.

Albert, R. D. (1986). Conceptual framework for the development and evaluation of cross-cultural orientation programs. *International Journal of Intercultural Relations, 10* (2), 197-213.

Amir, Y. (1969). Contact hypothesis in ethnic relations. *Psychological Bulletin, 71* (5), 319-342.

Amir, Y. & Sharon, I. (1987). Are social-psychological laws cross-culturally valid? *Journal of Cross-Cultural Psychology, 18* (4), 383-470.

Anderson, L. E. (1994). A new look at an old construct: Cross-cultural adaptation. *International Journal of Intercultural Relations, 18* (3), 293-328.

Arnold, G. E. (1970). Die Sprache und ihre Störungen. In R. Luchsinger & G. E. Arnold (Hrsg.), *Handbuch der Stimm- und Sprachheilkunde* (Bd.II). Wien: Springer.

Aschenbach, G. (1984). *Erklären und Verstehen in der Psychologie. Zur methodischen Grundlegung einer humanistischen Psychologie.* Bad Honnef: Bock + Herchen.

Asendorpf, J. B. (1993). Münchhausens Zopf oder eine Bottum-up Strategie für die Differentielle Psychologie. In L. Montada (Hrsg.), *Bericht über den 38. Kongreß der Deutschen Gesellschaft für Psychologie in Trier 1992* (S.484-492). Göttingen: Hogrefe.

Austin, J. L. (1962). *How to do things with words.* London: Oxford University Press.

Backhaus, K., Erichson, B., Plinke, W. & Weiber, R. (1996). *Multivariate Analysemethoden. Eine anwendungsorientierte Einführung.* Berlin: Springer.

Bader, V.-M. (1989). Max Webers Begriff der Legitimität. Versuch einer systematisch-kritischen Rekonstruktion. In J. Weiß (Hrsg.), *Max Weber heute. Erträge und Probleme der Forschung* (S.296-334). Frankfurt am Main: Suhrkamp.

Barker, R. G. (1968). *Ecological psychology. Concepts and methods for studying the environment of human behavior.* Stanford: University Press.

Batchelder, D. (1993). Using critical incidents. In T. Gochenour (Ed.), *Beyond experience. An experiential approach to cross-cultural education* (pp.101-105). Yarmouth: Intercultural Press.

Becker, P. (1995). *Seelische Gesundheit und Verhaltenskontrolle. Eine integrative Persönlichkeitstheorie und ihre klinische Anwendung.* Göttingen: Hogrefe.

Beckmann, J. (1994). Volitional correlates of action versus state orientation. In J. Kuhl & J. Beckmann (Eds.), *Volition and Personality. Action versus state orientation* (pp.155-166). Seattle: Hogrefe & Huber.

Bennett, J. M. (1986). Modes of cross-cultural training: Conceptualizing cross-cultural training as education. *International Journal of Intercultural Relations, 10* (2), 117-134.

Bennett, M. J. (1986). A developmental approach to training for intercultural sensitivity. *International Journal of Intercultural Relations, 10* (2), 179-196.

Berelson, B. (1952). *Content analysis in communications research.* Glencoe: Free Press.

Berry, J. W. (1976). *Human ecology and cognitive style. Comparative studies in cultural and psychological adaptation.* New York: Wiley & Sons.

Berry, J. W. (1985). Psychological adaptation of foreign students. In R. J. Samuda & A. Wolfgang (Eds.), *Intercultural counselling and assessment. Global perspectives* (pp.235-248). Lewiston: Hogrefe.

Berry, J. W. (1988). Acculturation and psychological adaptation: A conceptual overview. In J. W. Berry & R. C. Annis (Eds.), *Ethnic Psychology: Research and practice with immigrants, refugees, native peoples, ethnic groups and sojourners* (pp.41-52). Amsterdam: Swets & Zeitlinger.

Berry, J. W. (1990). Psychology of acculturation. In J. J. Berman (Ed.), *Cross-cultural perspectives: Nebraska symposium on motivation 1989* (pp.201-234). Lincoln: University of Nebraska Press.

Berry, J. W. (1997). Immigration, acculturation, and adaptation. *Applied Psychology: An international review, 46* (1), 5-34.

Berry, J. W., Kim, U., Minde, T. & Mok, D. (1987). Comparative studies of acculturative stress. *International Migration Review, 21* (3), 491-511.

Berry, J. W. & Sam, D. L. (1997). Acculturation and adaptation. In J. W. Berry, M. H. Segall & C. Kagitçibasi (Eds.), *Handbook of Cross-Cultural Psychology. Vol.3, Social behavior and applications* (pp.291-326). Boston: Allyn & Bacon.

Bhawuk, D. P. S. (1990). Cross-cultural orientation programs. In R. W. Brislin (Ed.), *Applied Cross-Cultural Psychology* (pp.325-346). Newbury Park: Sage.

Bhawuk, D. P. S. (1998). The role of culture theory in cross-cultural training. A multimethod study of culture-specific, culture general, and culture theory-based assimilators. *Journal of Cross-Cultural Psychology, 29* (5), 630-655.

Bhawuk, D. P. S. & Brislin, R. (1992). The measurement of intercultural sensitivity using the concepts of individualism and collectivism. *International Journal of Intercultural Relations, 16*, 413-436.

Bhawuk, D. P. S., Copeland, J., Yoshida, W. & Lim, K. (1999). *The development of a multimedia culture assimilator: Issues facing adaptation from text to multimedia.* Manuscript under preparation.

Bhawuk, D. P. S. & Triandis, H. C. (1996). The role of culture theory in the study of culture and intercultural training. In D. Landis & R. S. Bhagat (Eds.), *Handbook of intercultural training* (2nd ed.) (pp.17-34). Thousand Oaks: Sage.

Bittner, A. & Reisch, B. (1992). *Contrast-Culture-Training.* Bad Honnef: IFIM.

Black, J. S., Mendenhall, M. & Oddou, G. (1991). Toward a comprehensive model of international adjustment: An integration of multiple theoretical perspectives. *Academy of Management Review, 16* (2), 291-317.

Boesch, E. E. (1991). *Symbolic action theory and cultural psychology.* Berlin: Springer.

Boesch, E. E. (1996). Das Fremde und das Eigene. In A. Thomas (Hrsg.), *Psychologie interkulturellen Handelns* (S.87-105). Göttingen: Hogrefe.

Brachinger, H. W. & Ost, F. (1996). Modelle mit latenten Variablen: Faktorenanalyse, Latent-Structure-Analyse und LISREL-Analyse. In L. Fahrmeir, A. Hamerle & G. Tutz (Hrsg.), *Multivariate statistische Verfahren* (S.639-766). Berlin: de Gruyter.

Breitenbach, D. (1983). Untersuchungseinheiten und Bezugsrahmen von Austauschstudien. In A. Thomas (Hrsg.), *Erforschung interkultureller Beziehungen: Forschungsansätze und Perspektiven* (S.69-76). Saarbrücken: breitenbach.

Brislin, R. W. (1981). *Cross-cultural encounters. Face-to-face interaction.* New York: Pergamon.

Brislin, R. W. (1989). Intercultural communication training. In M. K. Asante & W. B. Gudykunst (Eds.), *Handbook of international and intercultural communication* (pp.441-457). Newbury Park: Sage.

Brislin, R. W., Cushner, K., Cherrie, C. & Yong, M. (1986). *Intercultural interactions. A practical guide.* Beverly Hills: Sage.

Brislin, R. W. & Horvath, A.-M. (1997). Cross-cultural training and multicultural education. In J. W. Berry, M. H. Segall & C. Kagitçibasi (Eds.), *Handbook of Cross-Cultural Psychology. Vol.3, Social behavior and applications* (pp.327-369). Boston: Allyn & Bacon.

Brislin, R. W., Landis, D. & Brandt, M. E. (1983). Conceptualizations of inter-cultural behavior and training. In D. Landis & R. W. Brislin (Eds.), *Handbook of intercultural training. Vol. I, Issues in theory and design* (pp.1-35). New York: Pergamon.

Brislin, R. W. & Pedersen, P. (1976). *Cross-cultural orientation programs.* New York: Gardner.

Brislin, R. W. & Yoshida, T. (1994). *Intercultural communication training: An introduction.* Thousand Oaks: Sage.

Bruner, J. S. (1990). *Acts of meaning.* Cambridge: Harvard University Press.

Bruner, J. S. (1997). A narrative model of self-construction. In J. G. Snodgrass & R. L. Thompson (Eds.), *The self across psychology. Self-recognition, self-awareness, and the self concept* (pp.145-161). New York: Academy of Sciences.

Bruner, J. S., Goodnow, J. J. & Austin, G. A. (1967). *A study of thinking.* New York: Wiley.

Bühler, K. (1934). *Sprachtheorie. Die Darstellungsfunktion der Sprache.* Stuttgart: Fischer.

Butterworth, B. (1975). Hesitation and semantic planning in speech. *Journal of Psycholinguistic Research, 4* (1), 75-87.

Castel, P. & Lacassagne, M.-F. (1991). *La Sémio-Socio-Psychologie. Conception tridimensionnelle du sujet humain.* Thése d'Etat: Université Paris VII.

Castel, P. & Lacassagne, M.-F. (1992). Social insertion, cognitive activities and discursive modes. *Indian Journal of Applied Linguistics, 18* (2), 1-22.

Castel, P. & Landre, A. (1995). A socio-cognitive approach of modalization and connection. *Indian Journal of Applied Linguistics, 21 (2),* 41-59.

Chomsky, N. (1965). *Aspects of the theory of syntax.* Cambridge: M.I.T.

Church, A. T. (1982). Sojourner adjustment. *Psychological Bulletin, 91* (3), 540-572.

Cohen, J. A. (1960). A coefficient of agreement for nominal scales. *Educational and Psychological Measurement, 20,* 37-46.

Cohn, R. C. (1975). *Von der Psychoanalyse zur themenzentrierten Interaktion. Von der Behandlung einzelner zu einer Pädagogik für alle.* Stuttgart: Klett.

Cole, M. & Means, B. (1981). *Comparative studies of how people think. An introduction.* Cambridge: Harvard University Press.

Cranach, M. von (1992). The multi-level organisation of knowledge and action - An integration of complexity. In M. v. Cranach, W. Doise & G. Mugny (Eds.), *Social representations and the social bases of knowledge* (pp.10-22). Lewiston: Hogrefe.

Cranach, M. von (1994). Die Unterscheidung von Handlungstypen - Ein Vorschlag zur Weiterentwicklung der Handlungspsychologie. In B. Bergmann & P. Richter (Hrsg.), *Die Handlungsregulationstheorie. Von der Praxis einer Theorie* (S.69-88). Göttingen: Hogrefe.

Cranach, M. von, Kalbermatten, U., Indermühle, K. & Gugler, B. (1980). *Zielgerichtetes Handeln.* Bern: Huber.

Cranach, M. von, Ochsenbein, G. & Valach, L. (1986). The group as a self-active system. *European Journal of Social Psychology, 16*, 193-229.

Cui, G. & van den Berg, S. (1991). Testing the construct validity of intercultural effectiveness. *International Journal of Intercultural Relations, 15*, 227-241.

Cushner, K. & Brislin, R. W. (1996). *Intercultural interactions. A practical guide* (2nd ed.). Thousand Oaks: Sage.

Cushner, K. & Landis, D. (1996). The intercultural sensitizer. In D. Landis & R. S. Bhagat (Eds.), *Handbook of intercultural training* (2nd ed.) (pp.185-202). Thousand Oaks: Sage.

Dadder, R. (1987). *Interkulturelle Orientierung. Analyse ausgewählter interkultureller Trainingsprogramme.* Saarbrücken: breitenbach.

Danckwortt, D. (1996). Forschungs- und Praxisfelder interkulturellen Personenaustausches. In A. Thomas (Hrsg.), *Psychologie interkulturellen Handelns* (S.269-281). Göttingen: Hogrefe.

D'Andrade, R. (1990). Some propositions about the relations between culture and human cognition. In J. W. Stigler, R. A. Shweder & G. Herdt (Eds.), *Cultural psychology. Essays on comparative human development* (pp.65-129). Cambridge: University Press.

Dansby, M. R. & Landis, D. (1996). Intercultural training in the military. In D. Landis & R. S. Bhagat (Eds.), *Handbook of intercultural training* (2nd ed.) (pp.203-215). Thousand Oaks: Sage.

Dant, W. (1995). Using critical incidents as a tool for reflection. In S. M. Fowler & M. G. Mumford (Eds.), *Intercultural sourcebook: Cross-cultural training methods* (Vol.1) (pp.141-146). Yarmouth: Intercultural Press.

David, K. (1972). Intercultural adjustment and applications of reinforcement theory to problems of „culture“. *Trends, 4*, 1-64.

Deller, J. (1996). Interkulturelle Eignungsdiagnostik. In A. Thomas (Hrsg.), *Psychologie interkulturellen Handelns* (S.283-316). Göttingen: Hogrefe.

Demorgon, J. & Molz, M. (1996). Bedingungen und Auswirkungen der Analyse von Kultur(en) und interkulturellen Interaktionen. In A. Thomas (Hrsg.), *Psychologie interkulturellen Handelns* (S.43-86). Göttingen: Hogrefe.

Dibbelt, S. & Kuhl, J. (1994). Volitional processes in decision making: Personality and situational determinants. In J. Kuhl & J. Beckmann (Eds.), *Volition and Personality. Action versus state orientation* (pp.177-194). Seattle: Hogrefe & Huber.

Dinges, N. G. & Baldwin, K. D. (1996). Intercultural competence: A research perspective. In D. Landis & R. S. Bhagat (Eds.), *Handbook of intercultural training* (2nd ed.) (pp.106-123). Thousand Oaks: Sage.

Dobiasch, S. (1999). *Handlungsorientierungen bei der Verarbeitung von kritischen interkulturellen Interaktionssituationen: Entwicklung einer Erhebungs- und Auswertemethode.* Unveröff. Diplomarbeit, Institut für Psychologie der Universität Regensburg.

Durkheim, E. (1912). *Les formes élémentaires de la vie religieuse.* Paris: Universite de France.

Duval, S. & Wicklund, R. A. (1972). *A theory of objective self awareness.* New York: Academic Press.

Dworkin, R. H. & Goldfinger, S. H. (1985). Processing bias: Individual differences in the cognition of situations. *Journal of Personality, 53* (3), 480-501.

Eckensberger, L. H. (1979). A metamethodological evaluation of psychological theories from a cross-cultural perspective. In L. H. Eckensberger, W. J. Lonner & Y. H. Poortinga (Eds.), *Cross-cultural contributions to psychology* (pp.255-275). Lisse: Swets & Zeitlinger.

Eckensberger, L. H. (1990). On the necessity of the culture concept in psychology: A view from cross-cultural psychology. In F.J.R. van de Vijver & G.J.M. Hutschemaekers (Eds.), *The investigation of culture. Current issues in cultural psychology* (p.153-183). Tilburg: University Press.

Eckensberger, L. H. (1996a). Auf der Suche nach den (verlorenen?) Universalien hinter den Kulturstandards. In A. Thomas (Hrsg.), *Psychologie interkulturellen Handelns* (S.165-197). Göttingen: Hogrefe.

Eckensberger, L. H. (1996b). Agency, action and culture: Three basic concepts for cross-cultural psychology. In J. Pandey, D. Sinha & D. P. S. Bhawuk (Eds.), *Asian contributions to cross-cultural psychology* (pp.72-102). New Delhi: Sage.

Eckensberger, L. H. & Krewer, B. (1990). Kulturvergleich und Ökopsychologie. In L. Kruse, C. F. Graumann & E.-D. Lantermann (Hrsg.), *Ökologische Psychologie. Ein Handbuch in Schlüsselbegriffen* (S.66-75). München: PVU.

Eder, G. (1996). „Soziale Handlungskompetenz“ als Bedingung und Wirkung interkultureller Begegnung. In A. Thomas (Hrsg.), *Psychologie interkulturellen Handelns* (S.411-422). Göttingen: Hogrefe.

Emminghaus, W. B. & Haupert, B. (1996). Flüchtlingsberatung als Basis interkultureller Erfahrungen und theoretischer Kontextualisierung. In A. Thomas (Hrsg.), *Psychologie interkulturellen Handelns* (S.453-474). Göttingen: Hogrefe.

Emmons, R. A. (1997). Motives and life goals. In R. Hogan, J. Johnson & S. Briggs (Eds.), *Handbook of Personality Psychology* (pp.485-512). San Diego: Academic Press.

Engemann, A. (1990). Systemtheorie. In L. Kruse, C. F. Graumann & E.-D. Lantermann (Hrsg.), *Ökologische Psychologie. Ein Handbuch in Schlüsselbegriffen* (S.105-111). München: PVU.

Epstein, S. (1990). Cognitive-experiential self-theory. In L. A. Pervin (Ed.), *Handbook of personality. Theory and research* (pp.165-192). New York: Guilford.

Epstein, S. (1991). Cognitive-experiential self-theory: An integrative theory of personality. In R. C. Curtis (Ed.), *The relational self: Theoretical convergences in psychoanalysis and social psychology* (pp.111-137). New York: Guilford.

Epstein, S. (1993). Implications of cognitive-experiential self-theory for personality and developmental psychology. In D. C. Funder, R. D. Parke, C. Tomlinson-Keasey & K. Widaman (Eds.), *Studying lives through time. Personality and development* (pp.399-438). Washington: American Psychological Association.

Epstein, S., Pacini, R., Denes-Raj, V. & Heier, H. (1996). Individual differences in intuitive-experiential and analytical-rational thinking styles. *Journal of Personality and Social Psychology, 71* (2), 390-405.

Ertel, S. (1972). Erkenntnis und Dogmatismus. *Psychologische Rundschau, 23,* 241-269.

Fenigstein, A., Scheier, M. F. & Buss, A. H. (1975). Public and private self-consciousness: Assessment and theory. *Journal of Consulting and Clinical Psychology, 43* (4), 522-527.

Fiedler, F. E., Mitchell, T. & Triandis, H. C. (1971). The culture assimilator: An approach to cross-cultural training. *Journal of Applied Psychology, 55* (2), 95-102.

Fisch, J. (1992). Zivilisation, Kultur. In O. Brunner, W. Conze & R. Koselleck (Hrsg.), *Geschichtliche Grundbegriffe. Historisches Lexikon zur politisch-sozialen Sprache in Deutschland* (Bd.7) (S.679-774). Stuttgart: Klett-Cotta.

Fischer, G. (1981). *Wechselseitigkeit. Interpersonelle und gegenständliche Orientierung in der sozialen Interaktion.* Bern: Huber.

Fiske, A. P. (1992). The four elementary forms of sociality: Framework for a unified theory of social relations. *Psychological Review, 99* (4), 689-723.

Fisseni, H.-J. (1991). *Persönlichkeitspsychologie. Ein Theorienüberblick.* Göttingen: Hogrefe.

Flanagan, J. C. (1954). The critical incident technique. *Psychological Bulletin, 51* (4), 327-358.

Ford, M. E. (1995). Intelligence and personality in social behavior. In D. H. Saklofske & M. Zeidner (Eds.), *International handbook of personality and intelligence* (pp.125-142). New York: Plenum.

Ford, M. E. & Ford, D. H. (Eds.) (1987). *Humans as self-constructing living systems: Putting the framework to work.* Hillsdale: Erlbaum.

Ford, M. E. & Nichols, C. W. (1987). A taxonomy of human goals and some possible applications. In M. E. Ford & D. H. Ford (Eds.), *Humans as self-constructing living systems: Putting the framework to work* (pp.289-311). Hillsdale: Erlbaum.

Forgas, J. P. (1979). *Social episodes: The study of interaction routines.* London: Academic Press.

Forgas, J. P. (1982). Episode cognition: Internal representations of interaction routines. In L. Berkowitz (Ed.), *Advances in experimental social psychology* (Vol.15) (pp.59-101). New York: Academic Press.

Forgas, J. P. (1983). Cognitive representations of interaction episodes. *Australian Journal of Psychology, 35* (2), 145-162.

Forgas, J. P. & Bond, M. H. (1985). Cultural influences on the perception of interaction episodes. *Personality and Social Psychology Bulletin, 11* (1), 75-88.

Frese, M., Albrecht, K., Kreuscher, R., Papstein, P. von, Prümper, J. & Schulte-Göcking, H. (1995). Handlungsstile und Leistungsverhalten: Die Rolle von Plan- und Zielorientierung in Problem- und Lernsituationen. *Zeitschrift für Arbeits- und Organisationspsychologie, 39* (2), 67-77.

Frese, M., Stewart, J. & Hannover, B. (1987). Goal orientation and planfulness: Action styles as personality concepts. *Journal of Personality and Social Psychology, 52* (6), 1182-1194.

Freud, S. (1913). *Totem und Tabu.* Wien: Heller.

Frommer, S. (1994). Bezüge zu experimenteller Psychologie, Psychiatrie und Psychopathologie in Max Webers methodologischen Schriften. In G. Wagner & H. Zipprian (Hrsg.), *Max Webers Wissenschaftslehre. Interpretation und Kritik* (S.239-258). Frankfurt am Main: Suhrkamp.

Früh, W. (1998). *Inhaltsanalyse. Theorie und Praxis.* Konstanz: UVK Medien.

Furnham, A. & Bochner, S. (1986). *Culture shock: Psychological reactions to unfamiliar environments.* London: Methuen.

Geertz, C. (1983). *Dichte Beschreibung. Beiträge zum Verstehen kultureller Systeme.* Frankfurt am Main: Suhrkamp.

Geißner, H. (1981). *Sprechwissenschaft. Theorie der mündlichen Kommunikation.* Königstein: Scriptor.

Gergen, K. J. (1990). Die Konstruktion des Selbst im Zeitalter der Postmoderne. *Psychologische Rundschau, 41*, 191-199.

Gerhards, J. (1989). Affektuelles Handeln - Der Stellenwert von Emotionen in der Soziologie Max Webers. In J. Weiß (Hrsg.), *Max Weber heute. Erträge und Probleme der Forschung* (S.335-357). Frankfurt am Main: Suhrkamp.

Gertsen, M. C. (1990). Intercultural competence and expatriates. *International Journal of Human Resource Management, 1* (3), 341-362.

Geuer, W. (1984). Psychische Probleme ausländischer Studenten. In A. Thomas (Hrsg.), *Interkultureller Personenaustausch in Forschung und Praxis* (S.153-163). Saarbrücken: breitenbach.

Geulen, D. (1982). Soziales Handeln und Perspektivenübernahme. In D. Geulen (Hrsg.), *Perspektivenübernahme und soziales Handeln. Texte zur sozial-kognitiven Entwicklung* (S.24-72). Frankfurt am Main: Suhrkamp.

Geulen, D. (1989). *Das vergesellschaftete Subjekt. Zur Grundlegung der Sozialisationstheorie.* Frankfurt am Main: Suhrkamp.

Gibson, J. J. (1966). *The senses considered as perceptual systems.* Boston: Houghton Mifflin.

Gibson, J. J. (1979). *The ecological approach to visual perception.* Boston: Houghton Mifflin.

Gipper, H. (1969). *Bausteine zur Sprachinhaltsforschung. Neuere Sprachbetrachtung im Austausch mit Geistes- und Naturwissenschaft.* Düsseldorf: Schwann.

Goldberg, L. R. (1990). An alternative „description of personality“: The Big-Five factor structure. *Journal of Personality and Social Psychology, 59* (6), 1216-1229.

Goodenough, W. H. (1981). *Culture, language, and society.* Menlo Park: Benjamin/Cummings.

Graumann, C. F. (1972). Interaktion und Kommunikation. In C. F. Graumann (Hrsg.), *Handbuch der Psychologie. Bd.7: Sozialpsychologie* (2. Halbbd.) (S.1109-1262). Göttingen: Hogrefe.

Graumann, C. F. (1979). Die Scheu des Psychologen vor der Interaktion. Ein Schisma und seine Geschichte. *Zeitschrift für Sozialpsychologie, 10*, 284-304.

Graumann, C. F. (1983). On multiple identities. *International Social Science Journal, 35*, 309-321.

Graumann, C. F. (1989). Perspective setting and taking in verbal interaction. In R. Dietrich & C. F. Graumann (Eds.), *Language processing in social contexts* (pp.95-122). Amsterdam: North-Holland.

Graumann, C. F. (1997). Die Erfahrung des Fremden: Lockung und Bedrohung. In A. Mummendey & B. Simon (Hrsg.), *Identität und Verschiedenheit. Zur Sozialpsychologie der Identität in komplexen Gesellschaften* (S.39-62). Bern: Huber.

Graves, T. D. (1967). Psychological acculturation in a tri-ethnic community. *Southwestern Journal of Anthropology, 23* (4), 337-350.

Grawe, K. (1998). *Psychologische Therapie.* Göttingen: Hogrefe.

Grawe, K., Donati, R. & Bernauer, F. (1994). *Psychotherapie im Wandel. Von der Konfession zur Profession.* Göttingen: Hogrefe.

Greeno, J. G. (1998). The situativity of knowing, learning, and research. *American Psychologist, 53* (1), 5-26.

Grewendorf, G., Hamm, F., Sternefeld, W. (1987). *Sprachliches Wissen. Eine Einführung in moderne Theorien der grammatischen Beschreibung.* Frankfurt am Main: Suhrkamp.

Grimm, H. (1998). Sprachentwicklung - allgemeintheoretisch und differentiell betrachtet. In R. Oerter & L. Montada (Hrsg.), *Entwicklungspsychologie. Ein Lehrbuch* (S.705-757). Weinheim: PVU.

Groeben, N. & Rustemeyer, R. (1995). Inhaltsanalyse. In E. König & P. Zedler (Hrsg.), *Bilanz qualitativer Forschung. Bd. II: Methoden* (S.523-554). Weinheim: Deutscher Studien Verlag.

Grove, C. L. & Torbiörn, I. (1985). A new conceptualization of intercultural adjustment and the goals of training. *International Journal of Intercultural Relations, 9,* 205-233.

Gudykunst, W. B. (1995). Anxiety/Uncertainty Management (AUM) Theory: Current status. In R. L. Wiseman (Ed.), *Intercultural communication theory* (pp.8-58). Thousand Oaks: Sage.

Gudykunst, W. B. (1998). Applying anxiety/uncertainty management (AUM) theory to intercultural adjustment training. *International Journal of Intercultural Relations, 22* (2), 227-250.

Gudykunst, W. B., Guzley, R. M. & Hammer, M. R. (1996). Designing intercultural training. In D. Landis & R. S. Bhagat (Eds.), *Handbook of intercultural training* (2nd ed.) (pp.61-80). Thousand Oaks: Sage.

Günther, U. L. (1987). Sprachstil, Denkstil und Problemlöseverhalten. Inhaltsanalytische Untersuchungen über Dogmatismus und Abstraktheit. In P. Vorderer & N. Groeben (Hrsg.), *Textanalyse als Kognitionskritik? Möglichkeiten und Grenzen ideologiekritischer Inhaltsanalyse* (S.22-45). Tübingen: Narr.

Günther, U. L. & Groeben, N. (1978). Abstraktheitssuffix-Verfahren: Vorschlag einer objektiven ökonomischen Messung der Abstraktheit/Konkretheit von Texten. *Zeitschrift für experimentelle und angewandte Psychologie, 25* (1), 55-74.

Gullahorn, J. T. & Gullahorn, J. E. (1963). An extension of the U-curve hypothesis. *Journal of Social Issues, 19* (3), 33-47.

Habermas, J. (1971). Vorlesungen zu einer sprachtheoretischen Grundlegung der Soziologie. In J. Habermas (1984), *Vorstudien und Ergänzungen zur Theorie des kommunikativen Handelns.* Frankfurt am Main: Suhrkamp.

Habermas, J. (1976). Was heißt Universalpragmatik? In K.-O. Apel (Hrsg.), *Sprachpragmatik und Philosophie* (S.174-272). Frankfurt am Main: Suhrkamp.

Habermas, J. (1981). *Theorie des kommunikativen Handelns* (Bd.1). Frankfurt am Main: Suhrkamp.

Hacker, W. (1998). *Allgemeine Arbeitspsychologie. Psychische Regulation von Arbeitstätigkeiten.* Bern: Huber.

Hall, E. T. (1976). *Beyond culture.* New York: Doubleday.

Hammer, M. R., Gudykunst, W. B. & Wiseman, R. L. (1978). Dimensions of intercultural effectiveness: An exploratory study. *International Journal of Intercultural Relations, 2* (4), 382-393.

Hannigan, T. P. (1990). Traits, attitudes, and skills that are related to intercultural effectiveness and their implications for cross-cultural training: A review of the literature. *International Journal of Intercultural Relations, 14,* 89-111.

Heckhausen, H. (1989). *Motivation und Handeln.* Berlin: Springer.

Heider, F. (1944). Social perception and phenomenal causality. *Psychological Review, 51,* 358-374.

Heider, F. (1946). Attitudes and cognitive organization. *Journal of Psychology, 21,* 107-112.

Hesse, E. (1999). The Adult Attachment Interview. Historical and current perspectives. In J. Cassidy & P. R. Shaver (Eds.), *Handbook of Attachment. Theory, research, and clinical applications* (pp.395-433). New York: Guilford.

Hettlage-Varjas, A. & Hettlage, R. (1984). Kulturelle Zwischenwelten. Fremdarbeiter - eine Ethnie? *Schweizerische Zeitschrift für Soziologie, 10* (2), 357-404.

Hirsch, K. (1992). Reintegration von Auslandsmitarbeitern. In N. Bergemann & A. L. J. Sourisseaux (Hrsg.), *Interkulturelles Management* (S.285-298). Heidelberg: Physica.

Holzkamp, K. (1993). *Lernen. Subjektwissenschaftliche Grundlegung.* Frankfurt am Main: Campus.

Hopf, C. (1991). Befragungsverfahren. In U. Flick, E. von Kardorff, H. Keupp, L. von Rosenstiel & S. Wolff (Hrsg.), *Handbuch Qualitative Sozialforschung. Grundlagen, Konzepte, Methoden und Anwendungen* (S.177-182). München: PVU.

Hormuth, S. E. & Otto, S. (1996). Das Selbstkonzept: Konzeptualisierung und Messung. In M. Amelang (Hrsg.), *Enzyklopädie der Psychologie. Temperaments- und Persönlichkeitsunterschiede* (Themenbereich C, Serie VIII, Bd.3) (S.257-300). Göttingen: Hogrefe.

Howard, K. I., Kopta, S. M., Krause, M. S. & Orlinsky, D. E. (1986). The dose-effect relationship in psychotherapy. *American Psychologist, 41* (2), 159-164.

Huber, G. L. & Mandl, H. (1994a). Verbalisationsmethoden zur Erfassung von Kognitionen im Handlungszusammenhang. In G. L. Huber & H. Mandl (Hrsg.), *Verbale Daten. Eine Einführung in die Grundlagen und Methoden der Erhebung und Auswertung* (S.11-42). Weinheim: PVU.

Huber, G. L. & Mandl, H. (1994b). Gedankenstichproben. In G. L. Huber & H. Mandl (Hrsg.), *Verbale Daten. Eine Einführung in die Grundlagen und Methoden der Erhebung und Auswertung* (S.104-118). Weinheim: PVU.

Hughes-Wiener, G. (1986). The "learning how to learn" approach to cross-cultural orientation. *International Journal of Intercultural Relations, 10*, 485-505.

Jacobson, E. H. (1963). Sojourn research: A definition of the field. *Journal of Social Issues, 19* (3), 123-129.

Jahoda, G. (1996). Ansichten über die Psychologie und die „Kultur". In A. Thomas (Hrsg.), *Psychologie interkulturellen Handelns* (S.33-42). Göttingen: Hogrefe.

Jahoda, G. & Krewer, B. (1997). History of cross-cultural and cultural psychology. In J. W. Berry, Y. H. Poortinga & J. Pandey (Eds.), *Handbook of Cross-Cultural Psychology. Vol.1, Theory and method* (pp.1-42). Boston: Allyn & Bacon.

Jakobson, R. (1960). Linguistics and poetics. In T. A. Sebeok (Eds.), *Style in language* (pp.350-377). Cambridge: M.I.T.

Jaspers, K. (1919). *Psychologie der Weltanschauungen.* Berlin: Springer.

Jeger, P. (1996). *Reflektieren und Handeln.* Unveröff. Dissertation, Institut für Psychologie der Universität Bern.

Johnson-Laird, P. N. (1983). *Mental models. Towards a cognitive science of language, inference and consciousness.* Cambridge: University Press.

Jonas, K. (1998). Die Kontakthypothese: Abbau von Vorurteilen durch Kontakt mit Fremden? In M. E. Oswald & U. Steinvorth (Hrsg.), *Die offene Gesellschaft und ihre Fremden* (S.129-154). Bern: Huber.

Käsler, D. (1989). Der retuschierte Klassiker. Zum gegenwärtigen Forschungsstand der Biographie Max Webers. In J. Weiß (Hrsg.), *Max Weber heute. Erträge und Probleme der Forschung* (S.29-54). Frankfurt am Main: Suhrkamp.

Käsler, D. (1995). *Max Weber. Eine Einführung in Leben, Werk und Wirkung.* Frankfurt am Main: Campus.

Kaminski, G. (1970). *Verhaltenstheorie und Verhaltensmodifikation. Entwurf einer integrativen Theorie psychologischer Praxis am Individuum.* Stuttgart: Klett.

Kaminski, G. (1998). Sprache. In H. Häcker & K. H. Stapf (Hrsg.), *Dorsch Psychologisches Wörterbuch* (13. Aufl.) (S.818-819). Bern: Huber.

Kammhuber, S. (1999). *Interkulturelles Lernen und Lehren.* Dissertation, Institut für Psychologie der Universität Regensburg.

Kealey, D. J. (1996). The challenge of international personnel selection. In D. Landis & R. S. Bhagat (Eds.), *Handbook of intercultural training* (2nd ed.) (pp.81-105). Thousand Oaks: Sage.

Kealey, D. J. & Ruben, B. D. (1983). Cross-cultural personnel selection criteria, issues, and methods. In D. Landis & R. W. Brislin (Eds.), *Handbook of intercultural training. Vol. I, Issues in theory and design* (pp.155-175). New York: Pergamon.

Kealey, D. J. & Protheroe, D. R. (1996). The effectiveness of cross-cultural training for expatriates: An assessment of the literature on the issue. *International Journal of Intercultural Relations, 20* (2), 141-165.

Kegan, R. (1986). *Die Entwicklungsstufen des Selbst. Fortschritte und Krisen im menschlichen Leben.* München: Kindt.

Kelbetz, G. (1998). *Zur Handlungsorientierung im Umgang mit kritischen Interaktionssituationen deutscher Manager mit Chinesen.* Unveröff. Diplomarbeit, Institut für Psychologie der Universität Regensburg.

Kern, I. (Hrsg.) (1973). *Edmund Husserl: Zur Phänomenologie der Intersubjektivität. Texte aus dem Nachlass* (Teil 1-3). Den Haag: Martinus Nijhoff.

Keupp, H. (1989). Auf der Suche nach der verlorenen Identität. In H. Keupp & H. Bilden (Hrsg.), *Verunsicherungen. Das Subjekt im gesellschaftlichen Wandel* (S.47-69). Göttingen: Hogrefe.

Kintsch, W. (1974). *The representation of meaning in memory.* Hillsdale: Erlbaum.

Kohlberg, L. (1984). *The psychology of moral development. The nature and validity of moral stages.* San Francisco: Harper & Row.

Kohlberg, L. & Candee, D. (1984). The relationship of moral judgment to moral action. In L. Kohlberg, *The psychology of moral development. The nature and validity of moral stages* (pp.498-581). San Francisco: Harper & Row.

Kracauer, S. (1952). The challenge of qualitative content analysis. *Public Opinion Quarterly, 16* (4), 631-642.

Kreckel, M. (1981). *Communicative acts and shared knowledge in natural discourse*. London: Academic Press.

Krewer, B. (1992). *Kulturelle Identität und menschliche Selbsterforschung. Die Rolle von Kultur in der positiven und reflexiven Bestimmung des Menschseins*. Saarbrücken: breitenbach.

Krewer, B. (1993). *Interkulturelle Trainingsprogramme - Bestandsaufnahme und Perspektiven*. Vortrag gehalten im Rahmen der Konferenz „Europäische Qualifikation durch deutsch-französische Ausbildung?" (23.-25.6.93) im Frankreichzentrum der Universität Freiburg.

Krewer, B. (1996). Kulturstandards als Mittel der Selbst- und Fremdreflexion in interkulturellen Begegnungen. In A. Thomas (Hrsg.), *Psychologie interkulturellen Handelns* (S.147-164). Göttingen: Hogrefe.

Kroeber, A. L. & Kluckhohn, C. (1952). *Culture - A critical review of concepts and definitions*. Cambridge: Vinhage.

Kroll, M. (1999). *Entwicklung einer Methode zur Erhebung von kritischen Interaktionssituationen am Beispiel deutsch-französischer Planspielgruppen*. Unveröff. Diplomarbeit, Psychologisches Institut der Eberhard-Karls-Universität Tübingen.

Kruger, A. C. & Tomasello, M. (1996). Cultural learning and learning culture. In D. R. Olson & N. Torrance (Eds.), *Education and human development. New models of learning, teaching and schooling* (pp.369-387). Cambridge: Blackwell.

Kruse, L., Graumann, C. F. & Lantermann, E.-D. (1990). Ökologische Psychologie: Zur Einführung. In L. Kruse, C. F. Graumann & E.-D. Lantermann (Hrsg.), *Ökologische Psychologie. Ein Handbuch in Schlüsselbegriffen* (S.1-13). München: PVU.

Kühlmann, T. M. (Hrsg.) (1995a). *Mitarbeiterentsendung ins Ausland. Auswahl, Vorbereitung, Betreuung und Wiedereingliederung*. Göttingen: Verlag für Angewandte Psychologie.

Kühlmann, T. M. (1995b). Die Auslandsentsendung von Fach- und Führungskräften: Eine Einführung in die Schwerpunkte und Ergebnisse der Forschung. In T. M. Kühlmann (Hrsg.), *Mitarbeiterentsendung ins Ausland. Auswahl, Vorbereitung, Betreuung und Wiedereingliederung*. Göttingen: Verlag für Angewandte Psychologie.

Kuhl, J. (1983). *Motivation, Konflikt und Handlungskontrolle*. Berlin: Springer.

Kuhl, J. (1994a). A theory of action and state orientations. In J. Kuhl & J. Beckmann (Eds.), *Volition and Personality. Action versus state orientation* (pp.9-46). Seattle: Hogrefe & Huber.

Kuhl, J. (1994b). Action versus state orientation: Psychometric properties of the Action Control Scale (ACS-90). In J. Kuhl & J. Beckmann (Eds.), *Volition and*

Personality. Action versus state orientation (pp.47-59). Seattle: Hogrefe & Huber.

Kuhl, J. & Beckmann, J. (Hrsg.) (1994). *Volition and Personality. Action versus state orientation.* Seattle: Hogrefe & Huber.

Lamnek, S. (1995). *Qualitative Sozialforschung* (Bd.1: Methodologie). Weinheim: PVU.

Landis, D. & Bhagat, R. S. (1996). *Handbook of intercultural training* (2nd ed.). Thousand Oaks: Sage.

Lange, B. & Willenberg, H. (1989). Inhaltsanalyse in der literaturdidaktischen Unterrichtsforschung. In W. Bos & C. Tarnai (Hrsg.), *Angewandte Inhaltsanalyse in Empirischer Pädagogik und Psychologie* (S.173-190). Münster: Waxmann.

Lange, C. (1994). *Interkulturelle Orientierung am Beispiel der Trainingsmethode „Cultural Assimilator".* Göttingen: Zentrum für didaktische Studien.

Langenmayr, A. (1997). *Sprachpsychologie. Ein Lehrbuch.* Göttingen: Hogrefe.

Laucken, U. (1996). Semantische Räume. Die Entcartesierung des Geistes. *Handlung, Kultur, Interpretation, 5* (9), 158-215.

Lechler, P. (1994). Kommunikative Validierung. In G. L. Huber & H. Mandl (Hrsg.), *Verbale Daten. Eine Einführung in die Grundlagen und Methoden der Erhebung und Auswertung* (S.243-258). Weinheim: PVU.

Lehmann, B. (1998). *ROT ist nicht >rot< ist nicht [rot]. Eine Bilanz und Neuinterpretation der linguistischen Relativitätstheorie.* Tübingen: Narr.

Lersch, P. (1965). *Der Mensch als soziales Wesen. Eine Einführung in die Sozialpsychologie.* München: Johann Ambrosius Barth.

Lesser, S. O. & Peter, H. W. (1957). Training foreign nationals in the United States. In R. Likert & S. P. Hayes (Eds.), *Some applications of behavioural research* (pp.160-206). Paris: UNESCO.

Lewin, K. (1963). *Feldtheorie in den Sozialwissenschaften.* Bern: Huber.

Limpächer, S. (1998). *Gestaltung und Vergleich von systemvermittelnder und situierter Lernumgebung zur Qualifizierung interkultureller Trainings.* Unveröff. Diplomarbeit, Institut für Psychologie der Universität Regensburg.

Löffler, H. (1994). *Germanistische Soziolinguistik.* Berlin: Schmidt.

Lysgaard, S. (1955). Adjustment in a foreign society: Norwegian Fulbright grantees visiting the United States. *International Social Science Bulletin, 7*, 45-51.

Markus, H. R. & Kitayama, S. (1991). Culture and the self: Implications for cognition, emotion, and motivation. *Psychological Review, 98* (2), 224-253.

Martin, J. N. (1986). Orientation for the reentry experience: Conceptual overview and implications for researchers and practitioners. In R. M. Paige (Ed.), *Cross-cultural orientation. New conceptualizations and applications* (pp.147-173). Lanham: University Press of America.

Mayring, P. (1997). *Qualitative Inhaltsanalyse. Grundlagen und Techniken* (6. Aufl.). Weinheim: Deutscher Studien Verlag.

McArthur, L. Z. & Baron, R. M. (1983). Toward an ecological theory of social perception. *Psychological Review, 90* (3), 215-238.

Mead, G. H. (1934). *Mind, self and society. From the standpoint of a social behaviorist.* Chicago: University Press.

Mendenhall, M. & Oddou, G. (1985). The dimensions of expatriate acculturation: A review. *Academy of Management Review, 10*, 39-48.

Merten, K. (1995). *Inhaltsanalyse. Einführung in Theorie, Methode und Praxis.* Opladen: Westdeutscher Verlag.

Meyer, G.-M. (1996). Bundeswehr und UN-Einsätze - Germans to the front? In G.-M. Meyer (Hrsg.), *Friedensengel im Kampfanzug?* (S.193-206). Opladen: Westdeutscher Verlag.

Miller, G. A., Galanter, E. & Pribram, K. H. (1960). *Plans and the structure of behavior.* New York: Holt.

Miller, J. G., Bersoff, D. M. & Harwood, R. L. (1990). Perceptions of social responsibilities in India and in the United States: Moral imperatives or personal decisions? *Journal of Personality and Social Psychology, 58* (1), 33-47.

Miller, P. H. (1993). *Theorien der Entwicklungspsychologie.* Heidelberg: Spektrum.

Mischel, W. (1968). *Personality and assessment.* New York: Wiley.

Montada, L. (1998). Die geistige Entwicklung aus der Sicht Jean Piagets. In R. Oerter & L. Montada (Hrsg.), *Entwicklungspsychologie. Ein Lehrbuch* (S.518-560). Weinheim: PVU.

Morgan, C. D. & Murray, H. A. (1935). A method for investigating fantasies: The Thematic Apperceptive Test. *Archives of Neurological Psychiatry, 34*, 289-306.

Müller, A. & Thomas, A. (1991). *Interkulturelles Orientierungstraining für die USA. Übungsmaterial zur Vorbereitung auf ein Studium in den Vereinigten Staaten.* Saarbrücken: breitenbach.

Müller, G. F. (1985). Soziale Interaktion. In T. Herrmann & E.-D. Lantermann (Hrsg.), *Persönlichkeitspsychologie. Ein Handbuch in Schlüsselbegriffen* (S.395-401). München: Urban & Schwarzenberg.

Munz, C. (1990). Ökologischer Realismus und ökologische Wahrnehmungspsychologie. In L. Kruse, C. F. Graumann & E.-D. Lantermann (Hrsg.), *Öko-*

logische Psychologie. Ein Handbuch in Schlüsselbegriffen (S.138-142). München: PVU.

Murray, H. A. (1938). *Explorations in personality.* New York: Wiley.

Murray, L. & Trevarthen, C. (1985). Emotional regulation of interactions between two-months-olds and their mothers. In T. M. Field & N. A. Fox (Eds.), *Social perception in infants* (pp.177-197). Norwood: Ablex.

Neisser, U. (1994). Multiple systems: A new approach to cognitive theory. *European Journal of Cognitive Psychology, 6* (3), 225-241.

Neisser, U. (1997). The roots of self-knowledge: Perceiving self, it, and thou. In J. G. Snodgrass & R. L. Thompson (Eds.), *The self across psychology. Self-recognition, self-awareness, and the self concept* (pp.20-33). New York: Academy of Sciences.

Nelson, K. (1997). Finding one's self in time. In J. G. Snodgrass & R. L. Thompson (Eds.), *The self across psychology. Self-recognition, self-awareness, and the self concept* (pp.103-116). New York: Academy of Sciences.

Newcomb, T. M. (1953). An approach to the study of communicative acts. *Psychological Review, 60* (6), 393-404.

Nisbett, R. E. & Wilson, T. D. (1977). Telling more than we can know: Verbal reports on mental processes. *Psychological Review, 84* (3), 231-259.

Norman, W. T. (1963). Toward an adequate taxonomy of personality attributes: Replicated factor structure in peer nomination personality ratings. *Journal of Abnormal and Social Psychology, 66* (6), 574-583.

Oberg, K. (1960). Cultural shock: Adjustment to new cultural environments. *Practical Anthropology, 7*, 177-182.

Oerter, R. (1998). Kultur, Ökologie und Entwicklung. In R. Oerter & L. Montada (Hrsg.), *Entwicklungspsychologie. Ein Lehrbuch* (S.84-127). Weinheim: PVU.

Oevermann, U., Allert, T., Konau, E. & Krambeck, J. (1983). Die Methodologie einer „objektiven Hermeneutik". In P. Zedler & H. Moser (Hrsg.), *Aspekte qualitativer Sozialforschung. Studien zu Aktionsforschung, empirischer Hermeneutik und reflexiver Sozialtechnologie* (S.95-123). Opladen: Leske + Budrich.

Oksaar, E. (1976). Implications of language contact for bilingual language acquisition. In W. McCormack & S. Wurm (Eds.), *Language and man. Anthropological issues* (pp.189-199). Mouton: Hague.

Parsons, T. (1937). *The structure of social action. A study in social theory with special reference to a group of recent European writers.* Glencoe: Free Press.

Pedersen, P. (1995). *The five stages of culture shock: Critical incidents around the world.* Westport: Greenwood.

Pettigrew, T. F. (1997). Personality and social structure. Social psychological contributions. In R. Hogan, J. Johnson & S. Briggs (Eds.), *Handbook of Personality Psychology* (pp.417-438). San Diego: Academic Press.

Poortinga, Y. H. & Malpass, R. S. (1986). Making inferences from cross-cultural data. In W. J. Lonner & J. W. Berry (Eds.), *Field methods in cross-cultural research* (pp.17-46). Beverly Hills: Sage.

Poortinga, Y. H., van de Vijver, F. J. R., Joe, R. C. & van de Koppel, J. M. H. (1987). Peeling the onion called culture: A synopsis. In C. Kagitçibasi (Ed.), *Growth and progress in cross-cultural psychology* (pp.22-34). Lisse: Swets & Zeitlinger.

Rahim, M. A. (1983). A measure of styles of handling interpersonal conflict. *Academy of Management Journal, 26* (2), 368-376.

Randolph, G., Landis, D. & Tzeng, O. C. S. (1977). The effects of time and practice upon culture assimilator training. *International Journal of Intercultural Relations, 1* (4), 105-119.

Redfield, R., Linton, R. & Herskovits, M. (1936). Memorandum on the study of acculturation. *American Anthropologist, 38*, 149-152.

Ries, H. (1998). Kommunikation. In H. Häcker & K. H. Stapf (Hrsg.), *Dorsch Psychologisches Wörterbuch* (13. Aufl.) (S.446-447). Bern: Huber.

Ross, L. (1977). The intuitive psychologist and his shortcomings: Distortions in the attribution process. In L. Berkowitz (Ed.), *Advances in experimental social psychology* (Vol.10) (pp.173-220). New York: Academic Press.

Russell, R. L. & Staszewski, C. (1988). The unit problem: Some systematic distinctions and critical dilemmas for psychotherapy process research. *Psychotherapy, 25* (2), 191-200.

Sachse, R. (1992). *Zielorientierte Gesprächspsychotherapie. Eine grundlegende Neukonzeption.* Göttingen: Hogrefe.

Schluchter, W. (1979). *Die Entwicklung des okzidentalen Rationalismus. Eine Analyse von Max Webers Gesellschaftsgeschichte.* Tübingen: Mohr.

Schnotz, W. (1994). Rekonstruktion von individuellen Wissensstrukturen. In G. L. Huber & H. Mandl (Hrsg.), *Verbale Daten. Eine Einführung in die Grundlagen und Methoden der Erhebung und Auswertung* (S.220-239). Weinheim: PVU.

Schütz, A. (1932). *Der sinnhafte Aufbau der sozialen Welt. Eine Einleitung in die verstehende Soziologie.* Wien: Springer.

Scott, M. M. & Hatfield, J. G. (1985). Problems of analyst and observer agreement in naturalistic narrative data. *Journal of Educational Measurement, 22* (3), 207-218.

Searle, J. R. (1969). *Speech acts. An essay in the philosophy of language.* Cambridge: University Press.

Searle, J. R. (1975). A taxonomy of illocutionary acts. In K. Gunderson (Ed.), *Minnesota studies in the philosophy of science. Vol. VII: Language, mind and knowledge* (pp.344-369). Minneapolis: University of Minnesota Press.

Segall, M. H. (1984). More than we need to know about culture, but we are afraid not to ask. *Journal of Cross-Cultural Psychology, 15* (2), 153-162.

Shachar, H. & Amir, Y. (1996). Training teachers and students for intercultural cooperation in Israel: Two models. In D. Landis & R. S. Bhagat (Eds.), *Handbook of intercultural training* (2nd ed.) (pp.400-413). Thousand Oaks: Sage.

Shweder, R. A. (1990). Cultural psychology - what is it? In J. W. Stigler, R. A. Shweder & G. Herdt (Eds.), *Cultural psychology. Essays on comparative human development* (pp.1-43). Cambridge: University Press.

Sikkema, M. & Niyekawa, A. (1987). *Design for cross-cultural learning.* Yarmouth: Intercultural Press.

Silbereisen, R. K. (1998). Soziale Kognition: Entwicklung von sozialem Wissen und Verstehen. In R. Oerter & L. Montada (Hrsg.), *Entwicklungspsychologie. Ein Lehrbuch* (S.823-861). Weinheim: PVU.

Smith, E. R. & Miller, F. D. (1978). Limits on perception of cognitive processes: A reply to Nisbett and Wilson. *Psychological Review, 85* (4), 355-362.

Smith, P. B. & Bond, M. H. (1998). *Social psychology across cultures.* London: Prentice Hall.

Snow, R. E. (1995). Foreword. In D. H. Saklofske & M. Zeidner (Eds.), *International handbook of personality and intelligence* (pp.xi-xv). New York: Plenum.

Stagl, J. (1981). Die Beschreibung des Fremden in der Wissenschaft. In H. P. Duerr (Hrsg.), *Der Wissenschaftler und das Irrationale, Bd.1, Beiträge aus Ethnologie und Anthropologie* (S.273-295). Frankfurt am Main: Syndikat.

Stahl, G. K. (1998). *Internationaler Einsatz von Führungskräften.* München: Oldenbourg.

Steins, G. & Wicklund, R. A. (1993). Zum Konzept der Perspektivenübernahme: Ein kritischer Überblick. *Psychologische Rundschau, 44*, 226-239.

Steins, G. & Wicklund, R. A. (1997). Untersuchungen zu Bedingungen der Förderung von Perspektivenübernahme. *Zeitschrift für Sozialpsychologie, 28*, 184-196.

Stewart, E. C. (1995). Contrast-culture training. In S. M. Fowler & M. G. Mumford (Eds.), *Intercultural sourcebook: Cross-cultural training methods* (Vol.1) (pp.47-57). Yarmouth: Intercultural Press.

Stinson, C. H., Milbrath, C., Reidbord, S. P. & Bucci, W. (1994). Thematic segmentation of psychotherapy transcripts for convergent analysis. *Psychotherapy, 31* (1), 36-48.

Störig, H. J. (1993). *Kleine Weltgeschichte der Philosophie* (16. Aufl.). Stuttgart: Kohlhammer.

Straub, J. (1999). *Handlung, Interpretation, Kritik. Grundzüge einer textwissenschaftlichen Handlungs- und Kulturpsychologie.* Berlin: de Gruyter.

Sugitani, M. (1996). Kontextualismus als Verhaltensprinzip: „Kritisch" erlebte Interaktionssituationen in der japanisch-deutschen Begegnung. In A. Thomas (Hrsg.), *Psychologie interkulturellen Handelns* (S.227-245). Göttingen: Hogrefe.

Swindle, R. W. & Moos, R. H. (1992). Life domains in stressors, coping, and adjustment. In W. B. Walsh, K. H. Craik & R. H. Price (Eds.), *Person-environment psychology. Models and perspectives* (pp.1-33). Hillsdale: Erlbaum.

Tajfel, H. (1982). Social psychology of intergroup relations. *Annual Review of Psychology, 33*, 1-39.

Thomas, A. (1985). Aspekte eines rahmentheoretischen Konzepts für die Austauschforschung. In A. Thomas (Hrsg.), *Interkultureller Austausch als interkulturelles Handeln* (S.207-217). Saarbrücken: breitenbach.

Thomas, A. (1993a). Fremdheitskonzepte in der Psychologie als Grundlage der Austauschforschung und der interkulturellen Managerausbildung. In A. Wierlacher (Hrsg.), *Kulturthema Fremdheit. Leitbegriffe und Problemfelder kulturwissenschaftlicher Fremdheitsforschung* (S.257-281). München: iudicium.

Thomas, A. (1993b). Psychologie interkulturellen Lernens und Handelns. In A. Thomas (Hrsg.), *Kulturvergleichende Psychologie. Eine Einführung* (S.377-424). Göttingen: Hogrefe.

Thomas, A. (Hrsg.) (1994a). *Psychologie und multikulturelle Gesellschaft. Problemanalysen und Problemlösungen.* Göttingen: Hogrefe.

Thomas, A. (1994b). Können interkulturelle Begegnungen Vorurteile verstärken? In A. Thomas (Hrsg.), *Psychologie und multikulturelle Gesellschaft. Problemanalysen und Problemlösungen* (S.227-238). Göttingen: Hogrefe.

Thomas, A. (1996b). Einleitung. In A. Thomas (Hrsg.), *Psychologie interkulturellen Handelns* (S.15-32). Göttingen: Hogrefe.

Thomas, A. (1996c). Analyse der Handlungswirksamkeit von Kulturstandards. In A. Thomas (Hrsg.), *Psychologie interkulturellen Handelns* (S.107-135). Göttingen: Hogrefe.

Thomas, A., Kammhuber, S. & Layes, G. (1997). Interkulturelle Kompetenz. Ein Handbuch für internationale Einsätze der Bundeswehr. *Untersuchungen des Psychologischen Dienstes der Bundeswehr, 32*, 5-190.

Thomas, A., Layes, G. & Kammhuber, S. (1998). Sensibilisierungs- und Orientierungstraining für die kulturallgemeine und die kulturspezifische Vorbereitung von Soldaten auf internationale Einsätze. *Untersuchungen des Psychologischen Dienstes der Bundeswehr, 33*, 5-289.

Thomas, A. & Schenk, E. (1996). *Abschlußbericht zum Forschungsprojekt: Handlungswirksamkeit zentraler Kulturstandards in der Interaktion zwischen Deutschen und Chinesen.* Unveröff. Manuskript, Institut für Psychologie der Universität Regensburg.

Thomas, W. I. (1965). *Person und Sozialverhalten.* Neuwied am Rhein: Luchterhand.

Ting-Toomey, S. & Kurogi, A. (1998). Facework competence in intercultural conflict: An updated face-negotiation theory. *International Journal of Intercultural Relations, 22* (2), 187-225.

Tomasello, M. (1993). On the interpersonal origins of self-concept. In U. Neisser (Ed.), *The perceived self. Ecological and interpersonal sources of self-knowledge* (S.174-184). Cambridge: University Press.

Tomasello, M., Kruger, A. C. & Ratner, H. H. (1993). Cultural learning. *Behavioral and Brain Sciences, 16*, 495-552.

Tracy, R. (1998). Psycholinguistik. In H. Häcker & K. H. Stapf (Hrsg.), *Dorsch Psychologisches Wörterbuch* (13. Aufl.) (S.676-678). Bern: Huber.

Triandis, H. C. (1975). Culture training, cognitive complexity and interpersonal attitudes. In R. W. Brislin, S. Bochner, W. J. Lonner (Eds.), *Cross-cultural perspectives on learning* (pp.39-77). New York: John Wiley & Sons.

Triandis, H. C. (1978). Some universals of social behavior. *Personality and Social Psychology Bulletin, 4*, 1-16.

Triandis, H. C. (1984). A theoretical framework for the more efficient construction of culture assimilators. *International Journal of Intercultural Relations, 8*, 301-330.

Triandis, H. C. (1995). *Individualism and collectivism.* Boulder: Westview.

Triandis, H. C. (1997). Cross-cultural perspectives on personality. In R. Hogan, J. Johnson & S. Briggs (Eds.), *Handbook of Personality Psychology* (pp.439-464). San Diego: Academic Press.

Triandis, H. C., Leung, K., Villareal, M. J. & Clack, F. L. (1985). Allocentric versus idiocentric tendencies: convergent and discriminant validation. *Journal of Research in Personality, 19*, 395-415.

Trubisky, P., Ting-Toomey, S. & Lin, S.-L. (1991). The influence of individualism-collectivism and self-monitoring on conflict styles. *International Journal of Intercultural Relations, 15*, 65-84.

Tscheulin, D. (1983). Über differentielles therapeutisches Vorgehen in der klientenzentrierten Therapie. In D. Tscheulin (Hrsg.), *Beziehung und Technik in der klientenzentrierten Therapie. Zur Diskussion um eine Differentielle Gesprächspsychotherapie* (S.53-64). Weinheim: Beltz.

Tscheulin, D. (1992). *Wirkfaktoren psychotherapeutischer Intervention.* Göttingen: Hogrefe.

Vorderer, P. & Groeben, N. (Hrsg.) (1987). *Textanalyse als Kognitionskritik? Möglichkeiten und Grenzen ideologiekritischer Inhaltsanalyse.* Tübingen: Narr.

Vygotsky, L. S. (1997). *Educational psychology.* Boca Raton: St. Lucie. (Original 1926 in russisch).

Wahl, D. (1979). Methodische Probleme bei der Erfassung handlungsleitender und handlungsrechtfertigender subjektiver psychologischer Theorien von Lehrern. *Zeitschrift für Entwicklungspsychologie und Pädagogische Psychologie, 11* (3), 208-217.

Wahl, D. (1994). Handlungsvalidierung. In G. L. Huber & H. Mandl (Hrsg.), *Verbale Daten. Eine Einführung in die Grundlagen und Methoden der Erhebung und Auswertung* (S.259-274). Weinheim: PVU.

Waldenfels, B. (1971). *Das Zwischenreich des Dialogs. Sozialphilosophische Untersuchungen im Anschluss an Edmund Husserl.* Den Haag: Martinus Nijhoff.

Ward, C. (1996). Acculturation. In D. Landis & R. S. Bhagat (Eds.), *Handbook of intercultural training* (2nd ed.) (pp.124-147). Thousand Oaks: Sage.

Ward, C., Okura, Y., Kennedy, A. & Kojima, T. (1998). The U-curve on trial: A longitudinal study of psychological and sociocultural adjustment during cross-cultural transition. *International Journal of Intercultural Relations, 22* (3), 277-291.

Watzlawick, P., Beavin, J. H. & Jackson, D. D. (1969). *Menschliche Kommunikation. Formen, Störungen, Paradoxien.* Bern: Huber.

Weber, M. (1921). *Grundriss der Sozialökonomik. III. Abteilung. Wirtschaft und Gesellschaft.* Tübingen: Mohr.

Weidle, R. & Wagner, A. C. (1994). Die Methode des Lauten Denkens. In G. L. Huber & H. Mandl (Hrsg.), *Verbale Daten. Eine Einführung in die Grundlagen und Methoden der Erhebung und Auswertung* (S.81-103). Weinheim: PVU.

Weldon, D. E., Carlston, D. E., Rissman, A. K., Slobodin, L. & Triandis, H. C. (1975). A laboratory test of effects of culture assimilator training. *Journal of Personality and Social Psychology, 32*, 300-310.

Whorf, B. L. (1956a). Science and linguistics. In J. B. Carroll (Ed.), *Language, thought, and reality* (pp.207-219). Cambridge: M.I.T.

Whorf, B. L. (1956b). Linguistics as an exact science. In J. B. Carroll (Ed.), *Language, thought, and reality* (pp.220-232). Cambridge: M.I.T.

Wiggins, J. S. & Trapnell, P. D. (1997). Personality structure: The return of the big five. In R. Hogan, J. Johnson & S. Briggs (Eds.), *Handbook of Personality Psychology* (pp.737-765). San Diego: Academic Press.

Wight, A. R. (1995). The critical incident as a training tool. In S. M. Fowler & M. G. Mumford (Eds.), *Intercultural sourcebook: Cross-cultural training methods* (Vol.1) (pp.127-140). Yarmouth: Intercultural Press.

Winter, G. (1986). German-American student exchange: Adaptation problems and opportunities for personal growth. In R. M. Paige (Ed.), *Cross-cultural orientation. New conceptualizations and applications* (pp.311-339). Lanham: University Press of America.

Winter, G. (1994a). Was eigentlich ist eine kulturelle Überschneidungssituation? In A. Thomas (Hrsg.), *Psychologie und multikulturelle Gesellschaft. Problemanalysen und Problemlösungen* (S.221-227). Göttingen: Hogrefe.

Winter, G. (1994b). Trainingskonzepte auf dem Prüfstand: Theoriebezug, Ethik, Evaluation. In Institut für Auslandsbeziehungen (Hrsg.), *Interkulturelle Kommunikation und Interkulturelles Training. Problemanalysen und Problemlösungen* (S.42-54). Stuttgart: IfA.

Winter, G. (1996). Reintegrationsproblematik: Vom Heimkehren in die Fremde und vom Wiedererlernen des Vertrauten. In A. Thomas (Hrsg.), *Psychologie interkulturellen Handelns* (S.365-381). Göttingen: Hogrefe.

Wittgenstein, L. (1922). *Tractatus Logico-Philosophicus*. London: Routledge & Kegan.

Wittgenstein, L. (1953). *Philosophische Untersuchungen*. Oxford: Blackwell.

Witzel, A. (1985). Das problemzentrierte Interview. In G. Jüttemann (Hrsg.), *Qualitative Forschung in der Psychologie: Grundfragen, Verfahrensweisen, Anwendungsfelder* (S.227-255). Weinheim: Beltz.

Wong-Rieger, D. (1984). Testing a model of emotional and coping responses to problems in adaptation: Foreign students at a Canadian university. *International Journal of Intercultural Relations, 8*, 153-184.

Wundt, W. (1900-1920). *Völkerpsychologie. Eine Untersuchung der Entwicklungsgesetze von Sprache, Mythos und Sitte* (Bd.1-10). Leipzig: Körner.

Yang, K.-S. & Bond, M. H. (1990). Exploring implicit personality theories with indigenous or imported constructs: The Chinese case. *Journal of Personality and Social Psychology, 58* (6), 1087-1095.

Zeutschel, U. (1994). Umsetzung von Jugendaustauscherfahrungen : „Ripple Effects“ oder „Stille Wasser“? In A. Thomas (Hrsg.), *Psychologie und multikulturelle Gesellschaft* (S.311-320). Göttingen: Hogrefe.

8 Abbildungsverzeichnis

Anhang 1: Kodierbeispiel zweite Vorstudie

Interviewtext	Pragmatische Kategorien									Inhaltliche Kategorien										
	propo.			Über-propo-sitional			Sonstige			Thema								Bezugs-punkt		
											Psychisches									
												Emotion								
	Beschreibung	Bewertung	Behauptung	Darstellung	Rechtfertigung	Erklärung	Frage	Vergleich	Lösungsvor.	Gegenständ.	Verhalten	Ärger	Erstaunen	Mitgefühl	sonstige	Kognition	Konzeptuelles	Innenwelt	Mitwelt	Umwelt
Also ich fand das Ende etwas kraß,		X			Y							X						X		
daß sie versucht diesen Tag frei zu kriegen auf Teufel komm raus		X			X						X								X	
und etwas sehr unrealistisches sagt,		X			X						X								X	
was er ja dann auch nicht glauben kann.			X		X											X			X	
also mein Eindruck wäre,						Y										X		X		
daß sie ihr Privatleben über das Berufsleben stellt			X			X										X			X	
und da nicht mal einen Abstrich macht			X			X										X			X	
und trotzdem zu diesem wichtigen Meeting kommt	X					X					X								X	
Daß ihr halt das Privatleben wichtiger ist.			X			X										X			X	
Und er sieht halt nur die geschäftliche Seite			X			X										X			X	
und das andere sollte sie in ihrer freien Zeit machen			X			X					X								X	
das ist halt nicht sein Ding sozusagen.			X			X										X			X	

Anmerkung: Um die Anfänge von längeren Propositionsabfolgen erkennen zu können, wurden diese mit „Y“ anstatt mit „X“ markiert.

ANHANG 2: KATEGORIENSYSTEM DER HAUPTUNTERSUCHUNG

I. Situational statements:

Theoretical concept:
Statements of this category refer to *observable* or *verifiable aspects* of the scene like objects, persons and actions. Those aspects seem to be evident for the speaker from pure observation or common knowledge. The speaker can describe, judge or relate to those aspects, and therefore talk about them in a descriptive, normative or self-expressive way.

Situational statements are subdivided into the following three categories:

Category	Definition	Linguistic indicators	Typical descriptors
descriptive	Statements in which the speaker describes situational aspects that he observes in the scene or that he does not observe in the scene.	• Use of the names of the actors or use of the pronouns „he", „she" and „they" in combination with the description of actions or facts. • Naming of an object, event or person	„she yells at her" "she does not shake her hand" „she is from Singapore" „there is an accident" „there is Mary"
normative	Statements in which the speaker judges situational aspects by implicitly or explicitly refering to a social norm.	• Use of words with a normative connotation. • Verbs and adjectives which indicate the assumed validity of a social norm: • to can • to have to • to shall • to be necessary • to be important • to be possible • to be supposed to	„she should yell at her" „she has to shake her hand" „you can visit him at your own" „it's not fair" „the teacher lashed out at her"
expressive	Statements in which the speaker relates to situational aspects by expressing his or her own thoughts, emotions or actions.	• Use of the pronouns „I" and „we" in combination with the expression of a thought, emotion or action. • All modalizations with „I"	„I think" „I guess" „I mean" „I feel" "I would yell at her" „I could identify with her" „I feel sorry for her"

ANHANG 2: FORTSETZUNG KATEGORIENSYSTEM

II. Personal statements:

Theoretical concept:
Statements of this category refer to assumed *inner psychological processes* of persons other than the speaker. Such inner psychological processes include inferences about intentions, feelings and thoughts of the actors and can therefore be subdivided into conative, emotional and cognitive statements.

Personal statements are subdivided into the following three categories:

Category	Definition	Linguistic indicators	Typical descriptors
conative	Statements about actors' intentions, wishes and motives.	Verbs indicating intentions, wishes and motives: • to want • to hope • to aim to	"she wants to go home" „she hopes to get a good grade" „she aims to be a good teacher" „he is willing to do that"
emotional	Statements about actors' feelings.	Verbs indicating an emotion: • to feel • to like • to experience (an emotion)	"she feels left out" „she feels uncomfortable" "she does not like the girl" „he is not happy"
cognitive	Statements about actors' cognitions	Verbs indicating a cognition: • to think • to know • to consider	"she thinks the girl is dating him" „she does not consider that" „he decided to leave" „they are hinting something"

Annotations:

- conventions about verb forms:
  „to expect", „to hint", „to challenge" are coded conative
  „to care", „to bother", „to be confused", „to be irritated", „to go through", „to be disappointed" are coded emotional
  „to decide", „to respect" is coded cognitive
- projections about personal aspects are still coded personal, not conceptual (e.g.: „she may have wanted to go home" = per/con)
- „to be used to something" is not coded personal, but conceptual (relating to persons: con/dis)
- propositional units which contain conflicting verbs are coded along the first appearing verb, e.g.: „he doesn't **want** to hurt her"

III. Conceptual statements:

Theoretical concept:
Statements of this category refer to statements which deal with an interpretive analysis of observations and inferences. Such statements are conceptualizations and projections about actions, circumstances, inner psychological conditions, social categories and ideas, which have to be constructed rather than observed or inferred. They can be subdivided into factual, dispositional and contextual statements.

Conceptual statements are subdivided into the following three categories:

Category	Definition	Linguistic indicators	Typical descriptors
factual	Conceptualizations in which the speaker refers to external circumstances or actions.	• Use of conditional (e.g. if, could, would) or reflexive (e.g. why, because, maybe) expressions in connection with external circumstances (e.g. weather, time pressure, difficulty) or actions. • Attributions by means of external circumstances or actions.	„there could be other circumstances" „she could meet him in the hospital" „Americans wouldn't do that" „it's because of the time pressure" „that is why she did not study" „maybe it is a class enforced to take" „that is why she acted that way"
dispositional	Conceptualizations in which the speaker refers to personal traits.	• Use of conditional (e.g. if, could, would) or reflexive (e.g. why, because, maybe) expressions in connection with personal traits. • Attributions by means of personal traits, constructed with the verbs „to be" and „to have".	„she is not sociable" „she is stuck-up" „he is unfriendly" „they would be more timid" „the teacher was not being sympathetic" „in Asia women are supposed to be reserved" „the teacher had not very much respect"
contextual	Conceptualizations in which the speaker refers to abstract categories or ideas.	• Use of conditional (e.g. if, could, would) or reflexive (e.g. why, because, maybe) expressions in connection with abstract categories or ideas. • Attributions by means of abstract categories or ideas. • Personalization of abstract ideas (idea in combination with verb indicating an action)	„it's because of their culture" "it's because of the teaching style" „it's a moral obligation" „their motivation will be decreasing" „they have a close bond between them" „they are like family" „public humiliation is not a motivating factor"

ANHANG 3: KORRELATIONSMATRIX UND UNROTIERTE BASIS-LÖSUNG

Korrelationsmatrix:

	S_DEC	S_NORM	S_EXP	P_CON	P_EMO	P_COG	C_FAC	C_DIS	C_CXT
S_DEC	1,000	,506	,773	,381	,592	,233	,220	,422	,240
S_NORM		1,000	,583	,558	,268	,166	,402	,818	,710
S_EXP			1,000	,568	,498	,306	,413	,648	,529
P_CON				1,000	,524	,692	,644	,654	,718
P_EMO					1,000	,671	,681	,222	,304
P_COG						1,000	,797	,327	,451
C_FAC							1,000	,467	,647
C_DIS								1,000	,825
C_CXT									1,000

Kaiser-Meyer-Olkin-Kriterium > 0.7

Unrotierte Basislösung:

	Component		
	1	**2**	**3**
S_DEC	,623	-,216	,715
S_NORM	,748	-,516	-,103
S_EXP	,780	-,278	,393
P_CON	,855	,120	-,180
P_EMO	,680	,497	,423
P_COG	,679	,652	-,112
C_FAC	,778	,464	-,212
C_DIS	,809	-,439	-,253
C_CXT	,819	-,185	-,442

Extraction Method: Principal Component Analysis.
3 components extracted